LES FRANÇAIS

DANS

L'EXTRÊME ORIENT

LES FRANÇAIS

DANS

L'EXTRÊME ORIENT

CHINE, JAPON, INDO-CHINE, ANNAM, ETC.

PAR A. S. DE DONCOURT

avec cartes et gravures.

LIBRAIRIE DE J. LEFORT

IMPRIMEUR ÉDITEUR

LILLE   PARIS

RUE CHARLES DE MUYSSART, 24   RUE DES SAINTS-PÈRES, 30

Tous droits réservés.

BIBLIOTHÈQUE NATIONALE — R.F. — IMPRIMÉS.

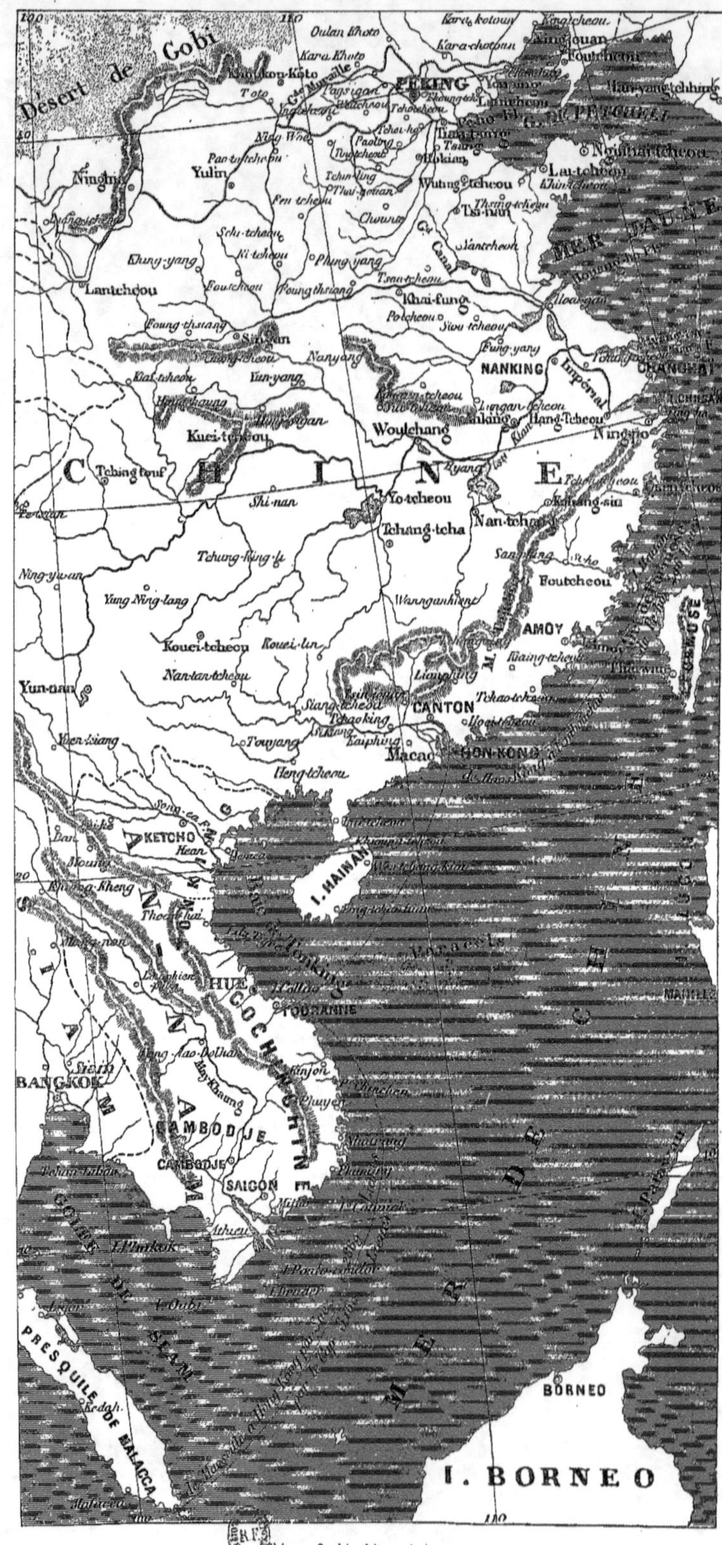

Chine, Cochinchine et Annam.

INTRODUCTION

Si nous n'avions tenu à assurer à cet ouvrage un caractère essentiellement national, en faisant ressortir plus particulièrement l'influence heureuse et puissante que le génie de la France a de tout temps exercée sur l'extension de la civilisation chrétienne en Orient, nous aurions donné au titre que nous avons choisi une extension plus large. Au lieu des *Français dans l'extrême Orient*, nous aurions été fondé à dire : *l'Europe dans l'extrême Orient*.

Dans le grand mouvement qui s'accomplit de nos jours vers l'antique berceau des races humaines, pour y faire refluer les flots de lumière et de civilisation qui semblent ne s'être étendus et développés chez nous qu'en épuisant les sources d'où ils étaient sortis, toutes les puissances de l'Europe sont, en effet, solidaires.

C'est à cause de cette solidarité, bien comprise et fidèlement observée, que, grâce « aux efforts les plus persévérants et les plus patients, tantôt par des négociations habiles, tantôt par la force des armes, elles ont obtenu peu à peu la faculté de pénétrer en Chine et au Japon. »

Jusqu'ici, et quels que pussent être leurs préoccupations cachées et leurs intérêts distincts, d'accord à poursuivre une conquête qui leur était commune, elles ont donné leur concours ou tout au moins leur assentiment et leurs vœux aux gestes successifs de la croisade engagée pour ouvrir au commerce les marchés de l'extrême Orient, *croisade* à laquelle se mêlaient, de notre côté du moins, des aspirations assez hautes, assez dégagées de toute pensée de bénéfices personnels, pour que le mot que nous venons de souligner conserve ici toute sa noble et sainte acception.

Cette question de solidarité s'impose si forcément dans les rapports du monde civilisé avec les vieilles monarchies asiatiques, que les gouvernements les plus personnels dans leurs vues et dans leur politique, n'ont pu s'y méprendre.

C'est ainsi que « lorsque l'Angleterre a fait seule la guerre en 1840, toute l'Europe et les Etats-Unis savaient que les résultats de la victoire leur profiteraient aussi bien qu'aux Anglais, et que, les portes de la Chine une fois ouvertes, le commerce général aurait ses entrées sur les marchés nouveaux.

» Lorsque l'Angleterre et la France firent ensemble les campagnes de 1858 et de 1860, les autres gouvernements suivirent avec intérêt la marche de leurs drapeaux dont le succès allait servir les intérêts de toutes les nations, et pratiquer dans les vieilles murailles de la Chine une ouverture plus large.

» A la suite de cette guerre, la politique traditionnelle des anciens empires de l'Orient s'est, en effet, transformée. Des ambassadeurs européens résident à Pékin et à Yeddo. Des traités ont été signés, la paix a été maintenue et les affaires commerciales et maritimes s'accroissent chaque jour. Toutes les nations, la France, l'Angleterre, les Etats-Unis, l'Allemagne, l'Espagne, etc., y ont gagné dans des proportions inégales, il est vrai, mais au même titre, comme des associés qui, dans une entreprise concertée, ont apporté leur part différente de capital et d'activité.

» Voilà des résultats que chacun des associés est intéressé à ne point voir compromis. N'oublions pas qu'ils datent de quarante ans à peine, qu'ils ont été subis plutôt que consentis, qu'ils demeurent exposés aux caprices et aux variations de la diplomatie orientale, qu'il existe à Pékin, à Yeddo et à Hué des partis puissants qui demandent le retour à l'ancienne politique et poussent à l'exclusion des étrangers et des barbares.

» Les rapports avec les gouvernements de l'Asie exigent donc la continuation de l'entente qui a été observée jusqu'ici entre les divers gouvernements européens. La solidarité est nécessaire. Ce n'est pas assez pour l'Europe que d'avoir pris pied en Asie, il faut y rester. Il s'agit d'un commerce qui représente dès aujourd'hui plus de deux milliards. Dans ce chiffre, la France est intéressée pour 200 millions ; c'est seulement le dixième.... »

S'en suit-il que notre situation dans l'extrême Orient soit inférieure à celle des puissances plus favorisées que nous sous le rapport des transactions commerciales? Non, et pour ne parler que de la Chine et de la première ambassade de la France auprès du souverain de ce vaste empire, les résultats de cette ambassade ont été beaucoup plus importants qu'on n'est porté, à première vue, à le penser.

« Après avoir assuré à nos nationaux, par le traité de Wampoa, les avantages concédés à l'Angleterre ainsi qu'aux Etats-Unis par des traités antérieurs, et mis ainsi la France en possession du titre à l'aide duquel elle a pu intervenir plus tard dans les affaires de la Chine, M. de Lagrenée, en effet, s'est étudié à faire donner à nos intérêts moraux et religieux toute la satisfaction que les circonstances comportaient. Il a tenu surtout à faire prévaloir, dans les rapports de la cour de Pékin avec ses propres sujets, le principe de la tolérance religieuse, la rentrée dans le droit commun de tous les Chinois chrétiens, quelle que fût la communion à laquelle ils appartinssent. Les concessions obtenues ne pouvaient guère profiter qu'aux catholiques; il valait mieux que cette prépondérance leur fût accordée par la force même des choses que par une stipulation particulière dont ils eussent été l'objet. Nous appliquions ainsi, dans un ordre d'idées plus élevé, les vues qui animaient les plénipotentiaires anglais, signataires du traité de Nankin, quand ils déclarèrent ne rechercher pour leur nation aucun avantage commercial exclusif.

» Si on examine le mouvement des échanges entre l'Europe et la Chine, non seulement dans la période qui suivit les traités, mais encore au temps présent, on voit que la France est commercialement dans un état d'infériorité complet vis-à-vis de l'Angleterre, et cependant le prestige de notre pays dans ces contrées est, sinon supérieur, du moins égal à celui de la Grande-Bretagne. C'est que la France regagne, en s'appuyant sur l'élément religieux, ce qui lui manque sur le terrain commercial.

» L'action des deux pays, pour s'exercer par des voies différentes, n'en est pas moins réelle et efficace. Pendant que les négociants anglais apportent avec eux des germes de civilisation qui ne sont pas toujours exempts d'alliage, les communautés chrétiennes éparses sur le territoire de la Chine, les prêtres indigènes formés dans les séminaires du littoral par les soins et sous les yeux de nos missionnaires, répandent partout l'influence et le nom français, c'est-à-dire les traditions européennes dans ce qu'elles ont de meilleur.

» Les négociations de 1844 ont développé cet état de choses et l'on ne saurait trop faire ressortir, à l'honneur de M. de Lagrenée, que c'est lui qui a su obtenir d'un souverain, dont l'autorité s'étend sur un tiers de la race humaine, la proclamation du principe de la liberté de conscience. Les persécutions partielles, les violences et les crimes multipliés depuis par la cupidité des mandarins, la haine des bonzes ou le fanatisme du bas peuple sont autant de pages affligeantes qu'il faut bien ajouter à l'histoire de la Chine, mais qui ne diminuent pas l'importance du principe posé en 1844.

» Les idées généreuses qui ont été jetées dans le monde n'ont presque jamais triomphé de prime abord d'une manière définitive; elles ont eu leur moment d'éclipse; plus d'une fois même il a semblé qu'elles faisaient la nuit plus complète. Tôt ou tard, cependant, l'obscurité se dissipe, l'idée reparaît, elle est reprise par d'autres hommes et finit par porter ses fruits (1). »

Plus de vingt ans se sont écoulés depuis que le comte d'Harcourt traçait ces lignes; les récits qui vont suivre se chargeront de démontrer l'exactitude des prévisions qu'elles contiennent.

(1) Comte Bernard d'Harcourt; *Revue des Deux-Mondes*. 1er juin 1862.

LES FRANÇAIS
DANS L'EXTRÊME ORIENT

EMPIRE CHINOIS

PREMIÈRE PARTIE

La Chine et ses productions.

I

Le vaste empire qui va nous occuper s'étend sur presque toute l'extré-mité orientale de l'Asie. Il est borné au nord par la Sibérie, à l'ouest par les steppes et les montagnes du Touran qu'habitent les Kirghis et les Bourouts, puis par les possessions anglaises, le Népaul, le Boutan et l'Assam. Au sud-ouest, les plateaux de Sione-Chan et du Yu-ling la séparent de l'empire des Birmans et de celui d'Annam. Au sud et à l'est, depuis le golfe du Tonkin jusqu'à l'embouchure du fleuve Amour, le grand Océan, sous ses trois noms de mer méridionale et mer septen-trionale de la Chine, et de mer du Japon, lui sert de limites.

Sur la fraction de son territoire qui n'était pas séparée des pays voi-sins par des remparts naturels, le gouvernement chinois, dans sa pas-sion d'isolement, avait élevé, avant l'annexion de la Tartarie à son territoire, un rempart artificiel qui, si les anciens en avaient eu con-naissance, aurait bien certainement donné lieu à une huitième merveille du monde, et qui certes n'eût été en rien inférieure aux sept autres.

Nous voulons parler de la fameuse muraille de la Chine, qui, édifiée il y a une vingtaine de siècles, par ordre des empereurs de la quatrième dynastie, fut, assurent les traditions chinoises, achevée en cinq ans. Il est vrai que, d'après les mêmes témoignages, un tiers de la population de l'empire y fut employé.

Pour en asseoir les fondements du côté de la mer, on coula à fond un certain nombre de barques chargées de lingots de fer et de gros quartiers de pierres; de larges viaducs furent jetés sur les rivières, et des voûtes basses, solides, faciles à barrer à la première alarme, furent ménagées de distance en distance pour la facilité du commerce et le passage des troupes. Enfin des forts furent édifiés partout où on pouvait avoir à redouter quelques attaques.

Cette muraille, du côté de la Tartarie, commence dans la province de Chen-si dans le voisinage du fleuve Jaune; elle s'étend, sans interruption, d'abord vers le nord, jusqu'au 42ᵉ degré de latitude et ensuite vers le midi jusqu'au 39ᵉ. On assure que sa longueur, en tenant compte des circuits qu'on n'a pu éviter, est d'au moins 200 kilomètres. La maçonnerie en est si solide, qu'on n'a eu jusqu'ici que quelques légères réparations à y faire. Plusieurs voyageurs ont singulièrement exagéré son élévation et son épaisseur; des relations récentes et dignes de foi nous apprennent que sa plus grande hauteur ne dépasse pas une dizaine de mètres et descend à cinq ou six mètres en quelques endroits où le sol qui leur sert de base se trouve naturellement escarpé; en d'autres endroits enfin, des parties de montagnes rocheuses, taillées à pic, l'interrompent en la continuant sur un certain parcours.

Sa largeur, qui n'est pas uniforme, est telle, en moyenne, que sept à huit hommes y peuvent marcher de front.

Certains historiens chinois prétendent qu'au temps des guerres avec les Tartares, plus d'un million d'hommes étaient échelonnés le long de la grande muraille. Depuis l'invasion, qui a porté au trône une dynastie tartare, on se contente d'entretenir de fortes garnisons sur quelques points.

L'empire chinois a en longueur environ 5,400 kilomètres, en comptant depuis Kachgar jusqu'à l'embouchure du fleuve Amour; sa plus grande largeur peut être prise des monts Saiansk à la pointe méridionale de la Chine, vis-à-vis l'île d'Haï-nan, sur une ligne de 3,400 kilomètres. Sa surface peut être évaluée à 670,000 lieues carrées, ce qui représente un peu moins d'un dixième de la terre habitable. Le chiffre de sa population totale n'est pas bien connu. Pour la Chine proprement dite seule, certains auteurs estiment qu'elle a 150 millions d'habitants; ce nombre est porté par d'autres jusqu'à 330 millions. La vérité, croyons-nous, doit se trouver entre ces deux chiffres.

Les Européens et les Indiens s'accordent à lui donner le nom de *Chine;* les Tartares l'appellent *Catay;* son véritable nom est *Tchonkou* ou *Choung-kouo,* qui signifient *centre de la terre* ou *peuple du Milieu.*

Il est à peu près certain aujourd'hui que la Chine est cette terre riche, fertile, mystérieuse, patrie de la soie, que les anciens appelaient le pays des Sères et qui fut célèbre au moyen âge sous le nom que lui conservent les Tartares, de Catay.

Nous n'avons pas à donner ici la géographie détaillée de cet immense empire; celle de ses parties qui porte le titre de Chine proprement dite nous arrêtera seule quelques instants.

Chacune des dix-huit provinces qui composent la Chine proprement dite est comparable, par son étendue, par le nombre de ses habitants et la richesse de ses productions, aux plus beaux royaumes de l'Europe.

Ces provinces sont, en allant du nord au sud :

Le PÉ-TCHE-LI, sur les frontières de la Tartarie. La pureté de l'air, l'extrême rareté des pluies, y entretiennent une température modérée, bien que ses rivières y soient couvertes de glaces pendant quatre mois, du milieu de décembre au milieu de mars. Le pays est plat, peu fertile en riz, mais très productif en tout autre espèce de grains, en fruits, en légumes, en troupeaux. Ses habitants sont robustes, belliqueux; leur esprit est moins étroit que dans les provinces méridionales de l'empire. Son chef-lieu est Pékin, capitale de tout l'empire, et elle compte en outre cent quarante villes, dont plusieurs très importantes.

Le KIANG-NAN, l'une des plus fertiles, des plus marchandes, et par conséquent des plus riches parties de l'empire, forme aujourd'hui deux provinces, celle de *Kiang-sou,* composant le Kiang-nan oriental, et celle d'*An-hoéi,* le Kiang-nan occidental.

Le KIANG-SOU est borné par le golfe de Nankin, qui est un enfoncement de la mer Jaune. Ses habitants sont considérés comme les plus civilisés des Chinois. Les anciens empereurs y ont constamment tenu leur cour, et il n'a fallu rien moins que la nécessité de rapprocher de la Tartarie le siège du gouvernement pour les décider à transporter la capitale à Pékin. Nankin en est le chef-lieu. Les deux grands fleuves de Hoang-ho et de Yang-tsé-kiang ont leur embouchure dans cette province.

La province d'AN-HOÉI ou NGAN-HOÉI est formée de la partie occidentale du Kiang-nan.

Le CHAN-TONG dont le sol produit toute sorte de grains, de légumes,

de fruits surtout. Ces derniers, séchés et préparés avec le soin minutieux
que les Chinois apportent dans toutes leurs occupations, sont l'objet d'un
commerce considérable; il s'en expédie jusqu'aux extrémités les plus
reculées de l'empire.

Ce n'est pas là, toutefois, la branche la plus importante de l'industrie
agricole du Chan-tong; sa grande richesse lui est fournie par une
espèce de chenille assez semblable au bombyx du mûrier, qui y vit à
l'état sauvage et produit une soie blanche que l'on n'a que la peine de
détacher des buissons et des arbres, dans les branches desquels les che-
nilles la filent en prodigieuse quantité. Les étoffes fabriquées avec cette
soie sont, il est vrai, moins fines et moins souples que celles produites
par la soie ordinaire, mais elles sont plus durables et se vendent meilleur
marché, ce qui est un véritable bienfait pour un pays dont la population
tout entière fait usage d'étoffes de soie.

Le Chan-si. Nulle part mieux que dans cette province, très montagneuse, ne se révèle l'esprit ingénieux et patient des Chinois. Chaque
versant de montagne est disposé en gradins successifs au moyen de murs
de pierres sèches, ou même, au besoin, au moyen de la mine, et, sur
chacun de ces gradins ou terrasses, de la terre végétale, apportée de
mains d'hommes ou aglomérée par le temps, reçoit des cultures adaptées
à l'altitude et à l'exposition des terrasses. Le sein des montagnes recèle
des mines de charbon de terre, de fer, etc.

Le Chen-si, qui produit en assez grande abondance du froment et du
millet, offrirait à la cupidité humaine un bien plus puissant appât si le
gouvernement chinois n'avait eu la sagesse d'intervenir. Nous voulons
parler de plusieurs mines d'or que l'on a tout lieu de croire très abondantes, mais qu'il est sévèrement défendu d'exploiter. Tout ce que le
gouvernement permet, c'est la recherche du précieux métal dans le sable
des rivières, où il est en assez grande quantité pour qu'un simple lavage
produise à ceux qui s'occupent de ce travail une très large rémunération.

Les Chinois considèrent cette province comme le berceau de l'empire
et de sa population.

La partie occidentale de la province de Chen-si a servi à former celle
de Kan-sou dont dépend administrativement une partie du Turkestan
chinois; elle fait un grand commerce avec la Mongolie, et une de ses
villes principales, *Koung-tchang,* est célèbre par le tombeau de Fo,
situé sur une montagne voisine.

Le Ho-nan, qui occupe à peu près le centre de la Chine proprement
dite, est la plus riante et la plus délicieuse province de l'empire. Les
Chinois l'ont surnommé la *fleur de la Chine.* La nature et l'art semblent

s'être concertés pour en faire, en effet, un véritable jardin auquel, à l'ouest, de belles et ombreuses montagnes servent de ceinture.

Le HOU-KOUANG, qui confine au Ho-nan et forme deux provinces (1), n'est pas moins fertile; mais sa fertilité a pris sous la main d'une population moins amie probablement de la poésie et de l'art, un caractère d'utilité qui lui donne un tout autre aspect : couvert des plus magnifiques cultures, le *Hou-kouang* est le *grenier de l'empire*. Son chef-lieu est *Wou-tchang*, ville que l'on prétend être aussi grande et aussi peuplée que Paris. La province, du moins, a environ la même étendue que la France.

Le SOU-TCHUAN, dont la figure forme sur la carte un carré irrégulier de la dimension, à peu près, de l'Espagne et du Portugal réunis, est particulièrement favorisé sous le double rapport des richesses végétales et minérales : le mûrier, la canne à sucre, la meilleure rhubarbe qui se recueille dans l'empire, disputent aux céréales la surface d'une terre essentiellement féconde et dont le sein fournit abondamment du fer, du plomb, de l'étain, des pierres d'azur, etc. On y élève des chevaux estimés, et l'animal qui produit le musc y est assez répandu pour donner lieu à une branche spéciale de commerce.

Le TCHE-KIANG. Nous trouvons ici moins d'étendue, moins de produits agricoles que dans les précédentes provinces dont nous avons parlé, et cependant nous avons à y relever une somme plus grande de richesses, de bien-être, de luxe. Cette supériorité tient au perfectionnement de l'industrie séricicole et à l'étendue du commerce.

Le KIANG-SI, province agricole et manufacturière, célèbre par ses gisements de kaolin et ses fabriques de porcelaines. C'est, proportionnellement à son étendue, la plus peuplée des populeuses provinces de la Chine.

Le FOU-KIAN. Le littoral maritime très développé de cette province favorise ses relations maritimes avec les îles Philippines, le Japon, le Cambodge, le Siam, etc. Ses montagnes, couvertes de forêts, fournissent à ses nombreux chantiers toute espèce de bois de constructions navales; tandis que les mines, qui y sont exploitées, donnent en abondance du fer, de l'étain, du vif-argent, etc.

Le KOUANG-TOUNG. Cette province, telle qu'elle figure sur les cartes, rappelle, par sa forme et par ses dimensions, la riche fleur de l'Europe, la belle Italie, dont elle possède la fertilité et l'aspect enchanteur. L'île de *Kai-nan*, placée à l'extrémité inférieure de la botte, à peu près comme la Sicile par rapport à la Calabre, est un des points maritimes les plus

____
(1) Le *Hou-pé* et le *Hou-nan*.

avancés de la côte méridionale de la Chine. Tous les produits de la flore de l'extrême Orient semblent s'y être donné rendez-vous : la banane, l'ananas, le litchi, etc., s'y mêlent à l'oranger et au citronnier et y entretiennent une éternelle profusion de verdure, de fleurs et de fruits. Le chef-lieu des quatre-vingt-quatorze villes et des nombreuses bourgades, qui forment autant de centres de production et de commerce, est *Kouang-tchéou* que nous, Européens, nous appelons *Canton*.

Le KOUANG-SI et le KOEÏ-TCHÉOU, qui confinent ensemble, ne sont comparables aux autres provinces de l'empire ni pour la richesse du sol, ni pour l'étendue des domaines et le degré de civilisation des habitants. Situés dans la partie la plus méridionale de la Chine et couverts de montagnes, ils ne fournissent guère au commerce, si ce n'est dans les parties plates où on cultive du riz, que le produit de quelques mines d'or. On y rencontre cependant une des curiosités les plus remarquables du règne végétal, l'*arbre à cire* dont nous parlerons ailleurs.

Le YUN-NAN. Cette province, qui confine avec le Tonkin, le Pegu, l'Ava et le Thibet, a pris récemment pour nous une importance qui explique pourquoi nous allons nous y arrêter beaucoup plus longtemps qu'aux autres parties de la Chine.

On se ferait difficilement une idée de l'état dans lequel le brigandage, et peut-être plus encore les moyens employés pour sa répression, ont mis la malheureuse province du Yun-nan.

Quand les explorateurs du Mékong arrivèrent (1868) au dernier chef-lieu de cette province, ils trouvèrent le pays qui entoure *Tchao-tong* non moins dévasté que le reste du Yun-nan. « Peu de temps avant notre passage, rapporte M. de Carné, les sauvages Mauseis, descendus de leurs montagnes, l'avaient mise à feu et à sang, et les bandes de soldats impériaux venaient d'en achever la ruine. La population, très dense encore malgré tant de calamités qui la déciment, se loge comme elle peut dans des huttes en terre ou dans les crevasses des rochers. Elle est portée, par ses malheurs, à voir des ennemis dans toutes les figures inconnues.

» Les chemins sont, comme partout en Chine, bien tracés et largement ouverts, mais l'anarchie qui règne ici fait négliger leur entretien. De vieilles femmes donnent çà et là quelques coups de pioches, et tendent la main au voyageur qui profite de leur travail volontaire : ingénieux prétexte pour mendier, et aussi protestation utile contre la négligence des pouvoirs publics. La plupart de ces routes sont construites en corniches au-dessus des rivières et des torrents affluents du Yang-tsé-kiang, et traversent une région à laquelle l'aspect tourmenté des montagnes qui les hérissent imprime un cachet de beauté sévère.

» Certains gros bourgs ont la mine arrogante de nos anciennes forteresses féodales, celui de Tahouan, par exemple, bâti à mi-côte d'un massif dentelé et précédé d'une porte haute et large qui rappelle le profil menaçant d'une tour épaisse. De loin en loin, des têtes coupées de brigands ou de déserteurs, servent de pâture aux bêtes de proie....

» Le charbon apparaît souvent dans les gorges et est très employé; il ne semble pas cependant qu'on fasse le plus léger effort pour découvrir des gisements ou en développer l'exploitation; on se borne à s'attaquer aux mines que quelque circonstance fortuite à mises à découvert et qui suffisent aux besoins, très limités d'ailleurs, de la consommation locale. Les métaux continuent à se montrer abondants....

» Au sortir d'un étroit défilé, séparé de nous par une forte rivière, nous apercevons le village de *La-oua-tais*.... C'est à *Long-ki*, non loin de ce village, que demeure le vicaire apostolique du Yun-nan. C'était un devoir pour nous d'aller porter nos hommages à ce noble vieillard, parvenu au terme d'une longue carrière que la persécution faillit plus d'une fois abréger.

» Arrivé en Chine à la fin de la restauration, Mgr Pousot n'a jamais revu la France. Il a passé depuis lors sa vie dans les montagnes du Yun-nañ, et c'est sur des sommets presque inaccessibles que nous allons chercher son *palais* épiscopal. Les mandarins chinois, qui ont longtemps persécuté les missionnaires, sont aujourd'hui impuissants à les protéger. Ceux-ci se défendent eux-mêmes contre les invasions des sauvages, offrant à l'occasion, même aux Chinois non chrétiens, un abri derrière leurs murs, que les Mauseis évitent d'approcher de trop près.

» Ce sont cependant de terribles ennemis que ces Mauseis, embusqués sur les frontières du Setchuen et du Yun-nan. En une seule année ils ont, dit-on, massacré ou réduit en esclavage plus de mille voyageurs. Intempérants et féroces, ils se gorgent dans leurs repaires de viandes et d'eau-de-vie, fruits de leurs rapines; quand ils sont repus, ils dorment comme des boas et se remettent bientôt après en campagne. Jaloux de leur indépendance, ils ne recherchent aucun appui en dehors de leurs tribus, et ont exterminé une bande détachée de l'armée des *Taï-pings* (des rebelles), sans songer à faire alliance avec eux contre le gouvernement impérial.

» La nécessité de se défendre et surtout de protéger les nombreux enfants qui viennent chercher à Long-ki et au collège de *Chen-fou-Chan* une instruction libéralement distribuée, a développé chez certains missionnaires des qualités qui étonnent sous leur costume; leur activité, leur vigilance et leur bravoure m'ont fait souvent souvenir de ces types immortels fournis par nos ordres militaires au roman et à l'histoire.

» Le clergé catholique indigène se recrute en partie parmi les élèves de ces établissements. A Chen-fou-Chan, sur seize jeunes gens admis et élevés dans cette maison hospitalière, un seul en moyenne entre dans les ordres ; le cœur formé sur les principes de la morale chrétienne, l'esprit façonné à l'européenne par l'étude du latin, les autres sont employés dans les missions à titres divers, ou viennent, libres des préjugés de leur race, se mettre en relation avec les étrangers dans les ports ouverts au commerce européen. »

Aux dix-huit provinces de la Chine proprement dite, dont nous venons d'esquisser le tableau, se rattachent un certain nombre d'îles dont les principales sont celles de *Tsou-ming* et d'*Haï-nan*, que nous avons déjà nommée, de *Taï-ouan* (cette dernière est appelée île *Formose* par les Européens).

L'empire comprend encore trois grandes provinces particulières, la *Mandchourie*, la *Dzoungarie* ou *Thian-chan-pe-lou*, et la petite *Boukharie* ou *Thian-chan-nan-lou;* plus des tribus nomades de *Mongols*, de *Dzoungars*, d'*Elheutes*, de *Torgoots* et de *Kirghis*.

Enfin les Etats du *Thibet* ou *Si-zzang*, du *Boutan* ou pays de *Deb-Radja*, et les royaumes de *Corée* et de *Lieou-Kieou* lui sont tributaires.

II

Bâties presque toutes sur le même modèle, les villes chinoises sont de forme carrée ; deux grandes rues qui se croisent coupent ce carré, du midi au nord et de l'est à l'ouest, en quatre parties égales et forment à leur point de rencontre, au centre, une grande place d'où l'on aperçoit les quatre portes principales de la ville. Les divisions de ce carré sont sillonnées de rues parallèles partant d'une des rues principales. Chacune de ces voies de communication est terminée par une porte ou par une barrière que l'on ferme la nuit.

Toute ville chinoise est enceinte de murailles massives dont la hauteur fait paraître d'autant plus basses les maisons qu'elles abritent, maisons qui ne sont généralement composées que d'un rez-de-chaussée et ne comportent jamais plus d'un étage au-dessus. Si ce n'était quelques tours, quelques arcs de triomphe, quelques dômes de pagodes, dont la cime dépasse le niveau général, on prendrait de loin les plus grandes cités pour d'immenses parcs entourés de murs.

Les places fortifiées, celles que les Chinois appellent emphatiquement leurs *villes de guerre*, n'ont pas d'autre défense que leurs murailles, flanquées de distance en distance par quelques tours massives et protégées à l'extérieur par un fossé large et profond.

Les villes, comptant plusieurs centaines de mille habitants, ne sont pas

Porte de ville en Chine.

rares en Chine; d'après la statistique publiée par M. de Rienzi, huit d'entre elles dépasseraient le chiffre de 200,000, et une atteindrait presque celui de 2,000,000, ce sont :

Pékin, 1,700,000 ; Nankin, 514,000; Hang-tchéou, 700,000; Ooutchang, 580,000; Kong-tchin, 500,000; Fok-han, 320,000; Nang-tchang, 300,000; Sou-tchéou-fou, 214,000; Kouang-tchéou (Canton), 845,729.

L'art de l'architecture, comme tous les autres arts du reste, est resté stationnaire en Chine, ce qui ne saurait étonner en présence de l'uniformité qui règne dans toutes les constructions, lesquelles ne diffèrent guère entre elles que par leurs dimensions. Toutes les maisons semblent, en effet, avoir été faites sur un modèle primordial et unique, qui comporte cependant deux variétés, les habitations rurales et les maisons de ville.

Les premières, fort basses, construites en terre avec un toit plat en roseaux entrelacés et recouvert de terre, ne sont rien moins qu'agréables à l'œil.

Les secondes ne sont guère plus luxueuses : assises sur de gros quartiers de pierre, placés à distance, en manière de pilastres, elles sont construites tantôt en briques et le plus souvent en une espèce de torchis, composé d'un mélange de menu bois et de terre battue. Le corps de bâtiment consiste d'ordinaire dans un vestibule d'entrée, suivi d'une grande salle, autant que possible exposée au midi, et dans trois ou quatre chambres de plein-pied.

Quelques gros négociants font élever un premier étage au-dessus de ce rez-de-chaussée, étage destiné à leur servir de magasin ou plutôt d'entrepôt, car les boutiques proprement dites, celles où se vendent et s'achètent quelques marchandises que ce soient, sont toujours situées dans des quartiers spéciaux et en dehors des maisons d'habitation.

Selon la coutume orientale, aucune autre ouverture qu'une porte basse n'est pratiquée dans la façade du côté de la rue. Cette répugnance à être vus chez eux est si grande parmi les Chinois, que derrière la porte donnant accès dans la rue, s'élève un petit mur à hauteur d'appui, sur lequel est posé un paravent. Encore et comme si cette précaution jointe à la discrétion que mettent les passants à détourner leurs regards des portes qu'ils rencontrent, ne suffisait pas, ils ménagent, derrière la muraille et le paravent, plusieurs couloirs en zigzags, qu'il faut nécessairement parcourir avant d'arriver, soit au vestibule, soit dans les cours intérieures. Grâce à toutes ces précautions, l'expression figurée de *vie murée,* que nous appliquons au secret de la vie privée, est ici prise au propre et dans son sens le plus étendu.

Ce trait de mœurs, en révélant le besoin d'isolement éprouvé en Chine par les individus, explique, dans une certaine mesure, le principe politique qui exclut tout contact, toute influence étrangère, principe qui, après avoir contribué peut-être tout d'abord au développement social de la Chine, a si fâcheusement ensuite entravé la marche de sa civilisation.

L'usage des visites est très répandu en Chine; mais les visiteurs dépassent rarement le vestibule, vaste pièce ouverte de toutes parts et soutenue par une rangée de colonnes en bois plus ou moins richement peintes et sculptées.

Le mobilier de ce vestibule est le même à peu près que celui qui garnit les autres pièces, et il semblerait bien primitif à un ménage européen. Les Chinois, en effet, ne connaissent ni nos miroirs, ni nos tentures, ni nos tableaux, ni ces mille objets de luxe ou de commodité, qui sont

Tour de porcelaine, à Nankin.

réputés indispensables aujourd'hui, même dans nos plus modestes habitations.

Le dernier terme de ce qu'on est convenu d'appeler le confort, consiste pour eux à placer dans leurs appartements des paravents, des tables, des *cabinets* (sortes de secrétaires ou de commodes à nombreux tiroirs) vernis; des chaises et des tabourets en bois et en canne, des vases de porcelaine, de grandes lanternes en soie peinte suspendues au plafond, enfin quelques cadres assez artistement ouvragés et renfermant, écrites sur du satin blanc, des sentences morales et religieuses. Tout le luxe qu'ils s'accordent consiste à charger leurs lits d'ornements précieux et de riches étoffes; mais comme nul visiteur, quelque intime qu'il soit dans la maison, à moins qu'il n'appartienne à la famille, ne pénètre dans la chambre à coucher d'un Chinois, tout ce luxe se trouve sinon perdu, du moins soigneusement dérobé aux regards.

L'usage des cheminées est inconnu en Chine; on se chauffe au moyen d'espèces de poêles ou fourneaux en briques dans lesquels on brûle du charbon de bois ou de terre selon les localités.

Ces généralités indiquées afin de n'avoir pas à les répéter dans nos descriptions particulières, nous allons parcourir quelques-unes des principales villes de la Chine.

Nankin (Nan-king), qui a été pendant plusieurs siècles la capitale de l'empire, nous occupera le premier. Son nom, qui signifie *Cour du Midi*, rappelle sa gloire passée, alors que, résidence du *Fils du Ciel* (on sait que tel est le titre pompeux que prend l'empereur de la Chine), elle passait pour une des merveilles de l'extrême Orient.

Elle est située sur le Kiang, à 240 kilomètres de l'embouchure de ce fleuve. Sans compter ses faubourgs, on lui attribue 48 kilomètres de tour. Si ce chiffre est exact, l'antique cité n'est plus que l'ombre d'elle-même! Les voyageurs les plus dignes de foi estiment, en effet, que la partie, aujourd'hui couverte de maisons, de cette ville, est à peine aussi grande que le tiers de Paris.

Il est vrai qu'il est aisé de relever l'ancienne ligne de ses murailles au loin, au milieu des champs labourés; seulement on se demande si ce vaste espace n'était pas occupé jadis par des jardins bien plus que par des habitations.

Le palais, dont plusieurs descriptions ont été faites, et qui réellement était très beau, a été brûlé en 1642 par les Mandchoux.

Nankin ne conserve d'autres restes intacts des édifices qui faisaient autrefois sa gloire, que ses portes, qui sont d'une beauté extraordinaire, et quelques temples tels que le *Tsing-hai-tsen*, où l'on voit une immense salle ornée des portraits d'un grand nombre de philosophes et de pieux personnages chinois.

Nankin passe pour la ville savante de la Chine. Les bibliothèques y sont en plus grand nombre qu'ailleurs; les médecins y ont leur principale académie.

Ce caractère scientifique n'a pas empêché l'industrie de s'y développer : outre la fabrication des étoffes qui portent son nom, fabrication que la province dont elle est le chef-lieu peut seule entretenir, puisque seule elle produit le coton jaune qui en est la matière première, elle est renommée par les satins unis et à fleurs — les meilleurs de la Chine — qu'elle fournit au commerce.

« Hors des murs de la ville s'élevait, au milieu des bâtiments d'un immense couvent de bonzes, la célèbre tour de Nankin, la plus remarquable des prétendues tours de porcelaine de la Chine; édifiée il y a environ quatre cents ans, elle portait dans le pays le nom de *Pao-ngen-tse* (temple de la reconnaissance). A peu près ruinée par les rebelles, elle n'offre plus guère aujourd'hui que des débris à la curiosité des voyageurs. »

Bien qu'ouverte au commerce étranger par les traités de 1858, cette ancienne capitale de l'empire est peu fréquentée par les Européens. Tombée, en 1853, au pouvoir des *Taï-pings* qui en ont fait pendant onze ans le centre de la révolte, elle a perdu dans ces derniers événements, ce que lui avait encore laissé de grandeur et de magnificence l'invasion des Mandchoux.

Et cependant peu s'en est fallu que de ce qui a achevé sa ruine, ne sortît pour elle le commencement d'une ère nouvelle et brillante.

Le chef des Taï-pings, en effet, se croyant un instant définitivement victorieux, méditait de fonder, au sud du fleuve Bleu, un royaume indépendant, rêve gigantesque qui eût peut-être modifié profondément l'état social de l'extrême Orient, et auquel s'associait, tout en gardant les apparences d'une stricte neutralité, une partie de la colonie étrangère.

Si ce rêve se fût réalisé, Nankin eût été la capitale du nouvel empire.

PÉKIN (Pe-king), par opposition au nom de Nankin, qui se traduit par Cour du Midi, signifie *Cour du Septentrion*, avec cette différence à l'avantage de cette dernière ville, que ce titre de *cour*, c'est-à-dire de résidence impériale, n'est pas seulement comme pour la première une désignation honorifique.

Nankin est la capitale déchue, Pékin est la capitale brillante, animée, siège et centre du gouvernement de cette antique monarchie orientale qui s'intitule le *Céleste empire*.

Selon l'invariable usage de la Chine, Pékin, lors de sa fondation, avait reçu la forme carrée dont nous avons parlé; mais, lorsque les Tartares s'en emparèrent, les habitants, chassés de leurs demeures et ne voulant pas s'éloigner d'un lieu auquel ils tenaient par cette force de l'habitude si puissante sur l'esprit des Chinois, construisirent une seconde ville à côté de la première, et plus étendue en longueur que celle-ci. De là l'enceinte actuelle qui présente la forme d'un immense carré long, et la division de la ville en deux parties distinctes : la ville ancienne devenue la ville impériale ou tartare, qui contient le palais de l'empereur et les différentes administrations, et la ville chinoise où sont concentrés le commerce et l'industrie.

Les murailles qui entourent cette vaste cité ne mesurent guère moins de 40 kilomètres de circuit; on prétend que leur hauteur est de 50 mètres, et elles sont d'une épaisseur telle que plusieurs hommes à cheval peuvent marcher de front sur leur sommet. On y monte par une rampe douce ménagée à cet effet. Ce mur est flanqué, d'espace en espace, par de grosses tours carrées, et, à sa base, est creusé un fossé à sec mais très large.

Les portes qui donnent accès dans la ville ne sont embellies par aucune statue ni sculpture, mais leur hauteur prodigieuse leur donne un caractère de grandeur qui frappe l'imagination; les arcades en sont construites en marbre et le reste en briques cimentées par un excellent mortier; à côté de chaque porte, deux tours massives, dont l'une regarde la campagne et l'autre la ville, sont postées comme des sentinelles géantes. Leurs neuf étages percés de meurtrières constitueraient un moyen redoutable de défense, soit contre un soulèvement intérieur, soit contre une attaque extérieure, si l'artillerie chinoise était dans un état plus prospère.

En avant de chaque porte, du côté de la ville, a été réservé un espace vide, formant un demi-cercle et entouré d'une muraille, dans lequel cinq cents soldats peuvent se ranger en bataille.

Le côté de la ville impériale a neuf de ces portes, celui de la ville chinoise en a sept, et à chacune d'entre elles correspond un faubourg.

Presque toutes les rues de Pékin sont tirées au cordeau; la plus considérable de ces rues a 40 mètres de largeur et 4 kilomètres de longueur. Les quartiers marchands sont pleins d'animation et offrent au visiteur européen une foule de singularités curieuses.

Les boutiques, échelonnées sur les deux côtés des rues, regorgent de porcelaines artistiques, d'objets en laque ou simplement en bois vernis, d'étoffes précieuses, etc. Devant chacune d'elles, et en manière d'enseigne, est dressé un tableau haut de deux mètres à deux mètres cinquante, imprimé et enluminé avec beaucoup de soin, indiquant les différentes sortes de marchandises dont le magasin est pourvu, ainsi que le nom et les qualités du marchand. Cette énumération est invariablement terminée par ces deux mots: *Pu-ha (ici on ne vous trompera point).*

Est-ce à dire que cette promesse doive être prise à la lettre comme le « *à prix fixe* » de nos grands magasins? Hélas ! non, et malheur à qui, confiant en cette assertion, achèterait les yeux fermés sur la qualité, et bouche close pour débattre les prix. Quoi qu'il en soit, ces tableaux n'en ont pas moins leur avantage : posés sur un piédestal léger et élégant, à distances à peu près égales, ils forment une agréable décoration aux façades des longues rangées de boutiques, et ils ont de plus le mérite de fixer l'acheteur sur le lieu où il est sûr de trouver ce qu'il désire.

Les Européens, même ceux qui, s'étant trouvés dans nos grandes villes les jours de fêtes publiques, s'imaginent connaître dans sa plus large acception le sens du mot « *foule*, » ne peuvent se figurer ce que sont les encombrements des voies publiques en Chine.

Quelque larges que soient les rues, quelque bien qu'en soit faite la police, elles présentent la plupart du temps l'aspect de la fourmillière la plus affairée ; c'est un va et vient, ce sont des poussées continuelles qu'aug-

Porte de Pékin.

mentent à chaque instant la venue de quelque chaise à porteurs, toujours précédée d'éclaireurs chargés de lui faire ouvrir le passage, lesquels ont un talent particulier pour écarter et faire refluer à droite et à gauche la foule, toujours empressée d'ailleurs de témoigner de sa servile déférence pour le rang et la fortune, en se culbutant à plaisir pour leur faire place.

Mais c'est le matin, quand on ouvre les portes de la ville, et le soir, un peu avant leur fermeture, qu'il faut voir l'affluence populaire si l'on veut se rendre un compte exact du peu de place que peuvent occuper des milliers d'hommes quand ils ne sont point tourmentés de la crainte de se faire écraser. Un encombrement comme celui qui se produit deux fois chaque vingt-quatre heures aux portes de Pékin, amènerait chez nous d'innombrables accidents. Ici il ne s'en produit jamais aucun, tant le Chinois, souple, agile, toujours de sang-froid, même lorsqu'il paraît le plus fiévreusement agité, sait se faufiler, à droite, à gauche, se glisser partout où s'ouvre pour lui la plus petite ouverture, ou se résigner à se laisser paisiblement porter par le flot humain qui le pousse.

Les éléments qui composent ce flot humain aussi régulier à se produire, non seulement à Pékin, mais à l'entrée et à la sortie de toutes les villes de l'empire ayant quelque importance, que le flux et le reflux de l'Océan, sont aussi multiples qu'intéressants à décomposer.

C'est d'abord la masse des paysans qui, avec leurs chameaux, leurs chevaux et leurs autres bêtes de charge, apportent des campagnes environnantes l'approvisionnement quotidien de la grande capitale. Viennent ensuite la plupart des artisans des faubourgs et ceux des bas quartiers qui, au lieu d'attendre le client chez eux, vont de maison en maison, chargés de tout leur outillage, offrir leurs services, à la manière à peu près de nos étameurs et de nos rémouleurs ambulants.

Les barbiers, par exemple, se promènent dans les rues *un fauteuil sur les épaules*, le bassin et la bouilloire à la main; il n'est pas jusqu'au forgeron qui ne promène partout avec lui son marteau, ses pinces, son enclume, son fourneau et son soufflet.

L'esprit pratique et méticuleux des Chinois trouve son compte à cet arrangement : l'ouvrier, allant ainsi au devant de la pratique, n'est pas exposé à perdre son temps dans une boutique, et surtout à payer inutilement le loyer de cette boutique; le client, de son côté, évite toute espèce de dérangement et de perte de temps, double avantage auquel il est plus sensible qu'aucun autre peuple, car si la devise « *le temps c'est de l'argent* » nous est venue d'Amérique, c'est assurément en Chine qu'elle a pris naissance. Si, à ces pourvoyeurs de la ville et à ces gens de métier, on ajoute les acheteurs empressés de faire leurs emplettes journalières, les marchands courant à leurs boutiques ou en revenant, on a la *foule affairée*, laquelle, toute nombreuse qu'elle soit, est loin cependant d'être le seul motif de l'encombrement des rues. Il y a encore, en effet, la foule brillante, celle des fonctionnaires, des grands de l'Etat, et celle de ce qu'on appelle dans tous les pays du monde « *les riches et les heureux du siècle.* »

Un Chinois de quelque distinction ne quitte jamais sa maison sans se faire suivre, non seulement de la plupart de ses serviteurs, mais de

tous ceux de ses subordonnés qui se trouvent auprès de lui ou qu'il a le
temps de faire prévenir quand il sort.... Un mandarin de premier ordre,
par exemple, nous apparaît entouré des mandarins placés sous ses ordres,
lesquels, pour lui faire plus d'honneur, se font suivre eux-mêmes de leurs
secrétaires, domestiques, etc., etc. Le train seul d'un de ces mandarins
suffit pour encombrer tout un quartier. Ce luxe de cortège est devenu
une manie, une espèce de rage pour les Chinois; le peuple est loin de
s'en plaindre; il y trouve un aliment perpétuel à cette passion de
spectacles qui est d'autant plus vive que les nations ont une civilisation
moins avancée; or, les Chinois, malgré leur antique origine, sont bien
près encore de l'enfance... enfance réelle ou enfance sénile; un temps
prochain en décidera.

Détail caractéristique et important à noter : dans toutes ces foules dont
nous venons de parler, il est rare d'apercevoir une femme, encore n'est-ce
jamais une femme des classes élevées. Les Chinoises cependant ne sont
point assujetties à la vie de harem et jouissent d'une liberté relative.

L'administration et la police sont admirablement organisées dans les
villes chinoises. Ainsi, pour ne parler ici que de Pékin, chaque dizaine
de maisons forme une subdivision de quartier soumise à une sorte d'ins-
pecteur chargé de rendre compte au gouverneur de tout ce qui se passe
dans sa juridiction, qui ne laisse pas d'avoir une certaine importance, car
il faut noter que ces dix maisons, malgré ce que nous avons dit de leur
manque de hauteur et de leurs dimensions, contiennent un chiffre assez
respectable d'habitants, dix Chinois trouvant à se caser à l'aise là où
trois Européens se trouveraient à l'étroit. De plus, les artisans et les
pauvres n'habitant pas la terre ferme, mais vivant toute l'année dans des
barques dont le port et la rivière sont couverts, les *citadins* proprement
dits ont tous une certaine consistance sociale et occupent un personnel de
serviteurs assez nombreux.

Tous les Chinois du même quartier sont solidaires entre eux et répondent
au gouvernement de la tranquillité publique; obligés de se garder et de
se défendre mutuellement, ils sont responsables de tout vol, de tout
méfait, de quelque nature qu'il soit, qui vient à être commis. De plus
chaque père de famille répond en outre non seulement de la conduite de
ses enfants, mais de celle de toutes les personnes qu'il emploie ou loge
chez lui.

Cette organisation qui, à côté d'immenses avantages, offre de sérieux
défauts, ne serait-ce que le système d'espionnage continu, d'ingérence
forcée de chacun dans les affaires d'autrui, ne dispense pas le gouvernement de s'occuper de la police de la rue.

Cette police s'effectue d'une façon aussi arbitraire que sommaire, et nous doutons fort qu'aucun Européen, pas même ceux d'entre eux qui vivent encore sous la loi du knout, consentît à s'y plier. Les soldats ou agents chargés de ce service parcourent les rues un fouet à la main et frappent sans distinction tous ceux qui causent ou qui sont censés causer quelque tumulte. *Les frappés* plient les épaules et s'esquivent sans jamais réclamer. Ils font patte de velours à ceux qui les oppriment, mais le fiel de la colère ne s'en amasse pas moins dans leur cœur, et on les trouve toujours prêts à prendre leur revanche lorsqu'ils peuvent le faire impunément ou sur de plus faibles qu'eux.

Les agents dont nous venons de parler sont chargés du nettoyage de la ville, nettoyage qu'ils font eux-mêmes dans certains cas prévus par les règlements, et dont ils surveillent, dans la plupart des autres cas, l'exécution par les propriétaires des maisons bordant les voies publiques. Les rues n'étant pas pavées, leur entretien est de la plus haute importance pour les facilités de la circulation, surtout quand il pleut.

Des veilleurs parcourent, la nuit, les rues généralement silencieuses et désertes, les fêtes et les plaisirs de nuit étant réprouvés par les mœurs chinoises. Ils ont mission de veiller aux incendies et d'ouvrir aux habitants qui, attardés par hasard ou pour affaires au dehors, voudraient rentrer chez eux après l'heure de la fermeture des portes et des barrières.

Chaque quartier a un gong ou une cloche énorme qui marque les veillées de nuit, lesquelles ont une durée de deux heures chacune. La première commence à la tombée de la nuit, et pendant sa durée, on frappe à intervalle régulier un coup sur le gong ou sur la cloche; pendant la seconde veillée, on frappe deux coups; dans la troisième, trois, etc., etc... et ainsi de suite.

Pékin possède la plus grosse cloche qui existe au monde après celle de Moscou. Son diamètre inférieur est de près de treize coudées chinoises (1); son épaisseur, vers le sommet, de près d'une coudée, et sa profondeur intérieure de douze coudées. Son poids dépasse deux cent quarante mille kilogrammes.

Les seuls édifices qui aient quelque importance à Pékin sont, avec le palais de l'empereur, les temples, dont les toitures, composées de tuiles vertes ou jaunes très brillantes, sont ornées aux angles de dragons saillants d'un très grand effet. L'intérieur est remarquable par le grand nombre de statues qui le décorent.

Le palais de l'empereur, qui occupe le centre de la ville tartare, excite plutôt l'étonnement que l'admiration des Européens. Son plan représente

____
(1) 12 coudées et 8/10.

un carré long qui a, assure-t-on, deux milles d'Angleterre dans sa longueur sur un mille de largeur. Son enceinte, formée par de solides murailles,
comprend non seulement la demeure et les jardins du monarque, mais
une infinité d'habitations séparées où logent ses ministres et ses officiers
ainsi que tous les artisans attachés à son service.

L'empereur et ses femmes habitent seuls l'intérieur du palais proprement dit, lequel est fermé par une enceinte particulière.

Neuf grandes cours communiquent entre elles par de grandes portes, ou
plutôt par des espèces de porches construits en marbre et surmontés
chacun d'un singulier assemblage de poutres, de solives, de balustrades

Vue du parc impérial à Pékin.

disposées en saillie, les unes au-dessus des autres, de manière à former
un pavillon à double toiture, d'un effet pittoresque et bizarre. Le toit
supérieur a ses quatre pans retroussés sur l'arête d'une plate-bande à
fleurons d'un excellent effet. La couverture en tuiles jaunes est revêtue
d'un si beau vernis qu'on la croirait dorée. Un peu au-dessous règne un
second toit formant véranda. Tous les appuis de ces deux couvertures
sont peints en vert et ornés de figures dorées.

Les ailes des cours sont fermées par de petits bâtiments de service ou
par des galeries.

L'appartement de l'empereur donne sur la dernière cour. Les bois les plus précieux ont été employés pour les colonnes qui soutiennent le portique placé devant l'entrée; une terrasse pavée en marbre blanc fait le tour du bâtiment; la balustrade de cette terrasse, ouvragée avec beaucoup d'art, est coupée en trois endroits par des escaliers placés au milieu et aux extrémités de la façade. Celui du milieu n'a pas de degrés; il monte en pente douce, et l'empereur seul a le privilège de le gravir.

La salle principale, qui sert aux audiences accordées par le souverain, est un carré de quarante à quarante-cinq mètres de côté. Une colonnade élégante, bien que beaucoup plus massive que ne le comporterait le goût européen, en fait le tour et soutient le plafond. Tout cela brille d'un vernis qui, appliqué sur un enduit particulier, a un éclat incomparable; le vert, le rouge, la dorure de la décoration tranchent d'autant plus admirablement sur le fond blanc de neige des murs, que ces murs n'ont aucune espèce d'ornements, ni de peintures.

Un trône très simple occupe le milieu de la salle qui, visitée en l'absence de l'empereur, frappe plus par sa simplicité que par l'ampleur de ses dimensions; mais quand le souverain y déploie l'appareil du cérémonial oriental pour la réception de quelque ambassade étrangère, un souffle de grandeur majestueuse, qui rappelle les récits bibliques touchant les monarques persans et en particulier le puissant Assuérus, remplit soudain tout ce froid espace et provoque une involontaire et profonde émotion.

Entouré de son innombrable cortège de mandarins de tout ordre, de ministres d'Etat, de princes de son sang, le « Fils du Ciel, » assis, les jambes croisées à la manière tartare, sur son trône (1), offre le type du monarque asiatique, tel que l'histoire nous en a conservé le souvenir; tout tremble et s'incline devant lui.

L'intérieur du palais, c'est-à-dire les appartements particuliers de l'empereur, ceux surtout de ses femmes, contiennent, paraît-il, en ornements et en fantaisies coûteuses, tout ce que la Chine, l'Inde et même l'Europe ont pu fournir de plus recherché et de plus beau.

Les jardins renferment, entre autres curiosités remarquables, un vaste terrain où s'élèvent, à des distances calculées habilement, des montagnes de huit à vingt mètres, séparées les unes des autres par de petites vallées rafraîchies par des canaux, dont les eaux, en se réunissant, forment sur plusieurs points des lacs pittoresques que sillonnent des jonques élégantes, et dont les rives sont bordées d'une sorte de bâtiments parmi lesquels on en chercherait vainement deux de semblables.

Chaque vallée abrite une maison de plaisance assez vaste pour loger

---

(1) Ce trône, élevé d'environ un mètre au-dessus de l'estrade sur laquelle il est placé, a la forme, à peu près, d'un autel de nos églises.

un des plus grands personnages de l'Europe avec toute sa suite. C'est à plus de deux mille kilomètres de Pékin que croissent les cèdres qui ont servi à construire ces maisons. La plus considérable et la plus belle d'entre elles s'élève sur une île de rochers, au milieu d'un lac de deux kilomètres de diamètre; on n'y compte pas moins, assure-t-on, de cent chambres ou salons.

Les montagnes et les collines sont couvertes d'arbres et de belles fleurs aromatiques; les canaux sont bordés de rochers arrangés avec tant d'art, qu'ils reproduisent à s'y méprendre ce que la nature a de plus sauvage et de plus pittoresque. Sur le sommet des montagnes les plus élevées s'abritent, au milieu de grands arbres, des kiosques consacrés à la retraite et au plaisir.

Si, du palais ou de l'ensemble de palais destiné au souverain, nous passons aux édifices érigés en l'honneur de la divinité, nous trouvons que ceux-ci ne le cèdent guère au premier.

Les pagodes occupent une grande place dans l'architecture et dans les arts chinois. D'une part, c'est à leur ornementation que concourent les efforts des architectes et des artistes; d'autre part, leur reproduction semble être la grande préoccupation des peintres et des dessinateurs : les objets qui sortent de leurs mains, porcelaines, laques, incrustations, en sont couverts.

Parmi les temples de Pékin, celui de la ville tartare, qui est le plus rapproché du palais impérial, surpasse tous les autres en magnificence et en étendue. Ce temple, consacré à Fo ou Bouddha, porte le nom de *Young-ko-koung ;* trois cents lamas du Thibet y résident et y enseignent la doctrine bouddhique à plus de cinq cents disciples.

Un autre temple, à l'ouest du palais impérial, le *Ti-Vang-miao*, contient une sorte de musée curieux : les tablettes des plus célèbres empereurs et de tous les hommes illustres depuis le commencement de la monarchie jusqu'à la dynastie régnante, y sont conservées. Ce dépôt est estimé si précieux que, par respect, personne ne doit approcher du temple ni à cheval ni en voiture; les plus éminents personnages sont tenus de mettre pied à terre avant d'en approcher.

Deux autres temples méritent encore une mention particulière; le *Thian-than (éminence du Ciel)* dont le mur d'enceinte mesure cinq mille trois cent vingt-huit mètres; l'empereur s'y rend chaque année au solstice d'hiver pour y offrir un sacrifice au ciel; et le *Sian-noung-thang* ou temple élevé à l'honneur de l'inventeur de l'agriculture, célèbre par la cérémonie qui y attire, au printemps, l'empereur et toute sa cour; cette cérémonie se termine par le spectacle du *Fils du Ciel* labourant de ses mains augustes la terre pendant une demi-heure, dans un champ voisin.

Un quartier de Pékin est consacré aux distributeurs de la justice ; les tribunaux qui y sont groupés peuvent être intéressants à visiter quand les mandarins y siègent ; mais comme architecture, ils sont très insignifiants.

Le plaisir a aussi ses asiles spéciaux, parmi lesquels d'assez nombreux théâtres tiennent le premier rang. On y joue tous les jours, de midi jusqu'au soir, des comédies et des tragédies mêlées de chants, dont le mérite jusqu'ici échappe à notre appréciation, mais que les Chinois semblent beaucoup goûter. Plusieurs de ces théâtres sont réservés aux particuliers qui y font donner, à leurs frais, des représentations quand ils ont à célébrer quelque événement heureux.

Mais ce qui doit nous intéresser le plus, c'est de trouver, à cette extrémité opposée du monde, de nombreux établissements qui rappellent la civilisation des grandes villes européennes.

Nous citerons, entre autres, « le *Han-lin-youang*, ou le tribunal de l'histoire et de la littérature, lieu où s'assemble le corps savant de qui dépendent les écoles et les universités de tout l'empire. Les membres qui le composent sont chargés d'examiner ceux qui aspirent au titre de lettrés et de désigner ceux qui doivent composer les morceaux d'éloquence ou de poésie destinés à être récités devant l'empereur.

» Ce sont encore le *Koue-tsu-kian* ou collège impérial pour l'enseignement de la rhétorique ; l'*observatoire impérial*, construit en 1279, où se trouvent les instruments fabriqués sous la direction des Jésuites et ceux que l'Angleterre envoya en présent à l'empereur en 1793 ; l'*imprimerie impériale*, d'où sortent, en outre de nombreux livres, les deux gazettes officielles de l'empire ; la *bibliothèque impériale* qui renferme la matière de plus de 300,000 de nos volumes in-8° ; enfin les immenses galeries du *cabinet d'histoire naturelle* de l'empereur. »

Voilà sans doute des rapprochements d'institutions et d'usages scientifiques qui doivent fixer l'attention ; toutefois les points de ressemblance les plus frappants se rencontrent dans un tout autre ordre d'idées : les établissements de bienfaisance et d'enseignement populaire.

Ainsi, outre les écoles qui sont très nombreuses et des asiles spéciaux pour les enfants abandonnés, on y trouve un établissement pour l'inoculation gratuite de la vaccine et plusieurs autres institutions philanthropiques.

CANTON se compose de deux villes également grandes et populeuses ; l'une, située à quelque distance du fleuve, est, comme toutes les cités chinoises, entourée de murs peu élevés, mais épais de cinq à six mètres, dans lesquels on n'a pratiqué qu'un très petit nombre de portes voûtées qu'aucun Européen n'est admis à franchir. Les rues sont étroites et tortueuses, les maisons petites et basses; c'est l'ancienne ville, la ville chinoise.

Le nouveau Canton, qui est contigu à l'ancien, a un tout autre aspect,

Une fête de nuit à Canton.

non qu'il soit beaucoup mieux bâti, mais parce qu'on y voit partout l'image de l'activité et de l'industrie; les rues principales y portent des noms européens, « et elles ne dépareraient pas, sous le rapport de la symétrie, de l'élégance des magasins et de la manière dont les marchandises y sont disposées, les plus beaux quartiers marchands de Paris ou de Londres.

» Dans cette ville immense tout semble avoir été subordonné au commerce; sauf les demeures des premiers mandarins, il n'y a guère de maisons dans l'intérieur de la ville qui ne présentent, sur la rue, des boutiques où sont exposés ces mille objets de fantaisie si recherchés en Europe.

» Les boutiques chinoises sont disposées à peu près comme celles de nos petites villes de France. Un vaste comptoir bien simple en occupe le fond où sont rangées les marchandises sur des planches et dans des cases ; derrière la boutique est une petite chambre où les hommes prennent leurs repas. Au-dessus de la boutique se trouve l'appartement rempli de marchandises où restent les commis que la prudence commande d'y laisser la nuit, car le maître retourne chaque soir à sa maison particulière qu'habitent ses femmes et ses enfants. »

Hankao, où, de par les traités, s'arrête la navigation à vapeur, est située sur la rive gauche du Yang-tse et d'un affluent de ce dernier, le *Han*. Cette ville est en quelque sorte le troisième quartier d'une immense cité, dont les deux autres parties, construites en face d'elle, sur les rives droites des mêmes cours d'eau, s'appellent *Hemyan* et *Vouchang*. La population de ces trois villes réunies, évaluée par le P. Huc à 8,000,000, et par des voyageurs plus récents à 2,000,000 seulement, doit être estimée un peu au-dessus de ce dernier chiffre. C'est dans ce centre important que le commerce européen, ayant enfin de haute lutte emporté sa franchise, est venu planter son pavillon en attendant que des concessions nouvelles ouvrent les autres ports du fleuve Bleu à l'entreprenante ardeur des négociants occidentaux.

La France entretient à Hankao, comme à Shang-haï, des agents distingués chargés de veiller sur ses intérêts et de ne la point laisser manquer de renseignements utiles à sa politique dans l'extrême Orient, aussi bien qu'à ses intérêts commerciaux.

Un service de steamers américains relie Hankao à Shang-haï, et quand un Européen, prêt à quitter le Céleste-Empire, met le pied sur un de ces immenses navires, « l'émotion et l'admiration envahissent son âme ; il éprouve tous les sentiments qu'inspirent aux barbares ces masses flottantes, sans rames et sans voiles, poussées en avant par le seul battement d'un cœur de feu. »

Malheureusement, à peine a-t-on retrouvé cette première merveille de la civilisation que l'on se heurte aux préjugés de l'homme civilisé : une règle inflexible maintient sur ces bâtiments de commerce une séparation absolue entre les races. Les cabines sont uniquement réservées aux

Européens; les Chinois, les Annamites, les Tagats, etc., sont parqués dans une. sorte de *ghetto*, où, entassés les uns sur les autres, ils peuvent réfléchir à loisir sur le sens que nous donnons à ces mots, *liberté, égalité*, que nous arborons si fièrement sur notre drapeau. Le rigorisme superbe des capitaines anglo-saxons qui commandent ces steamers, est poussé si loin qu'un Européen, accompagné d'un indigène de l'extrême Orient qu'il considère comme un égal et un ami, ne peüt obtenir qu'il ne soit pas séquestré comme un lépreux. L'Américain reporte sur l'Asiatique tout le dédain méprisant dont il a coutume d'accabler dans sa patrie les nègres et les gens de couleur.

Kiou-kiang. Les steamers font escale en face de *Kiou-kiang* , seconde station du commerce européen, placée non loin de l'embouchure du grand lac *Poyank*. Là, « le long d'un quai tiré au cordeau, s'alignent les luxueux hôtels des résidents européens, hôtels dont la solidité et les belles proportions doivent faire réfléchir les architectes indigènes sur l'infériorité attribuée par eux aux occidentaux, dans les arts de la paix !

» Après avoir appris à leurs dépens que nous savions détruire, les Chinois voient clairement aujourd'hui que nous savons aussi édifier. Ce qui frappe le plus, en effet, le voyageur qui contemple, en passant, les établissements européens dans le Céleste-Empire, c'est le caractère définitif qu'on leur imprime dès l'origine.

» Les traités étaient à peine signés que des palais sortaient de terre, et l'élan vers une prise de possession de ce sol si longtemps interdit, fut si impétueux, que l'on a pu se demander parfois s'il ne fit pas dépasser le but (1)?... »

Tchin-kiang, que les traités de 1858 ont ouvert aux Européens, a tellement souffert depuis de la guerre civile, que ce ne sont plus guère que des ruines qui y attirent l'attention du voyageur. En 1842, l'armée tartare qui y tenait garnison défendit vaillamment cette ville qui est le dernier port du fleuve Bleu où les navires européens venant de Hankao soient autorisés à s'arrêter.

Tchin-kiang commande l'entrée du fameux canal qui, partant du.chef-lieu de la province maritime de Tche-kiang, coupe le fleuve Jaune et le fleuve Bleu, traverse 1,200 kilomètres de pays et faisait autrefois arriver la vie des extrémités au cœur de l'empire. « C'est par là, en effet, que la plus grande partie des divers tributs en nature parvenaient à Pékin. Le Yun-nan à lui seul envoyait annuellement par cette voie douze cents barques exclusivement chargées de lingots de cuivre. Cette œuvre

____
(1) M. de Carné.

colossale, plus digne que les pyramides d'Egypte ou la grande muraille de Tartarie, d'exciter l'admiration du monde, a momentanément perdu de son importance ; mais à mesure que l'insurrection vaincue le permettra, il n'est pas douteux que les jonques, préférant la navigation facile et sûre de cette mer intérieure, n'abandonnent la voie de mer et reviennent à leurs anciennes habitudes. »

Nous ne nous arrêterons plus sur les rives du fleuve Bleu ; mais remontant un de ses affluents, le *Vousong*, jusqu'au confluent de celui-ci, avec le Houang-pou, c'est-à-dire à environ vingt kilomètres dans l'intérieur, nous nous trouverons devant SHANG-HAÏ, c'est-à-dire devant un des points les plus remarquables de l'établissement européen en Chine.

Cette ville, en effet, « est placée dans une situation toute particulière : en dehors des règles ordinaires du droit international, il s'y est fondé en fait une véritable colonie que les Anglais, les Français et les Américains se sont partagée, qu'ils administrent chacun suivant ses lois, à l'aide d'un conseil municipal et d'un maire élu, sous l'autorité supérieure du consul. Cette organisation communale, indépendante des fonctionnaires chinois, a été, non sans raison, jugée nécessaire. Instituée dans le temps où les rebelles entouraient Shang-haï, elle survit à ces circonstances difficiles, et s'appuie, en les affirmant, sur deux principes, l'impuissance du gouvernement chinois et l'incompatibilité des lois de l'empire avec la civilisation occidentale. C'est un pas décisif dans la voie où le « *Fils du Ciel* » est entré, la baïonnette dans les reins.

» C'est à cause de la profondeur du port et de l'excellente position qu'elle occupe à proximité des cantons producteurs de la soie et du thé qu'on a choisi la ville de Shang-haï pour en faire l'entrepôt général du commerce étranger avec le Céleste-Empire. Cette détermination prise, rien n'a été négligé pour construire, à côté de la ville chinoise de ce nom, une cité superbe, digne de la mission que lui assignaient ses fondateurs.

» La monotonie du site et l'insalubre humidité du climat rappellent les plaines de la Basse-Cochinchine, aussi plates et aussi fertiles que les riches campagnes du *Kiang-sou*. »

HONG-KONG. La traversée de Shang-haï se fait agréablement et rapidement, grâce aux navires bien aménagés et confiés à d'habiles officiers, des *Messageries maritimes*.

Hong-kong, située sur une île qui n'a pas 40 kilomètres de circonférence et cédée à l'Angleterre par le traité de Nankin (1842), est devenue promptement la rivale heureuse de sa voisine, l'antique Macao portugaise, fondée en 1680.

Shang-haï.

« La magnificence et la sûreté de la rade ont contribué à fixer sur Hong-kong le choix des Anglais, qui ont remporté là sur la nature une victoire qui fait honneur à leur opiniâtre génie, servi par leur admirable instinct. Ce développement rapide n'a pas pris toutefois l'essor qu'on en devait attendre : le développement croissant de Shang-haï a notablement diminué le mouvement des affaires à Canton, et par suite Hong-kong, placée à l'embouchure du fleuve qui relie à la mer le grand marché de la Chine méridionale, s'est trouvée atteinte dans sa prospérité commerciale. Mais avec les ressources de tout genre réunies sur son étroit territoire, avec ses eaux profondes dominées et abritées par des montagnes, avec ses bassins de radoub, elle n'en demeure pas moins comme le centre de la grande navigation à vapeur dans ces parages. »

III

Le nombre considérable de lacs et de rivières qui sillonnent la Chine, joint à la multitude de sources, de ruisseaux, de torrents qui coulent de ces montagnes, a donné l'idée au peuple industrieux qui habite ce pays, de rattacher les uns aux autres les cours d'eau navigables et d'en créer de nouveaux, de manière à former sur presque toute la surface du pays un immense réseau de voies fluviales. Ces canaux sont pour la plupart, assure-t-on, de véritables merveilles d'art. En ceci toutefois, çomme dans la majeure partie de l'éloge ou de la critique auxquels donnent lieu les peuples éloignés et peu connus, il faut faire la part de l'espèce de parti pris qui pousse tout voyageur à chercher le beau ou le mauvais côté des institutions, des mœurs, des tableaux même offerts par la nature, selon la disposition de son esprit et de son caractère, ou plus souvent encore, selon les circonstances qui ont déterminé et qui accompagnent l'exploration à laquelle il se livre.

Quoi qu'il en soit, on ne saurait contester que c'est surtout dans le tracé et la construction des canaux, multipliés dans presque toutes les provinces de l'empire, que se montre dans toute son ingéniosité l'esprit industrieux et pratique du peuple chinois.

Ainsi et pour ne parler que du grand canal appelé *Yun-han* ou *canal impérial* qui traverse la Chine du nord au sud, il est avéré que rien de plus beau n'existe en ce genre en Europe.

Partant de la province de Pékin, où une quantité considérable de sources et de petits cours d'eau ont été réunis avec une remarquable précision de calcul pour lui donner naissance, ce canal, après avoir traversé la province de Chan-tong et une partie de celle de Hiang-nan, se confond, pendant deux jours de navigation, avec le *Hoang-ho;* s'en séparant ensuite, il achève son cours dans le Kiang-nan, et jusqu'à sa jonction à une journée de Nankin avec le fleuve *Yang-lu-kiang.*

Grâce à la voie naturelle offerte par ce fleuve, par le lac Yao-tchem et par plusieurs rivières conduisant à Canton, on se trouve avoir parcouru, soit par le canal lui-même, soit par les rivières auxquelles il emprunte, chaque fois que l'occasion s'en présente, leur cours naturel, au moins 2,400 kilomètres.

Une des principales difficultés rencontrées par les constructeurs de ce canal était, en beaucoup d'endroits, l'abondance de l'eau qui, à certains moments de l'année, causait des inondations dont le moindre inconvénient eût été d'arrêter la navigation, et le pire d'arracher, d'enlever les magnifiques levées qui bordent le canal dans tout son parcours. On y a obvié au moyen de saignées qui s'ouvrent et se ferment par de grosses traverses de bois; lesquelles, engagées dans des coulisses, se baissent et se lèvent à volonté.

Les Chinois ignorent l'usage des écluses; ils y suppléent en élevant, entre les inégalités de niveau de leurs canaux — inégalités qui atteignent quelquefois 5 à 6 mètres, — un massif de pierre consistant en deux glacis ou plans inclinés. Lorsqu'on veut faire monter ou descendre un bateau d'une partie du canal dans l'autre, on l'amène par le moyen d'un cabestan sur la pointe de ce double glacis, d'où on le laisse ensuite glisser du côté opposé, absolument comme pour le lancement d'un navire à la mer.

Les mariniers chinois, accoutumés à ces sortes de manœuvres, y déploient une dextérité singulière. Ils se tirent avec la même habileté des difficultés que les bas-fonds et les brisants sèment dans le lit de certaines de leurs rivières et sur les côtes de leurs mers orageuses. Nous reviendrons sur ce sujet tout à l'heure en parlant des voies fluviales naturelles de la Chine.

Ce n'est pas seulement dans l'établissement de leurs canaux que les Chinois se montrent habiles ingénieurs; il semble que, simples et modestes comme nous l'avons vu dans leurs édifices privés, ils aient réservé tout leur génie architectural pour tout ce qui touche aux constructions d'utilité publique.

Ainsi, et en dehors des canaux dont nous venons de parler, ce peuple, chez lequel la patience supplée à ce qui lui manque du côté des connaissances techniques et de la hardiesse d'invention qui sont notre apanage, a imaginé cependant et exécuté des entreprises qui eussent effrayé nos plus habiles ingénieurs.

Le chemin, par exemple, qui a été ouvert dans la province de *Chin-se*, à travers des montagnes abruptes et des précipices effrayants, semble tenir du prodige.

Il faut dire aussi que l'Orient, à défaut de la puissance des *machines-outils*, si précieuses pour nous au point de vue de l'exécution, possède une force que l'Europe, sauf peut-être au temps des Romains, n'a jamais connue : la force d'une masse énorme de bras humains, employés à la fois à une même œuvre.

Plus de cent mille hommes furent employés à la fois à ce gigantesque travail, qui fut achevé avec une promptitude incroyable. On applanit plusieurs montagnes; on en joignit d'autres par des ponts d'une seule arche. Quand les vallées étaient trop larges, on édifiait des pilliers, pour soutenir les voûtes qu'on était obligé de multiplier. La largeur du tablier des ponts est calculée de manière à ce que quatre cavaliers y puissent marcher de front; de chaque côté sont placés des garde-fous pour la sûreté des piétons.

Les Chinois appellent ces sortes de ponts *ponts volants*, par suite de la position élevée dans les airs qu'ils occupent d'ordinaire.

Dans les pays plats ou à peu près, les grandes routes ont communément 27 à 28 mètres de largeur; elles sont pour la plupart bordées de beaux arbres, et quelques-unes ont ces arbres plantés sur une sorte de banquettes de terre élevées à droite et à gauche, et dans lesquelles sont ménagées, d'espace en espace, des espèces de grottes où le voyageur fatigué trouve abri et repos. Ces abris, bâtis d'ordinaire par quelque pieux mandarin, désireux, soit de capter la reconnaissance de ses contemporains, soit de léguer son souvenir à la postérité, sont d'une très grande utilité dans un pays où les auberges (1), très rares, même dans les districts les plus fréquentés, sont partout mal pourvues et non moins mal entre-

(1) Dans les provinces frontières, et sur les grandes lignes ouvertes au commerce extérieur, comme dans le Yun-nan par exemple, des espèces d'auberges, dit un voyageur contemporain, sont de distance en distance à la disposition des voyageurs, mais hâtons-nous de dire que ces établissements n'ont rien de commun avec ceux du même nom en Europe, même dans les pays les moins avancés sous le rapport du bien-être et du confort. La manière dont ils sont tenus n'est pas faite pour inspirer aux étrangers le regret de n'en pas rencontrer partout.

« Ce sont, dit un visiteur récent de l'extrême Orient, des cloaques où les hommes et les animaux vivent dans une insupportable promiscuité.

» Le fumier charme la vue de ce peuple agriculteur sans blesser son odorat, et ces utilitaires estiment qu'il n'y a pas lieu de se cacher pour accomplir ce qu'ils regardent comme une œuvre avantageuse et productive.

» Les lits fournis par les aubergistes consistent en épais paillassons sur lesquels chacun est libre de placer des paillasses. Ces paillassons sont inusables, et tout voyageur qui passe y laisse son tribu de vermines; ils recèlent ainsi des légions d'insectes immondes, et nous nous sommes trouvés plusieurs fois dans le cas de nous arrêter pour faire bouillir nos vêtements et nous frictionner les membres avec de l'eau-de-vie de riz dans laquelle nous faisions infuser du tabac. »

tenues. Soit dit en passant, dans la meilleure d'entre elles, le voyageur, pour tout lit, ne trouve qu'une étroite estrade bâtie en briques, sans matelas ni couvertures. Quant au linge, le Chinois le plus riche n'en soupçonne même pas l'application dans l'espèce!

Des espèces de guérites en terre, dont l'extérieur en rotonde est entièrement gazonné, servent, d'intervalle en intervalle, de logis à des gardiens chargés de veiller à l'entretien des routes et à la sûreté des voyageurs: une manière de cantonnier, doublé d'un garde-champêtre, qui ajoute encore à ces fonctions celles de courrier quand il s'agit du transport de dépêches adressées à l'empereur ou envoyées par l'empereur aux gouverneurs de province. Ces dépêches arrivent ainsi à destination, en passant de mains en mains, ou plutôt de guérite en guérite avec une exactitude et une célérité qui ne pourraient être surpassées que par une voie ferrée.

L'entretien des routes est placé sous la surveillance spéciale, nous ferions mieux de dire sous la responsabilité personnelle des mandarins. La moindre négligence, le moindre retard apporté à une réparation, sont l'objet d'une pénalité excessive.

Ainsi on raconte qu'un mandarin, n'ayant pas réussi à faire mettre à temps et en état parfait, un chemin par lequel l'empereur devait passer, ne trouva pas de meilleur moyen pour éviter un châtiment inévitable, que de se donner lui-même la mort.

Dans une autre circonstance, un mandarin, chargé de faire dessécher un marais, fut condamné à avoir la tête tranchée, parce que cette opération ne se trouva pas achevée dans les délais indiqués.

Combien peu de nos entrepreneurs auraient la satisfaction de mourir paisiblement dans leur lit, si nos codes avaient de ces sortes de rigueurs!

Du chemin que le voyageur suit à la façon dont il le parcourt, la transition est aisée. Nous sommes donc amenés tout naturellement à dire que les modes de locomotion sont, en terre ferme, au nombre de quatre: suivre pédestrement sa route, ce qui est le lot des classes inférieures; réclamer les services d'un cheval ou d'un mulet, ce que ne manquent pas de faire les gens de moyenne condition; se servir de chameaux, ce qui a lieu surtout pour les riches qui ont de grandes distances à parcourir; enfin se faire porter en litière ou palanquin, soit par ses propres domestiques, soit par des porteurs *ad hoc*, ce qui est le privilège des grands personnages et surtout des femmes de condition.

Les chaises à porteurs, d'un emploi si fréquent dans les villes, ne se rencontrent que très rarement sur les routes, où elles ne sont admises

par l'usage que pour franchir de très petites distances, par exemple
pour aller de sa maison de plaisance à celle d'un voisin.

Ces chaises à porteurs chinoises ressemblent beaucoup aux véhicules du
même nom qui ont été, pendant les XVIIe et XVIIIe siècles, en si grande
vogue chez nous, d'où l'usage des voitures, en se généralisant, les a fait
disparaître; elles ressemblent, disons-nous, à celles dont nos ancêtres
ont fait leurs délices, mais avec cette différence que, beaucoup plus larges,
plus élevées, elles sont infiniment plus commodes. Leur construction en
bambou les rend plus légères et leur donne une sorte d'élasticité qui en
adoucit beaucoup le balancement.

Le treillis en cannes, qui en forme la caisse, est tendu en dedans et en
dehors d'une toile peinte, ou d'une étoffe de laine et même de soie, selon
la saison et surtout selon la qualité de la personne qui s'en sert. En temps
de pluie, on jette par-dessus une large pièce de taffetas huilé. Ces chaises
ont deux porteurs, quelquefois quatre, qui, au lieu de tenir les bâtons
sur lesquels elles reposent avec les mains, les posent sur leurs épaules.
Ils marchent très vite, et il n'est pas rare de leur voir faire tout d'une
traite et sans marquer de fatigue, douze kilomètres en deux heures.

Les bêtes de somme, très rares en Chine, sont d'ailleurs de si petites
races que leur emploi, substitué à celui des porte-faix, n'épargnerait ni
temps, ni argent. Les chargements, les transports, tout se fait donc à
dos d'hommes, et ce n'est pas un des spectacles les moins curieux qu'offrent
aux Européens les grandes routes de la Chine, que ces longues files
d'hommes qui les parcourent sans cesse en pliant sous le poids des mille
objets, fruits, légumes, grains, ballots et caisses de marchandises de toutes
sortes, que nous sommes habitués à voir traîner ou porter par nos chevaux,
nos bœufs, nos mulets et nos ânes.

C'est là à coup sûr un des traits de mœurs qui établissent, à première
vue, le plus de dissemblance entre la Chine et les nations européennes.

Nous ne croyons pas que, dans aucun autre pays au monde, il circule
autant de convois funèbres sur les voies de terre et d'eau, qu'en Chine.
Cette particularité tient à la fois à la politique du gouvernement et au
culte pieux que toutes les classes de la société rendent au souvenir des
morts.

Le gouvernement chinois, en effet, attache une importance extrême
à ne pas placer à la tête d'une province un homme qui, étant né dans cette
province, y aurait des attaches de famille, de fortune, d'intérêts, qui
influeraient sur son administration et surtout pourraient lui permettre de
créer autour de lui des foyers d'insurrection.

« D'un autre côté, la religion et le culte des morts ayant seuls survécu

chez les lettrés au naufrage de toutes les autres croyances, on s'explique
le prix que les enfants d'un fonctionnaire attachent à posséder sa dépouille.
« Un fils vivrait sans honneur, surtout dans sa famille, dit le P. Duhalde,
» s'il ne faisait pas conduire le corps de son père au tombeau de ses
» ancêtres, et on refuserait de placer son nom dans la salle où on les
» honore. » De là ces convois solennels qui traversent si souvent l'empire
et pèsent sur les populations, contraintes d'offrir aux mandarins vivants
des présents dignes du personnage dont ils escortent le cadavre. »

De là la différence d'usages et de mœurs qui, à l'endroit du respect dû
aux morts, diffèrent si essentiellement dans les divers Etats de l'extrême
Orient. Ainsi, continue M. de Carné, « quand nous avons voulu, dans
une forêt du Laos, ouvrir la tombe d'Henri Mouhot, pour y constater
la présence de ses restes, on s'y était opposé comme à un sacrilège;
en Chine, il nous a été possible, au contraire, d'exhumer le corps du
commandant de Lagée sans heurter les préjugés et sans contrevenir aux
usages.... A la place où ce corps avait reposé quelques jours, dans le
jardin d'une pagode, nous avons élevé de nos mains une pyramide en
pierre qui rappellera aux Européens, quand ils visiteront ces lieux, le
souvenir de l'un des plus longs voyages qui aient été faits en Asie, et le
nom d'un Français, mort avant de recueillir les fruits d'un succès qu'il
avait assuré. »

IV

Si, des divisions de la Chine, nous passons à la description du sol, le
tableau de ses richesses végétales nous offre, en première ligne, les
trésors d'une excellente agriculture; le riz en forme l'objet principal.
Cependant il y a dans le nord-ouest des parties trop froides ou trop sèches
pour que ce végétal y réussisse; on l'y remplace par le froment. On
cultive des patates, des pommes de terre, des navets, des oignons, des
fèves, et surtout une espèce de chou blanc nommé *pet-saï*, qui est pour
les Chinois ce que la pomme de terre est pour les Irlandais, et qui a la saveur
de l'asperge. Cru, il se mange comme la laitue et ne lui est pas inférieur;
il pèse souvent de 8 à 10 kilogrammes, et atteint la hauteur d'un
mètre. On le conserve pendant l'hiver en l'enfouissant en terre; on le
garde aussi dans une saumure de sel et de vinaigre.

Comme dans tout l'extrême Orient, toutes les terres appartiennent au
chef de l'Etat, par droit absolu; « mais le sous-propriétaire ou premier
tenancier n'en est jamais expulsé tant qu'il continue à payer le dixième
environ de ce que ces terres sont estimées susceptibles de rendre; et quoique
l'occupation du sol soit considérée comme soumise à la volonté impériale,

Hong-kong.

l'occupant n'est jamais dépossédé cependant que par sa faute (1). S'il arrive que quelqu'un occupe plus de terre que sa famille n'en peut commodément cultiver, l'excédent est cédé à une tierce personne, à condition que celle-ci donne au locataire en titre la moitié du produit et paie en entier la taxe. » C'est à peu près le système du métayage ou fermage à moitié récolte en usage dans beaucoup de nos provinces françaises.

On ne connaît pas l'usage des jachères, et toutes les terres labourables, à peu de chose près, sont constamment employées à produire la nourriture de l'homme. Quelques pâturages et quelques champs d'avoine, de fèves ou de navets sont seuls consacrés à nourrir le bétail.

Dans la plupart des provinces, les montagnes, même les plus escarpées, ont été rendues praticables et fertiles. Coupées en terrasses, elles ressemblent de loin à des pyramides immenses divisées en plusieurs étages, qui semblent s'élever jusqu'au ciel; et ce qu'il y a de plus digne d'admiration, c'est de voir l'eau de la rivière, du canal ou de la fontaine qui coule au pied de la montagne, élevée de terrasse en terrasse jusqu'à son sommet, par le moyen d'un chapelet portatif que deux hommes suffisent à transporter et à faire mouvoir. On creuse en outre des réservoirs sur le sommet des montagnes, et l'eau de pluie qui s'y rassemble descend ensuite par des rigoles pour en arroser les flancs. Dans les parties trop escarpées ou trop stériles, on plante des pins et des mélèzes (2).

La charrue chinoise est d'une simplicité toute primitive, elle n'a qu'une seule poignée et point de coutre. Les Chinois sèment proprement le blé dans des rigoles faites avec le semoir, méthode qui offre l'avantage d'occuper les femmes et les enfants. Le grain est généralement retiré de l'épi au moyen d'un gros cylindre, et est ensuite vanné de la même façon à peu près que chez nous.

Dans les provinces septentrionales, où il fait trop froid pour élever des buffles, on laboure avec des bœufs, mais le buffle est préféré partout où il peut s'acclimater. La fumure de la terre est, dans l'opinion des Chinois, la condition la plus nécessaire d'une bonne culture; aussi, pour se procurer des engrais, ne reculent-ils devant aucune peine; non seulement les bestiaux sont réunis à l'étable afin de ne rien perdre de leur litière; non seulement toutes les vidanges, toutes les eaux-vannes, tous les détritus de ménage sont recueillis avec soin, mais aucune espèce de substance putréfiable n'échappe à leur industrie patiente.

(1) Chaque Chinois « a un droit égal à la jouissance libre et non interrompue de la mer, des côtes, des estuaires, des lacs et des rivières. Les pêcheries ne sont point affermées. Il n'y ni lois de chasse ni droits seigneuriaux. »

(2) Dans les provinces les plus peuplées, on met à profit, dit M. Huot, jusqu'aux lacs et aux étangs, en y semant des plantes aquatiques nutritives, telles que les tubercules de sagittaire.

La manière dont les habitations des paysans sont disposées, contribue puissamment à l'état florissant de l'agriculture chinoise. Au lieu d'être réunies en villages comme chez nous, elles sont dispersées en pleine campagne. On n'y voit ni clôtures, ni portes, ni aucune précaution contre les animaux errants et contre les voleurs. Les femmes élèvent des vers à soie; elles filent et tissent le coton qui, parmi les gens du peuple, est d'un usage général pour les personnes des deux sexes. On ne connaît pas dans l'empire d'autres tisserands qu'elles.

L'agriculture a toujours été en Chine l'objet de l'attention, de l'estime, du respect de toutes les classes de la société, depuis le dernier des paysans jusqu'à l'empereur, qui, chaque année, le quinzième jour de la première lune, procède en personne à l'ouverture de la saison du labourage.

Le souverain, entouré des principaux personnages de l'Etat et des princes de sa famille, se transporte en grande pompe au champ destiné à la cérémonie. Deux côtés de ce champ sont bordés par les officiers de la maison de l'empereur, le troisième est occupé par divers mandarins, le quatrième est réservé aux nombreux laboureurs, accourus de tous les points de l'empire pour voir leur état honoré et pratiqué par leur souverain.

L'empereur entre seul dans le champ après s'être prosterné et avoir appuyé neuf fois sa tête contre terre pour honorer *Thian*, le dieu du ciel; il prononce à haute voix une prière réglée par le tribunal des rites, prière par laquelle il implore la bénédiction du grand Etre sur son travail et sur celui de tout son peuple.

Ensuite, en qualité de premier pontife de l'empire, il immole un bœuf qu'il offre au ciel comme premier maître de tous les biens. Pendant qu'on offre la victime sur l'autel, on amène à l'empereur une charrue attelée d'une paire de bœufs magnifiquement ornés; le prince quitte ses vêtements impériaux, saisit le manche de la charrue et ouvre plusieurs sillons dans toute l'étendue du champ; puis il remet la charrue entre les mains des principaux mandarins qui labourent successivement en rivalisant de dextérité.

La cérémonie se termine par une distribution d'argent et de pièces d'étoffes dont on fait cadeau aux laboureurs présents. Les plus habiles d'entre eux exécutent le reste du labourage en présence de l'empereur.

Quelque temps après qu'on a donné à la terre toutes les façons et tous les engrais qu'elle réclame, l'empereur vient de nouveau commencer l'ensemencement de *son champ* avec le même cérémonial.

Le même jour, dans tout l'empire, les gouverneurs en agissent de même au nom et comme représentants de l'empereur.

Comme corollaire à ce brillant tableau de l'agriculture en Chine, les voyageurs contemporains racontent qu'en certaines parties du Céleste-Empire, notamment sur la route de Pékin à Canton, on rencontre plus d'un champ en friche, plus d'une montagne aux flancs arides et dénudés. S'en suit-il que la réputation de la Chine, sous le rapport de son état prospère en agriculture, ait été surfait? Des écrivains bien instruits pensent plutôt que ces landes dont le triste aspect fait penser à certains cantons de la Bretagne ou de la Gascogne, que ces roches grises qui rappellent les parties les plus désolées de nos montagnes de l'Ardèche ou de la Lozère, ne sont, dans l'empire du Milieu, qu'à l'état d'exception et comme une protestation de la nature pour affirmer sur ce point du globe, comme dans toutes les autres parties de l'univers, sa puissance de résistance aux efforts de l'homme.

Quoi qu'il en soit, il est permis d'affirmer que partout où, en Chine, la terre n'a pas été frappée, par la nature même du sol ou de l'exposition, d'une stérilité absolue, l'industrie agricole sait lui faire rendre tout ce qu'il peut donner.

Si maintenant nous passons des champs de blé dans les vergers, nous y trouvons une quantité immense d'arbres fruitiers; mais la supériorité sur ce que produit l'Europe en ce genre n'est plus soutenable.

Tandis, en effet, que cette branche de l'horticulture faisait en Europe les immenses progrès auxquels sont dues tant d'espèces nouvelles, les Chinois, attachés à leurs anciennes habitudes, n'ont que peu amélioré les espèces que la nature leur a fournies. Ils ne pratiquent point la greffe, et bien que quelques-unes de leurs provinces abondent en vignes, non seulement ils ne se soucient pas de faire du vin, mais ils n'apprécient guère le raisin que séché. Parmi les arbres fruitiers les plus estimés sont le citronnier et le bigaradier, trois espèces d'orangers dont une le *hamuat*, a le fruit de la grosseur d'une prune (probablement la *mandarine*)*;* le marronnier de la Chine; le bananier, le tamarinier, le goyavier, le mûrier, utilisé à la fois pour son fruit très estimé des Chinois et pour ses feuilles qui, en nourrissant les vers à soie, constitue une des principales richesses de l'empire. Non seulement les fruits que nous venons de mentionner sont moins beaux, moins savoureux que ceux de même espèce qui sont cultivés en Europe et en Amérique, mais beaucoup de ceux que nous possédons sont inconnus en Chine. Nous citerons, entre autres, l'olive, la groseille, la framboise, etc...

En revanche, la Chine possède des arbres et des plantes d'une inappréciable valeur. C'est tout d'abord l'arbre à thé, source d'une branche d'exportation dont l'univers entier est tributaire.

Le thé, en effet, est devenu une denrée de première nécessité chez presque toutes les nations civilisées, et sa vente procure à la Chine des profits immenses.

Le *thé* est produit par un arbrisseau dont la hauteur ordinaire varie entre 1ᵐ 75 à 2ᵐ, mais qui s'élève quelquefois beaucoup plus haut. Sa racine se rapproche assez de celle du pêcher et il ressemble par sa fleur au rosier blanc sauvage.

Plusieurs tiges de hauteur égale, grosses chacune comme le pouce et dépourvues de branches jusqu'à la cime, s'élèvent autour du tronc commun d'où elles naissent, se partagent ensuite en plusieurs rameaux et forment une touffe arrondie et régulière à peu près semblable à la tête d'un myrte ou d'un grenadier.

Les feuilles sont étroites, lustrées, d'un beau vert, longues de trois à quatre centimètres et dentelées sur leurs bords. Cet arbrisseau, toujours vert, donne des fleurs depuis le mois d'octobre jusqu'en janvier. Il croît dans les vallées et au pied des montagnes; il se plaît surtout dans les terrains pierreux et réclame impérieusement l'exposition du Midi.

Sa culture est l'objet de soins particuliers : comme il ne lève guère qu'un cinquième de la semence de cet arbuste confiée à la terre, on a soin de placer six à dix grains dans chaque trou que l'on creuse à une profondeur d'environ cinquante centimètres, sauf à ne laisser ensuite que le meilleur des pieds poussés. Jusqu'à ce que l'arbrisseau ait atteint son complet développement, il faut au moins lui donner une fumure par an. Dès sa troisième année il commence à produire de bonnes feuilles et en abondance. Toutefois il n'arrive à sa pleine croissance qu'à sa septième année; mais comme ses feuilles alors s'éclaircissent et perdent, paraît-il, de leur qualité, on renouvelle le plant en le coupant près du tronc. D'autres tiges s'élèvent immédiatement et poussent avec une si grande puissance de végétation que, dès l'année suivante, on peut recommencer la cueillette.

Cette cueillette réclame des précautions très grandes : les feuilles ne doivent pas être arrachées par poignées, ni même enlevées plusieurs à la fois, mais on les détache une à une en prenant bien garde de n'endommager ni le bois, ni l'écorce de la branche. Bien que cette opération paraisse longue et minutieuse, un ouvrier habile peut faire dans sa journée une récolte de cinq à six kilogrammes de feuilles.

Les trois espèces de thé que nous connaissons et qui diffèrent entre elles par la couleur, le goût et l'action qu'elles exercent sur les organes, sont cependant tirées originairement du même arbrisseau. La diversité d'aspect et de qualités provient de la saison où a eu lieu la récolte et de la manière d'opérer la dessication des feuilles.

La première récolte a lieu au commencement de mars. Les feuilles sont à ce moment petites, tendres, à peine déployées; leur arome est plus fin, et le thé qu'elles produisent et qui est appelé *thé impérial* prime tous

Récolte du thé.

les autres. L'empereur, sa famille, les hauts dignitaires et, en général, tous les gourmets de l'empire en font un usage exclusif; la récolte entière suffit à peine aux nombreux amateurs chinois, et il n'en sort guère du pays; aussi ne le connaît-on que de nom en Europe, malgré les étiquettes superbes, mais trompeuses, que portent les ballots de thé dit de premier choix.

La cueille suivante se fait en avril; les feuilles sont alors plus fortes et plus abondantes, mais de moindre qualité.

La troisième cueille enfin a lieu en juin; les feuilles sont devenues sèches, dures, et le thé qui en provient est le moins estimé; le petit peuple seul en fait usage en Chine, mais il s'en exporte d'immenses quantités.

La façon dont la feuille est traitée varie selon la cueille. Celles provenant de la première récolte sont séchées à l'ombre et roulées ensuite avec la paume de la main. Celles de la deuxième et de la troisième récolte, devant donner un produit de moindre valeur, sont d'abord exposées à la vapeur d'eau bouillante, soit pour les ramollir, soit pour leur faire perdre la qualité narcotique et désagréable au goût qu'elles ont acquise en se développant sur l'arbre, qualité que celles de la première cueille perdent par la simple dessication, parce qu'elles ne l'ont qu'à un bien moindre degré.

Quand la vapeur les a suffisamment pénétrées, on les étend sur des plaques de fer ou de cuivre qu'on place sur un fourneau chauffé à un degré déterminé; on les vide ensuite sur des nattes faites exprès, où, par un mouvement vif de la main, on les roule jusqu'à ce qu'elles aient pris cette espèce de frisure que tout le monde connaît. Il ne reste plus alors qu'à les empaqueter, de telle sorte qu'elles soient parfaitement à l'abri de l'air, de l'humidité, en un mot, de toute espèce d'influence atmosphérique.

On l'enferme dans une feuille d'étain grossier par-dessus laquelle on place, selon la qualité du thé, une boîte en sapin léger ou une enveloppe de papier; tous les joints sont recouverts de bandelettes de papier. Enfin des caractères, bien connus dans tous les marchés du monde et qui déterminent la provenance et la qualité, sont inscrits sur chaque paquet.

Les Chinois de toute condition font un grand usage du thé. C'est, même pendant les repas, leur boisson ordinaire; pour l'obtenir dans toute sa bonté, il faut se servir de feuilles ayant au moins un an de boîte. C'est de plus une condition hygiénique indispensable; le thé nouveau est excitant à un degré quelquefois dangereux et toujours nuisible. Le docteur Kaempfer, à qui sont empruntés ces détails, termine ses observations par l'éloge suivant du thé :

« Je ne crois pas, dit-il, qu'il y ait de plante connue dont l'infusion ou la décoction, prise en même quantité qu'on prend le thé, pèse si peu sur l'estomac, se digère plus vite, ranime plus agréablement les esprits abattus et donne autant de gaieté à la pensée.... Le thé dégage les obstructions, purifie le sang et entraîne surtout la matière tartareuse qui

Torréfaction du thé.

cause les calculs et la goutte; il agit si efficacement que, parmi les buveurs de thé de ce pays-ci, je n'en ai trouvé aucun qui fut attaqué de la pierre et de la goutte. »

Kaempfer ajoute que le thé produirait le même effet en Europe si les maladies n'y étaient héréditaires et souvent entretenues par un trop grand usage des liqueurs alcooliques et des viandes fortes, à quoi il faut ajouter que le thé qu'on nous apporte de la Chine, perd pendant ce long trajet, une partie de ses sels volatifs et bienfaisants, de telle sorte que, ainsi qu'en convient Kaempfer lui-même, il n'a jamais trouvé en Europe, à la précieuse boisson, le goût agréable et la saveur rafraîchissante qui le délectaient quand il la dégustait aux lieux mêmes où croît la plante qui la produit.

On a fait en Europe diverses tentatives pour acclimater l'arbre à thé ; mais, même en Espagne et en Italie, qui semblaient devoir lui offrir un sol et un climat appropriés à sa nature, on n'a pu réussir à l'élever.

Une autre richesse végétale de la Chine lui est fournie par le *gen-seng,* dont la meilleure espèce croît dans la Tartarie chinoise. On ne le trouve que dans les parties les plus abruptes des régions montagneuses, dans les forêts au sol pierreux, au pied et dans les crevasses des roches granitiques.

L'empereur envoie chaque année en Tartarie un corps de dix mille soldats pour cueillir cette plante, dont la récolte est interdite à toute autre personne sous les peines les plus sévères.

Ce monopole et la surveillance jalouse dont il est l'objet s'expliquent par les vertus vraiment merveilleuses que la médecine chinoise attribue au gen-seng. La plus vantée de ses propriétés est l'action énergique qu'elle exerce sur l'estomac qu'elle fortifie et sur le sang qu'elle purifie. C'est le tonique le plus actif et le plus vanté dont on fasse usage, non seulement en Chine mais dans tout l'extrême Orient; il y remplace dans ses principales applications, le quinquina, sur lequel il a, assure-t-on, l'avantage de n'être ni irritant, ni échauffant.

Le *camphrier (laurus camphora)* vient assez haut pour qu'on le mette au nombre des arbres qui fournissent un des plus beaux et des meilleurs bois de charpente, mais on n'en emploie que les branches pour fabriquer le camphre.

Le *mûrier à papier (broussonetia papyrifera)* est entouré d'une écorce filandreuse qui s'utilise de la même manière que nos plantes textiles et sert à fabriquer des étoffes et du papier.

L'*arbre à suif* dont le fruit donne une espèce de cire verdâtre qu'on façonne en bougies d'un excellent usage.

L'*aquilaria* (appelé en chinois *chichu* et improprement désigné sous le nom d'*aloès* par quelques voyageurs), de la hauteur et de l'aspect d'un olivier, d'où s'obtient par incision la gomme qui sert de base au vernis si estimé de la Chine. Cet arbre renferme sous son écorce trois sortes de bois : le premier, noir, compact et pesant, s'appelle *bois d'aigle;* il est rare et précieux; le second, qu'on nomme *calenuboue,* est léger comme le bois pourri; le troisième, qui entoure la moelle et est connu sous le nom de *calenuba,* est réputé en Orient comme un des produits les plus précieux du règne végétal. Dans l'Inde on le vend au poids de l'or. Son odeur est exquise, et il est considéré comme le cordial le plus souverain dans l'épuisement et la paralysie.

Le *bambou*, qui croît dans les terrains bas et marécageux, est employé aux usages les plus variés. Ses jeunes tiges coupées et fendues fournissent la matière de nattes solides et élégantes. En vieillissant sur pied, ces mêmes tiges acquièrent une dureté qui égale celle des meilleurs bois de construction et peuvent par suite être utilisées de mille manières; enfin la matière fibreuse de cette plante sert à faire du papier.

La *canne à sucre*, le *coton*, et l'*indigo* qui se tire du *polygonum tinctorium*, trop connus dans leur forme végétale et dans leur emploi pour que nous ayons à entrer dans aucun détail à leur sujet, croissent naturellement dans la Chine méridionale et sont, pour le commerce et l'industrie de l'empire, un objet d'exportation et de fabrication des plus importants.

A propos du coton, nous dirons cependant que la Chine en produit, en outre des espèces ordinaires, une sorte particulière qui donne un duvet jaune dont on fabrique sans aucune teinture l'étoffe connue sous le nom de nankin, étoffe aujourd'hui peu employée, mais qui a joui, pendant une partie du xviiie siècle et jusque vers 1830, d'une très grande vogue en Europe.

L'*arbre à thé oleifère (camelia-oleifera)* est estimé par ses graines dont on extrait une huile comestible d'un usage aussi général en Chine que les huiles d'olive et d'œillette chez nous.

Le *sesamum orientale* et le *ricinus communis*, plantes qui fournissent l'huile dite de *castor*, étant également cultivées pour l'huile comestible qu'on en retire, il est à croire que les Chinois possèdent quelque procédé particulier pour enlever à cette huile ses propriétés purgatives.

L'*arbre à cordage (sida-tiliœfolia)* dont les fibres servent à fabriquer d'excellentes cordes, et le millet (*holcus*), qui sur le bord des rivières atteint une hauteur qui dépasse trois mètres, achèveront cette rapide nomenclature de végétaux précieux et utiles, bien qu'ils soient loin d'épuiser la flore chinoise.

Citons cependant encore, comme plantes médicinales, le *kœmpferiegalanda,* médicament très excitant, la salsepareille et la rhubarbe, qui figurent au nombre des exportations de la Chine.

Quant à la faune de ce vaste empire, elle est à peu près nulle dans les provinces maritimes, où tout ce qui était primitivement forêt a été défriché et où les montagnes mêmes ont été mises en culture partout où cela a été possible, ainsi que nous l'avons dit. Toutefois les forêts conservées sur les hauteurs que la charrue n'a pu soumettre, témoignent de l'abondance des beaux arbres qui régnaient primitivement dans ces régions. Les provinces occidentales, moins fertiles en céréales, sont encore couvertes en partie par d'immenses forêts, où se sont réfugiées et où se multiplient les diverses espèces d'animaux sauvages dont nous allons parler.

Disons d'abord que les essences les plus répandues dans ces forêts sont le mélèze, le saule pleureur, le *thuya orientalis*, l'*hibocus mutabilis*. Une foule de petits arbres et d'arbustes croissent épars partout où l'agriculture le leur permet.

Nous avons dit combien petite était la part faite par l'agriculture chinoise aux produits du sol destinés à la nourriture des animaux domestiques. Ce trait de la vie rurale, si opposé à ce qui se passe en Europe, s'explique par le rôle amoindri que joue ici le bétail.

En effet, et bien que les Chinois aient à peu près les mêmes animaux domestiques que nous, c'est-à-dire le cheval, l'âne, le bœuf, le buffle, le chien, le chat, le cochon, ils les élèvent en nombre très restreint et ne possèdent que des races médiocres. Leurs chevaux sont de petite taille et mal bâtis, les chameaux ne sont souvent pas plus grands que nos chevaux ; le cochon, d'une autre variété que les nôtres, est de petite taille ; en revanche sa chair est excellente, et c'est de toutes les espèces de nourritures animales la plus en usage ; les Chinois y trouvent un double avantage : son prix de revient qui est comparativement bien moindre que celui de tout autre viande, et l'abondance d'engrais que produit l'élevage de ces animaux.

Le chien le plus ordinaire dans le midi est l'épagneul, à oreilles droites ; plus au nord jusque Pékin, les chiens ont ordinairement les oreilles pendantes et la queue grêle. On en élève une espèce dont la peau presque sans poil rappelle celle de l'hippopotame et dont l'engraissement facile rend, au dire des habitants du Céleste-Empire, la chair délicieuse.

Les éléphants, communs dans le sud de la Chine, vivent et se multiplient jusqu'au 30° de latitude nord, dans les provinces de Kiang-nan et d'Yun-nan ; le rhinocéros unicorne habite les bords des marais dans les provinces d'Yun-nan et de Kouang-si ; le lion, selon la plupart des premiers historiens européens de la Chine, est étranger à ce pays ; toutefois l'ani-

mal figuré par Neuhof sous le nom de tigre, semble être non l'animal
classé sous cette dénomination par les naturalistes, mais le lion sans
crinière que connaissaient les anciens, qui a été décrit par Appien, qu'Olivier a vu sur les rives de l'Euphrate et dont Marco-Polo signale la présence dans le Fou-kien. Le vrai tigre probablement ne se montre que
dans les provinces les plus méridionales en compagnie des léopards, des
panthères, de diverses espèces de singes. Parmi ces derniers, nous citerons
le *gibbon* aux longs bras, le *magot* à face hideuse, le pithèque qui imite
les gestes et jusqu'au rire de l'homme, et enfin une grande espèce très
voisine de l'orang-outang.

Les forêts sont, en outre, peuplées par le cerf, le sanglier, le tapir
oriental, diverses espèces d'antilopes, le renard et un certain nombre
d'animaux jusqu'ici mal décrits.

Les volailles domestiques abondent en Chine, surtout les canards que
l'on voit nager en longues bandes sur les rivières, les canaux, les étangs.
Les Chinois les élèvent par troupes innombrables dans de larges bateaux
entourés d'un plancher en saillie et couverts, d'où on les dresse à s'élancer,
à un coup de sifflet, dans l'eau pour y chercher leur nourriture et à revenir
à un autre coup de sifflet. Afin que les femelles puissent pondre toute
l'année, on les dispense de couver en faisant éclore les œufs dans de
petits fours ou dans des bains de sable.

Est-ce là que nous avons été chercher l'idée première de nos couveuses
artificielles? ou la même imitation automatique des lois de la nature a-t-elle
été inspirée séparément, à plusieurs milliers de lieues de distance, à un
observateur chinois et à un observateur européen?

Parmi les oiseaux qui vivent en liberté, on remarque plusieurs espèces
de cailles et de cormorans, des faisans dorés et argentés dont le plumage
a un éclat incomparable, une espèce de sarcelle que distinguent deux
belles crêtes de couleur orange.

Les insectes et les papillons rivalisent d'éclat avec ces derniers oiseaux ;
le bombyx du mûrier et les autres vers à soie, plus modestes dans leur
apparence, n'en constituent pas moins un des dons les plus précieux
que la nature ait faits à la Chine.

Plusieurs espèces de tortues sont particulières à ce pays. Il en est de
même des reptiles et des sauriens.

La mer et les fleuves y nourrissent à peu près tous les poissons
connus en Europe; Bloch et Lacépède en citent plusieurs espèces
qui lui sont particulières, notamment la *dorade* dite de *Chine* qui,
originaire d'un lac situé dans la haute montagne de Tien-king, dans
la province de Tche-kiang, a été transportée dans les autres provinces

de l'empire et jusqu'au Japon pour y servir d'ornement dans les bassins (1).

Des poissons à la manière de les prendre, la transition est naturelle; les engins de pêche en usage en Chine réclament donc ici une rapide description.

Mais auparavant constatons que le peuplement des rivières et des étangs, au moyen de « la semence de poisson, » qui, pratiqué depuis peu de temps en Europe où il forme une branche d'industrie connue sous le nom de pisciculture, est, depuis des siècles, en usage en Chine.

D'après le rapport d'anciens missionnaires, dont toutes les observations sur les mœurs et les usages des habitants du Céleste-Empire se trouvent peu à peu confirmées à mesure que nos marins et nos voyageurs, en pénétrant plus avant dans l'intérieur de la Chine, en peuvent vérifier l'exactitude, les Chinois possèdent de longue date un secret « pour maintenir et augmenter au besoin l'abondance des poissons qui peuplent leurs innombrables cours d'eau. » Sur un certain nombre de points de l'empire, et notamment dans la province de Kiang-si, on fait un commerce considérable de « *semence de poisson.* » Cette semence se ramasse dans le Yang-tse-kiang, un des plus grands et le plus poissonneux des fleuves de la Chine. Vers le mois de mai, les riverains du Yang-tse-kiang tendent, d'espace en espace, en travers d'une partie du fleuve, des nattes et des claies fabriquées pour cet usage. Le frai du poisson s'attache à ces espèces de barrages.

Les pêcheurs de *frai*, qui sont très habiles à reconnaître le moment où la quantité en est suffisante, le détachent alors avec précaution et le placent dans des vases pleins d'eau, que des marchands spéciaux viennent de fort loin acheter. Le frai, d'abord presque invisible, grossit rapidement dans l'eau qu'on a soin d'agiter doucement plusieurs fois par jour, jusqu'à ce qu'on le jette dans l'étang ou dans le vivier qu'il est destiné à peupler.

Les Chinois non seulement emploient pour la pêche la ligne et le filet, mais ils ont en outre plusieurs autres méthodes. Dans certaines provinces, on dresse à cet exercice une espèce d'oiseaux semblables au cormoran ou au corbeau. Les pêcheurs de ces contrées mènent avec eux plusieurs de ces oiseaux qu'ils ont accoutumés à les suivre comme des chiens; ils les font percher sur leurs bateaux dès le point du jour. A un signal donné, les oiseaux s'élancent dans la rivière, saisissent les poissons qu'ils rencontrent et les rapportent dans leur bec au bateau. Le pêcheur n'a d'autre peine que de les leur retirer aussitôt. Comme ces

_____

(1) La dorade chinoise apportée, pour la première fois, en 1611, en Angleterre, est maintenant répandue dans toute l'Europe.

oiseaux pêcheurs, essentiellement voraces, pourraient, pour si bien dressés qu'ils soient, avaler ou tout au moins endommager les poissons, on a soin de leur passer autour du cou un lien assez lâche pour ne les point étouffer, mais assez serré pour comprimer le gosier de façon à ce qu'ils ne puissent avaler leur proie. S'il se rencontre que ces pêcheurs emplumés aient affaire à une pièce trop pesante pour eux, ils appellent à leur aide par un cri particulier un et quelquefois plusieurs de leurs compagnons; alors l'un tenant une nageoire, l'autre ou les autres la tête ou la queue, ils réunissent leurs efforts pour la soulever et ils l'emportent en volant de concert. Si ce dernier trait d'intelligence animale est bien exact, ce doit être un spectacle fort intéressant que d'en être témoin.

Dans d'autres contrées, les pêcheurs ont des bateaux longs et étroits, auxquels ils attachent de chaque côté une planche large d'environ soixante centimètres. Cette planche, peinte en blanc, est recouverte d'un vernis très brillant; elle s'abaisse par une pente presque imperceptible jusqu'au niveau de la surface de l'eau. Pendant les nuits qu'éclaire la lune, seuls moments où a lieu ce genre de pêche, le poisson, trompé par la couleur et le brillant de la planche, se précipite sur ce qu'il croit être une onde plus limpide que celle dans laquelle il nage et, dans son élan, vient presque toujours tomber dans le bateau.

Dans les eaux très limpides, les Chinois prennent encore le poisson au moyen de petites flèches qu'ils lancent très adroitement en tenant compte de la résistance de l'eau, et qu'ils retirent ensuite au moyen d'un fil attaché par un bout à l'arc et par l'autre à la flèche. Cette méthode rappelle le trident dont se servent les pêcheurs dans les régions montagneuses du midi de la France, pour prendre la truite dans les clairs, profonds et rapides ruisseaux de leurs ravissantes vallées.

Les Chinois connaissent aussi l'emploi du trident pour la pêche; mais, au lieu de l'attacher à une corde et de le lancer à distance, ils entrent dans l'eau, et s'en servent comme ils le feraient d'un couteau pour transpercer les espèces de gros poissons qui ont coutume de reposer à demi enfouis dans la vase.

La chasse au canard qui, telle qu'elle se pratique en Chine, peut aisément être assimilée à une pêche, met en relief l'ingénieuse patience des habitants du Céleste-Empire. La tête cachée tout entière dans une grosse courge évidée à cet effet et à la hauteur voulue de laquelle des trous ont été pratiqués pour donner passage à la vue et à la respiration, le pêcheur accroupi au bord de l'eau se tient immobile. Les canards, très friands, paraît-il, de ce cucurbitacée et accoutumés d'ailleurs à en voir flotter sur les marais, ne tardent pas à accourir. Le pêcheur les laisse becqueter un instant, puis quand, plongés tout entiers dans les délices de leur festin, les voraces palmipèdes cessent d'être complètement sur leurs gardes, par un mouvement rapide des deux mains, il leur saisit les pattes et les prend ainsi vivants.

Il y a sans doute dans toutes ces méthodes l'indication d'un esprit très observateur et très pratique; toutefois, ce qui frappe surtout, c'est le caractère presque puéril que révèlent tant de précautions et de soins pris en vue de si petits résultats à obtenir. Ne dirait-on pas des jeux d'enfants plutôt que des occupations de l'âge mûr?

Dans les sociétés occidentales, tous les efforts privés, aussi bien que toutes les préoccupations des gouvernements, convergent vers le même but : *faire grand*, pour employer le terme consacré. En Chine, au contraire, et peut-être, dans une certaine mesure, dans tout l'extrême Orient, employer de petits moyens, même lorsqu'il s'agit de grandes choses à accomplir, est le mot d'ordre général. Et cela est aussi vrai en politique, en morale, que dans les arts, l'industrie, les mille occupations de la vie quotidienne.

Cette différence suffirait seule, ce nous semble, à établir la ligne de démarcation que le principe despotique du gouvernement, plus encore peut-être que les lois et les mœurs ont élevée entre les deux pays.

C'est cette barrière intellectuelle et morale, et non leurs antiques murailles et leurs règlements prohibitifs, qui arrêtera peut-être longtemps encore, aux portes du Céleste-Empire, la civilisation européenne.

V

Après avoir indiqué les principaux produits du sol, arrêtons-nous quelques instants à ceux de l'industrie.

Soie et Tissus. — Si l'on en croit les écrivains les plus versés dans les antiquités orientales, l'art de filer la soie et d'élever les vers qui la produisent vint originairement de la Chine. Les Grecs, qui le transmirent aux Romains, l'avaient reçu de la Perse qui elle-même en était redevable aux Chinois.

La soie est si abondante dans le Céleste-Empire, qu'elle est la matière principale du vêtement des Chinois; dans les parties les plus montagneuses seulement le coton domine dans les usages domestiques.

Il ne faut pas croire, toutefois, que partout et dans toutes les classes les soieries employées aux vêtements du peuple, et même des classes moyennes, aient droit au titre que méritent chez nous, même les soieries les plus ordinaires, d'étoffes de luxe.

Non seulement, dans la province de Chang-tong, il existe une espèce de bombyx sauvage qui produit un fil relativement commun et grossier, mais la soie donnée par le ver du mûrier est loin d'être partout d'égale qualité. Sa mise en œuvre n'a pas non plus un égal degré de perfection; elle varie selon l'usage auquel le tissu demandé est destiné.

La plus belle soie, celle qui est réputée la plus précieuse, est fournie par la province de Tche-kiang. Les soies, dévidées sur place, sont généralement envoyées à Nankin où se trouvent les meilleures fabriques de soieries de l'empire. Tous les genres de tissus connus chez nous, damas, satins unis, rayés et à fleurs, taffetas, gros grains, brocards, gazes, velours, etc., y sont portés à un degré de perfection qu'il serait difficile de surpasser. Il sort de plus de ces métiers des étoffes que nous ne fabriquons pas, entre autres une espèce de taffetas dont les fleurs sont à jour et paraissent évidées comme nos dentelles. Mais le tissu préféré des Chinois, celui qu'à proprement parler on pourrait appeler leur étoffe nationale, est le *touan-té*, espèce de satin très fort, moins lustré que les nôtres, quelquefois uni et le plus souvent décoré de fleurs et de figures de toutes sortes, arbres, oiseaux, kiosques, pagodes, dragons, etc. Cette dernière figure non seulement occupe une place très considérable dans l'ornementation chinoise, mais elle est dans tout l'empire un objet de respect et de vénération, en mémoire du monstrueux dragon qui, d'après la légende, avait été donné par le Ciel à Fo-hi comme génie familier.

Les dessins ne sont jamais tissés ni brochés dans l'étoffe, mais ils y sont appliqués sous forme de peintures; on ne se sert pour cela que de couleurs végétales, sucs d'herbes ou de fleurs, qui s'impriment dans le tissu avec une solidité qui défie le temps et un éclat tel qu'elles semblent faire saillie au-dessus de sa surface.

Un autre produit spécial des fabriques chinoises est le *tcheou-hi*, espèce de taffetas très souple qui est employé pour les caleçons et les chemises. Il se lave comme de la toile, et le blanchissage ne lui enlève rien de son lustre ni de sa souplesse.

Les étoffes de soie se dorent et s'argentent à peu près comme le papier en Europe, c'est-à-dire par application de minces feuilles de ces métaux.

Puisque nous parlons de tissus, disons de suite que la laine, bien qu'abondante dans les trois ou quatre provinces de l'empire où l'industrie agricole consiste principalement dans l'élevage de nombreux troupeaux, n'est employée qu'à un seul usage : la fabrication des couvertures.

Les toiles de coton, exclusivement réservées aux pauvres, sont peu soignées comme tissus; on ne les teint que de deux façons, en bleu ou en noir; c'est la première de ces deux couleurs qui a le plus de vogue.

PAPIER. — La fabrication du papier a pris naissance en Chine à peu près à la même époque qu'en Europe, et ce sont les mêmes circonstances qui en ont amené l'invention.

Jusqu'alors les Chinois s'étaient servis de tablettes de bois sur lesquelles ils écrivaient ou plutôt ils gravaient avec une pointe de fer les caractères de leur alphabet; en réunissant ces petites planches, on formait un volume. Mais ce genre d'écriture était lent, difficile, et les livres qui en résultaient lourds et volumineux.

Pour obvier à ces défauts, on imagina de remplacer les planchettes de bois par de la soie, à laquelle on donna une préparation *ad hoc*, et le stylet de fer par un pinceau fin et léger. L'essai réussit, et les manuscrits sur des rouleaux de soie sont aussi nombreux qu'admirablement conservés, grâce à leur parfaite exécution, dans les archives et bibliothèques de l'empire.

Toutefois, et bien que de beaucoup préférable aux anciennes tablettes, la soie offrait des inconvénients qui entravaient la généralisation de l'écriture. Il fallait trouver quelque chose de mieux. Les savants chinois tournèrent de ce côté leurs investigations et, avec la patience qui distingue leur nation, ils multiplièrent les recherches et les essais, demandant la matière inconnue dont ils avaient besoin, à l'écorce, aux feuilles, aux linéaments d'une foule de végétaux. Le bambou enfin leur fournit les éléments nécessaires pour résoudre le problème. La partie ligneuse de cet arbrisseau est fendue longitudinalement en minces baguettes que l'on fait macérer dans une eau bourbeuse ; ensuite et après les avoir lavées avec soin, on les met dans une fosse où on les recouvre de chaux; on les fait sécher et achever de blanchir en les exposant au soleil. Quand la dessication est complète, on les jette dans une chaudière posée sur un feu ardent, où elles se transforment en une espèce de pâte ou bouillie que l'on retire quand elle est arrivée au degré de consistance voulue, pour les étendre sur une surface bien unie, de manière à obtenir des feuilles de trois à quatre mètres de grandeur.

Ce papier est d'un plus beau blanc et beaucoup plus lustré que le nôtre, mais il est cassant et plus sujet à prendre l'humidité et à être attaqué par les vers.

IMPRIMERIE. — Quant à la manière d'employer ce papier, c'est-à-dire de le couvrir de caractères, soit par impression, soit par la simple écriture, ni l'encre, ni la façon de tracer les caractères ne sont les mêmes que chez nous.

L'encre de Chine, dont le produit vendu en Europe sous ce nom n'est qu'une imitation, se compose de divers ingrédients dont quelques-uns nous sont inconnus. Elle n'est pas à l'état liquide, mais sous la forme de bâtons ronds ou carrés ; pour s'en servir on la délaie avec un peu d'eau sur la surface polie d'une tablette de marbre ou de porcelaine. Le pinceau qui remplace la plume n'est pas tenu obliquement, mais perpendiculairement, comme si l'on voulait percer le papier ; les lignes se tracent de haut en bas, c'est-à-dire que l'on écrit et que l'on imprime, non dans le sens de la largeur du papier, mais dans celui de sa longueur ; les lignes vont de droite à gauche, de façon que leurs pages et, par suite, leurs lettres et leurs livres commencent exactement où finissent les nôtres.

On pratiquait, assure-t-on, l'art de l'impression en Chine, quatre à cinq siècles avant l'époque où cet art fut inventé en Europe. On ne peut supposer, toutefois, que l'imprimerie nous soit, comme la mise en œuvre de la soie et l'éducation du bombyx, venue de ces contrées lointaines : les procédés ne sont nullement les mêmes, et les résultats obtenus de part et d'autre ne se ressemblent pas davantage.

Les alphabets européens ne se composant que d'un nombre très limité de lettres ou signes qui, au moyen de combinaisons déterminées par la grammaire de chaque pays, peuvent former toute espèce de mots, il a été possible, dès les débuts de l'imprimerie, de former, au moyen de caractères mobiles, mis en assez grand nombre à la disposition de l'ouvrier appelé *compositeur*, pour qu'aucune lettre ne lui fasse défaut quand le besoin de la *copie* la réclame, tous les mots possibles ; les signes de ponctuation, également mobiles et séparés, de petites tringles de fer ou de cuivre pour obtenir entre les mots et entre les lignes l'intervalle voulu, ont permis de leur côté de placer ces mots bout à bout, de façon à former des lignes et d'espacer ensuite ces lignes les unes au-dessous des autres pour former des pages.

Tout l'art de l'imprimerie *comme composition* est là.

Mais ces procédés si simples et si rapides, étant donnée l'invention des caractères mobiles dont l'idée fut évidemment un trait de génie, ne sauraient être appliqués à la langue chinoise dont l'écriture, primitivement figurative, est restée, bien que devenue en partie syllabique, chargée d'un si grand nombre de caractères, que M. Abel de Rémusat en abaisse à 2,000 le nombre nécessaire à connaître et à employer « pour ne pas risquer d'être embarrassé dans l'expression de ses pensées. »

Comprend-on la possibilité d'une casse de compositeur chargée de deux mille compartiments ?

Les Chinois n'ont pu même y songer, et ils ont dû se contenter d'un procédé analogue à peu près à notre gravure sur bois. L'imprimeur obtient ses planches par une sorte de décalque; c'est-à-dire qu'après avoir appliqué et fixé avec de la gomme le manuscrit qu'il veut reproduire sur la planche, il en suit avec le burin tous les traits qu'il reproduit ainsi en creux sur le bois. Le papier est ensuite appliqué sur la planche au préalable enduite d'encre.

ART CÉRAMIQUE. — L'Europe n'est pas seulement redevable à la Chine de l'industrie de la soie, elle lui doit encore une des plus importantes parties de l'art céramique, la porcelaine, dont le nom même, qui en chinois signifie *tasse*, nous vient d'eux.

La véritable porcelaine ne se fabrique, paraît-il, que dans la seule bourgade de *King-te-tching*, bourgade que cette industrie a rendue non seulement célèbre, mais qu'elle a élevée au rang des villes les plus riches et les plus peuplées de l'empire. On a cherché à établir des manufactures rivales de celles de King-te-tching à Pékin et dans plusieurs autres villes, mais les produits qui en sortent n'ont pu jusqu'ici soutenir la comparaison, bien que le gouvernement, qui a pris l'initiative de cette extension de production, ait eu soin de faire venir de King-te-tching des ouvriers de choix et les matières premières de cette fabrication.

Parmi ces matières, les deux principales, le *Pe-cun-tse* et le *Kao-lin*, appartiennent au règne minéral et se trouvent en quantité considérable et en qualité particulière, non dans les environs de King-te-tching, comme on devrait le supposer, mais à plus de cent kilomètres, dans une autre province, celle de Chan-si, où on ignore l'art de s'en servir.

Les Chinois pensent que la centralisation forcée de la fabrication de la belle porcelaine sur un point unique de leur immense territoire, est due aux qualités particulières des eaux de cette localité.

Les eaux de la Bièvre, à Paris, ont joui aussi de la même réputation par rapport à la teinture. Cette réputation, qui s'est soutenue jusqu'à ces derniers temps, où les progrès de la chimie ont amené des observations qui l'ont fortement battue en brèche, attribuait à la Bièvre une grande partie de la supériorité incontestée des teintures des Gobelins.

Nos sciences naturelles, en pénétrant en Chine, respecteront-elles davantage la vertu merveilleuse possédée, dit-on, par les eaux de King-te-tching? Il est probable que non, et qu'en cherchant alors quelques-uns de ces *tours de mains* dont les corporations privilégiées conservent précieusement le secret, on arrivera à généraliser un art qui est une des gloires en même temps qu'une des richesses de la Chine.

Les porcelaines chinoises sont aujourd'hui trop connues en France pour que nous ayons à en donner la description; nous dirons seulement que l'objet qui, après les services à thé, domine dans les porcelaines que nous envoie la Chine, objet que nous appelons *magot*, n'est pas dans ce pays comme chez nous un simple ornement de fantaisie, mais la figure d'une divinité. Le nombre de ces petites idoles est incalculable. Les Chinois les placent non seulement dans leurs pagodes, mais sur leurs autels domestiques; ils en emportent avec eux en voyage et en mettent jusque dans les tombeaux.

Faïences chinoises.

EMPIRE CHINOIS

SECONDE PARTIE

Les Chinois, leur histoire et leurs mœurs.

I

Les écrivains asiatiques et européens sont d'accord pour considérer *Fo-hi* comme fondateur de l'empire chinois ; mais où l'unanimité cesse, c'est quand il s'agit de fixer la date de ce grand événement.

D'après les annales de la Chine, il aurait eu lieu trois mille ans avant notre ère, c'est-à-dire six siècles environ avant l'époque du déluge. Les historiens chinois prétendent que trente à quarante mille ans s'étaient écoulés depuis l'établissement de leurs ancêtres dans leur pays lorsque parut Fo-hi.

Si l'on voulait s'arrêter à ces prétentions, on tomberait dans les contradictions et les incertitudes qui, dans l'histoire des anciennes monarchies asiatiques et dans celle de l'Egypte, sont si difficiles à éclaircir.

Il est incontestable d'ailleurs que tout ce qui, pour les Chinois, précède le règne de Fo-hi ne saurait soutenir, au point de vue historique, un examen sérieux. Cette période appartient donc en entier au domaine de la fable. Quant à l'époque où vivait le législateur chinois, les lacunes que les premiers historiens ont laissées dans son histoire prouvent que la partie chronologique de cette histoire ne leur était pas connue. Non seulement, en effet, ils ne disent pas combien de temps il gouverna la Chine, mais ils n'indiquent pas davantage la durée du règne des six premiers de ses successeurs dont ils donnent les noms.

De ces lacunes et d'autres obscurités non moins frappantes, les écrivains qui se sont occupés en Europe des origines du peuple chinois, ont été amenés à penser que la Chine n'a dû commencer à être peuplée qu'un ou deux siècles après le déluge, lorsque la confusion des langues, et par suite la dispersion des peuples, amena l'établissement en Asie des diverses branches de la race sémitique.

Il y a tout lieu de croire qu'une de ces branches se fixa sur le vaste et fertile territoire de la Chine, et qu'après un petit nombre de générations elle y était déjà devenue assez nombreuse pour avoir besoin d'une organisation sociale et politique.

Alors parut Fo-hi que son génie éleva au rang de législateur et à qui, par reconnaissance, le peuple décerna le pouvoir souverain.

Ramené ainsi dans les bornes de la tradition historique, l'empire chinois n'en reste pas moins un des plus anciens, pour ne pas dire le plus ancien du monde.

A partir du règne d'Yao, le septième successeur de Fo-hi, dont les Chinois placent l'avènement au trône en l'année 2357 avant Jésus-Christ, le fil de la chronologie chinoise continue, selon eux, sans interruption jusqu'à la dynastie actuelle, pendant une période de quatre mille ans et plus.

Voilà certes une assez belle antiquité pour n'en pas désirer plus. Malheureusement, d'après les critiques européens modernes, il n'y a rien moins que dix-neuf cents ans à rabattre de ces prétentions; c'est-à-dire que, tout en reconnaissant que la monarchie chinoise remonte beaucoup plus haut, ces critiques n'admettent comme exacte et authentique sa chronologie, qu'à partir du règne de *Lye-Vang* (434 av. J.-C.)

Soit que la situation de leur pays, à l'extrémité de l'Asie, les tînt hors de contact avec le reste du monde, soit plutôt que le système d'isolement qui a prévalu par la suite fût déjà un des principes fondamentaux de leur vie politique, toujours est-il que les Chinois et leur empire n'ont été mentionnés par aucun des historiens de l'antiquité. Quinte-Curce et Strabon, chez les Romains, sont les premiers qui fassent allusion à leur existence.

Vingt-deux dynasties, qui toutes, sauf la première sortie du libre choix de la nation, sont arrivées au pouvoir par droit de conquête ou par le fait de révolutions, ont tour à tour régné sur la Chine. Les dynasties conquérantes, et celle qui règne actuellement est du nombre, sont de race tartare.

La dernière de ces révolutions, qui s'est accomplie à une époque presque contemporaine de la nôtre, nous occupera seule.

Pendant les deux cent soixante-seize ans de durée de la vingt et unième dynastie, les excès de pouvoir d'abord, et ensuite la faiblesse des empereurs avaient porté au comble le désordre et l'anarchie dans l'Etat.

Tandis que se relâchaient ainsi les liens qui unissaient le peuple à son souverain, des ennemis redoutables, les Tartares *Nin-Tche* ou orientaux, précédemment chassés du Leao-tong et de tout l'empire, et retirés dans les steppes natales, brûlaient de prendre une revanche éclatante de l'ostracisme qui les avait frappés.

Divisés d'abord en sept hordes rivales et presque constamment en guerre les unes contre les autres, ils se réunirent sous l'autorité d'un seul chef. Sur ces entrefaites, quelques-uns d'entre eux qui étaient allés trafiquer dans le Leao-tong, ayant été maltraités par des marchands du pays, réclamèrent la protection des mandarins de la province. Ceux-ci, selon l'usage des magistrats chinois à tous les temps, se gardèrent de donner raison à des étrangers; ce déni de justice amena l'intervention du prince tartare. Les mandarins se montrèrent disposés à s'entendre avec lui et lui assignèrent un rendez-vous. Le prince, sans défiance, s'y rendit, et fut massacré avec une partie de sa suite.

Cet acte de perfidie ne devait pas rester sans vengeance.

Tien-Ming, le fils du roi assassiné, après avoir juré d'immoler 200,000 Chinois aux mânes de son père, s'empara du Leao-tong et du Pe-tche-li; mais, ne disposant pas de forces suffisantes pour s'y maintenir, il en fut bientôt chassé.

La conquête de la Chine, qu'il avait rêvée, était réservée à *Tsong-te*, son petit-fils, prince courageux, affable et humain qui, élevé secrètement au milieu des Chinois, avait appris leur langue et s'était appliqué à étudier le génie, le caractère et les besoins de ce peuple comme s'il prévoyait qu'il serait un jour appelé à lui donner des lois.

L'empire, nous l'avons dit, était alors en proie à une de ces crises violentes qui préparent les bouleversements profonds. L'empereur régnant, *Hoaï-Tchong*, avec des vertus privées qui auraient fait de lui un citoyen recommandable, ne possédait aucune des qualités qui eussent pu lui permettre de raffermir son trône ébranlé.

Tour à tour dominé et trompé par les partis rivaux qui se disputaient le pouvoir, il ne tarda pas à devenir un objet de haine pour les peuples opprimés en son nom, et de mépris pour ses favoris eux-mêmes.

Huit partis, armés les uns contre les autres et ayant chacun leur chef, levèrent ouvertement l'étendard de la révolte, et pendant que les troupes régulières étaient presque entièrement occupées à maintenir derrière leurs frontières les Tartares toujours prêts à entrer sur le territoire chinois, ils se disputèrent l'autorité que Hoaï-Tchong ne possédait plus que nominalement.

Un de ces chefs révoltés, plus habile ou simplement plus audacieux que les autres, parvint à fondre, en une seule et à son profit, les huit compétitions rivales. Maître ainsi de toutes les forces insurgées, *Li* prit le titre d'empereur, et, à la tête de 300,000 hommes, alla assiéger Pékin, qui lui oùvrit ses portes presque sans combat. L'empereur, confiné dans son palais, se préoccupait si peu de sa situation et de celle de son empire, qu'il n'apprit, assure-t-on, la présence de l'ennemi, qu'après que celui-ci fut maître de la ville. Puisant un retour d'énergie dans la grandeur du désastre qui le frappait, il se prépara aussitôt à quitter son palais avec sa famille, et à confier son salut aux six cents gardes qui lui restaient; mais ceux-ci l'ayant lâchement abandonné, il résolut de ne point tomber vivant au pouvoir de son rival. Après avoir de sa propre main tranché la tête à sa fille afin de la soustraire aux outrages des vainqueurs, il se pendit à un arbre. Ses femmes et ceux de ses officiers et de ses serviteurs qui lui étaient restés fidèles, suivirent son exemple. Lorsqu'il entra quelques heures après en triomphateur dans le palais où il se croyait attendu par un rival à humilier, Li n'y trouva qu'une longue suite de cadavres dont la mort n'allait pas attendre à être vengée.

Le triomphe de Li ne devait pas, en effet, être de longue durée.

Quand la nouvelle de son usurpation arriva au quartier général de l'armée occupée, sur les confins de l'empire, à refouler l'invasion tartare, *Ou-san-Guey*, qui la commandait, refusa de reconnaître le nouvel empereur, et Li se mit lui-même aussitôt à la tête de forces considérables pour aller étouffer, à son début, cette opposition dangereuse. Ou-san-Guey, à son approche, s'enferma dans une place forte réputée imprenable. Li n'avait pas prévu la possibilité d'un siège qui, en le tenant éloigné de sa capitale, devait mettre en péril son autorité naissante. Le père d'Ousan-Guey, dont il s'était emparé afin de s'en faire un otage, fut amené chargé de chaînes au pied des murailles, et son fils fut averti qu'il allait être égorgé si les portes de la ville ne s'ouvraient à l'instant. Le respect, la tendresse qu'il avait pour son père eussent peut-être étouffé la voix du devoir dans lo cœur du général chinois, si l'héroïque vieillard ne l'eût exhorté lui-même à ne pas hésiter entre l'intérêt de la patrie et son affection filiale.

Les portes demeurèrent closes et le généreux vieillard fut égorgé sous les yeux de son fils. Cette sanglante cruauté porta ses fruits. Ou-san-Guey, se sentant incapable de résister à l'usurpateur avec les forces dont il disposait, fit la paix avec les Tartares, à condition que ceux-ci se joindraient à lui pour détrôner l'usurpateur.

Tsong-te, qui venait d'hériter de la couronne, accourut aussitôt, avec une armée de 80,000 hommes. Il fit lever le siège, poursuivit Li à travers l'empire jusqu'aux portes de Pékin, et le força de se réfugier dans la province de Chen-si, où il mena une vie obscure jusqu'à sa mort.

Cependant, ce n'était pas seulement dans l'intérêt de la Chine et des Chinois que Tsong-te avait agi, il comptait bien tirer de ses victoires un profit personnel.

Maître sans conteste de Pékin, il allait se faire couronner, lorsque la mort vint arrêter ses projets; il eut le temps cependant de faire proclamer empereur son jeune fils âgé de six ans. Le peuple et les grands de l'empire, pensant probablement n'avoir rien à craindre de l'ambition d'un prince aussi jeune, ratifièrent les dernières volontés de Tsong-te (1644). Le nouvel empereur prit le nom de *Chun-chi* et devint le chef de la vingt-deuxième dynastie aujourd'hui régnante.

Cette révolution réunit à l'empire une partie considérable de la grande Tartarie; les Chinois et les Tartares y trouvèrent également leur profit. Ces deux peuples, en effet, ont, ce semble, besoin l'un de l'autre pour se compléter. L'humeur fière, belliqueuse, remuante des Tartares, apporte un élément guerrier nécessaire à la société chinoise trop exclusivement portée aux arts pacifiques, et le commerce de cette nation industrieuse humanise les Tartares. Ce qui procure surtout cet avantage réciproque, c'est que l'empire chinois est aujourd'hui arrivé au plus haut point de grandeur où il se soit trouvé depuis sa fondation. Sa domination ne s'est jamais étendue plus loin et n'a rencontré moins d'opposition: sauf des révoltes partielles qui n'ont jamais menacé sérieusement son existence, et qui sont inévitables dans une monarchie aussi étendue, aussi peuplée et aussi arbitrairement gouvernée, il jouit d'une paix intérieure qu'il n'avait jamais connue. Au dehors, depuis sa réunion avec les Tartares, il n'a plus autour de lui d'ennemis à redouter; enfin, les événements récents qui ont forcé ses portes et ses barrières au profit de l'Europe, lui ont apporté des éléments nouveaux et inconnus jusqu'alors par lui, de civilisation, de grandeur et de prospérité.

Le contrepoids ne semble pas toutefois avoir été suffisant en ce qui touche à l'esprit militaire dans l'ensemble de l'empire.

« La profession des armes, que l'on peut regretter peut-être de voir placée trop haut dans l'estime de certains peuples de l'Occident, est assurément, dit M. de Carné dans la relation de son exploration du Mekong, placée trop bas dans celle de la nation chinoise. Depuis l'invasion tartare, les empereurs Mandchoux, portés au trône par leurs soldats, ne pouvaient manquer de travailler par politique et par reconnaissance à rendre quelque prestige à l'état militaire. On peut dire qu'ils ont échoué contre la ligue des lettrés coalisés pour maintenir leurs privilèges, et que l'opinion publique a conservé sur ce point ses préjugés traditionnels et ses philosophiques dédains. Conquérir ses conquérants, tel a toujours été, en effet, le grand art de la Chine, comme il fut celui de la Grèce.

» Si les huit bannières tartares réunissent autour d'elles des soldats auxquels on ne peut refuser une certaine valeur relative, le reste de l'armée chinoise est formée de gens sans aveu, qui rappellent, sauf le courage, nos anciens routiers brabançons.

» Les officiers, élevés au-dessus de leurs soldats par les examens qu'ils subissent, ne trouvent cependant dans ces épreuves, réduites aux simples proportions d'examens professionnels, qu'un droit restreint à la considération publique. De mœurs souvent grossières, ils ont l'esprit modeste ; peu familiers avec les livres classiques, ils n'ont pas le culte du passé ; ils sont dépourvus de savoir, mais ils y gagnent d'être exempts de prétentions ; ils reconnaissent volontiers la supériorité des Européens dans l'art de la guerre, aussi bien que l'excellence de leurs armes, et s'aperçoivent qu'en somme ils n'ont personnellement rien à perdre dans l'ouverture de l'empire aux étrangers. De là cette sympathie mêlée de respect que nous témoignent généralement les mandarins militaires.

» La supériorité que les soldats nous accordent sans difficulté, les mandarins lettrés nous l'ont contestée longtemps. A mesure qu'ils apprenaient l'existence des différents peuples de l'univers, les auteurs des *Annales impériales* les rangeaient sans façon parmi les vassaux de leur propre souverain. Ils n'ont guère fait d'exception qu'à l'égard de l'empire romain qu'ils appellent *Ta-thsin*.

» Hâtons-nous de dire toutefois que ces outrecuidances ont fait leur temps. Les Chinois n'en sont plus à demander s'il y a des villages en Europe, mais il leur en coûte d'abandonner des erreurs que si longtemps a caressées leur vanité nationale. Aussi en retiennent-ils le plus possible. C'est ainsi qu'ils se consolaient naguère encore de la faiblesse de leurs armes par la pensée qu'ils conservaient sur nous la prééminence intellectuelle. Ils commencent à sentir aujourd'hui que cette ressource suprême menace de leur échapper. La lumière se fait tous les jours, et, dans l'esprit des lettrés, la crainte est bien près de remplacer le dédain. »

II

L'élément tartare entre pour une trop grande part dans l'état actuel de l'empire chinois auquel il a donné ses souverains et une vaste étendue de territoire, pour que nous n'ayons pas à consacrer à ce pays et à ce peuple un paragraphe spécial.

Une dénomination très vague a longtemps embrassé sur les cartes géographiques non seulement la zone centrale de l'Asie, mais même tout le nord et l'est de cette partie du monde, c'est celle de *Tartarie* avec ses divisions. On la donna, dans les XIIIᵉ et XIVᵉ siècles, à tout l'empire des Mongols, sous Gengiskhan, et à celui des Tatars, sous *Tamerlan*.

Pendant le démembrement de cette dernière monarchie, un descendant de Gengiskhan appelé *Isan-Boga-Khan*, fonda un Etat particulier dans la petite Boukharie dont *Bichbaligh* et ensuite *Kachghar* furent les capitales.

Vers ce même temps, les quatre tribus confédérées des Kalmouks, que les Européens appellent *Eleuthes*, reprirent leur ancienne indépendance et se donnèrent un souverain décoré du titre de *Koutaich* ou *Khantaidcha*.

A la même époque, la puissance exercée par les Mongols en Chine s'écroula; les descendants de Gengiskhan se retirèrent à Karakoroum, et cette ville, capitale de l'Asie entière sous Gengiskhan, ne fut plus que le chef-lieu de la *horde* de *Khalkha*.

Bientôt, s'étant divisés entre eux, tous les Mongols devinrent peu à peu tributaires des Chinois et ensuite des Mandchoux, nouveaux maîtres de la Chine.

La Russie, qui avait détruit les royaumes tatars d'Astrakan, de Kasan et de Sibérie, soumit, aux environs du lac Baïkal, quelques tribus mongoles.

« Ces diverses révolutions produisirent dans la géographie la distinction entre la *Tatarie moscovite* ou *russienne*, comprenant Kasan, Astrakan et la Sibérie ; la *Tatarie chinoise*, composée du pays des Mongols et des Mandchoux ; et enfin la *Tatarie* indépendante, formée des Etats de la grande et de la petite Boukharie, de celui des Kalmouks Eleuthes, des Kirghiz et des Turcomans. »

Cette triple division, aujourd'hui entièrement rejetée, était déjà dérangée dès les premières années de notre siècle. Les Kalmouks qui, en 1683, avaient conquis la petite Boukharie et s'étaient rendus redoutables à la Chine et à la Russie, éprouvèrent, après un demi-siècle de puissance et de gloire, tous les fléaux de la guerre civile. Les Chinois, employant contre eux les armes des Mongols, les soumirent et les tiennent encore sous le joug.

Les Mongols ont le visage plat, les yeux fendus obliquement, de grosses lèvres, des pommettes saillantes, un menton court et peu de barbe ; les oreilles sont larges et proéminentes ; les cheveux noirs, un teint brun ou brun rougeâtre. Ils se marient jeunes, et leurs femmes leur apportent une dot en troupeaux ou en brebis. Leur costume ressemble un peu à celui des Chinois. Pauvres et riches s'habillent de même ; les premiers portent des vêtements de nankin sur lesquels ils mettent en hiver des pelisses en peaux de mouton et des manteaux en drap grossier quand il pleut. Toute la différence pour les riches consiste dans la qualité des étoffes et des fourrures. Les hommes portent pour coiffure, l'été, un bonnet de drap ou de coton piqué à rebords et, l'hiver, un bonnet en peau de mouton ou de renard. Les femmes sont généralement vêtues comme les hommes ; elles portent cependant quelquefois une tunique longue sans ceinture et une sorte de veste sans manches, comme les Chinoises.

Les nomades se nourrissent de viande qu'ils mêlent quelquefois avec des légumes et qu'ils mangent sans assaisonnement et même sans sel. Ils se régalent de lait, de beurre et de koumiss, et leur contact avec les Chinois leur a appris l'usage du thé dont ils font une grande consommation.

Leurs troupeaux consistent en chevaux, chameaux, bœufs, brebis et chèvres. Les femmes tannent le cuir, arrachent les racines alimentaires, préparent les provisions d'hiver qu'elles salent ou font sécher, distillent le koumiss ou l'esprit du lait de jument. Les hommes chassent le gibier et les animaux nombreux qui errent en grand nombre dans ces vastes solitudes.

Quand les pâturages commencent à manquer, les tribus lèvent leurs tentes, ce qui arrive depuis dix jusqu'à quinze fois par année. Dans l'été ils se dirigent au nord et en hiver au midi. Pour ne pas avoir à déballer leurs ustensiles de ménage, ils cuisent pendant la route des moutons entiers dans leur peau. Pour cela ils ôtent d'abord la peau et en font une espèce de sac qu'ils remplissent d'eau ; ils y mettent la viande détachée des os et y jettent successivement quelques pierres rougies : la viande, paraît-il, cuit parfaitement et le bouillon est excellent. Le plus souvent ils mangent la viande crue, après l'avoir fait macérer entre la selle et le corps de leurs chevaux.

Les troupeaux, les hommes, les enfants forment une procession régulière et sont suivis par les jeunes filles. Les amusements de ces tribus errantes et enjouées sont les courses de chevaux où les jeunes filles mêmes excellent ; l'arc, la lutte, la pantomime et enfin les chansons des jeunes femmes, toutes remplies d'un merveilleux gigantesque et qu'accompagnent d'ordinaire la viole et la flûte.

De toutes les vraies nations tatares, la plus civilisée est celle des Mongols ; toutefois, parmi les arts que ce peuple a cultivés, il n'en a inventé aucun ; ainsi pour l'astronomie même qui semble être née chez les peuples pasteurs et nomades, ils en ont emprunté la connaissance vague et incomplète aux Chinois et aux Hindous. Leur religion, qui est le bouddhisme, leur vient de l'Inde.

« Le climat de la Mongolie n'est pas très rigoureux; l'hiver, la neige n'y tombe pas en abondance et, l'été, les chaleurs n'y sont pas très fortes, mais ce qu'il y a à remarquer, c'est que, malgré sa latitude plus méridionale, il y fait plus froid que dans la partie de la Sibérie au sud du lac Baïkal.... On sait à la vérité que plus on avance vers l'est en Asie, plus la température s'abaisse sous les mêmes latitudes. »

Des Mongols qui, bien que simplement tributaires de la Chine, nous ont occupé cependant les premiers, parce que ce sont eux, parmi les races tartares, que l'on trouve le plus anciennement mêlés à l'histoire de l'empire chinois, passons maintenant aux Mandchoux qui font aujourd'hui partie intégrante de cet empire.

Avec la Mongolie et la chaîne des monts Hing-An, se termine la zone centrale de l'Asie. Les rivières ne serpentent plus sur une plaine élevée ; le terrain se penche de trois côtés vers la mer d'Okhotsk, vers la mer du Japon et vers la mer Jaune.

Les plantes et les arbres des climats tempérés commencent à reparaître ; mais à l'est, une haute chaîne de montagnes, qui se prolonge à travers la péninsule de la Corée, contrebalance, par son élévation et ses vastes forêts, les influences favorables du soleil. Bien que placées sous une latitude égale à celle de la France et de l'Italie, ces montagnes sont sujettes à des hivers très longs et très rigoureux, mais les parties centrales qu'arrose le fleuve Saghalien ou Amour jouissent d'un climat un peu plus doux. La partie située sur la mer Jaune et la province de Leao-toung ou de Ching-king paraît jouir d'une température semblable à celle de l'Allemagne et de la France septentrionale.

Les montagnes qui environnent Zhé-Hole ne sont pas très élevées; elles ne présentent aucune chaîne régulière, mais plutôt l'aspect des ondes d'une mer agitée. Le climat y est rigoureux, il y neige et y gèle au milieu de septembre.

Le fleuve Amour est le grand cours d'eau de cette région. Son nom, à peine connu en Europe au commencement de notre siècle, y a acquis en ces derniers temps une grande célébrité, par suite de l'extension de l'empire russe dans les contrées qu'il arrose; il prend sa source en Mongolie, sur les monts Kentaï; il porte d'abord le nom d'*Onou*; après s'être grossi des eaux de l'*Ingada,* près de Nertchinsk, il reçoit le nom d'Amour. Telle est l'opinion des Chinois; mais les Russes donnent à ces deux rivières réunies le nom de *Chilka*, et c'est au Chilka, grossi des eaux de la grande rivière de Kerlon, qu'ils réservent le nom d'Amour, lequel, nommé *Seghalien-oula* ou *Sakhalian-oula* par les Mandchoux et par les Tongouses, reçoit encore au sud deux grands cours d'eau : le *Soungari-oula*, en chinois *Chimtim-gian*, et l'*Ousouri* que les Chinois nomment de même.

Après un cours de 2,700 kilomètres, l'Amour se jette dans la mer d'Okhotsk, en formant un grand golfe, fermé à l'est par le rivage de l'île Seghalien. Ce golfe communique au midi avec la mer de Corée ou Manche de Tatarie par une si étroite ouverture que les herbes marines en cachent en quelque sorte l'embouchure. Profond, tranquille, il ne présente aucun obstacle à la navigation et ne renferme ni rochers, ni bas-fonds; ses rives sont bordées d'arbres magnifiques. Les Russes n'ont cessé de se plaindre, depuis bientôt deux siècles, de la perfidie des Chinois qui, en 1689, arrachèrent par surprise et par force aux plénipotentiaires de la Russie la cession de la partie inférieure de ce beau fleuve, indispensable pour les maîtres de la Sibérie orientale et où les Cosaques avaient déjà arboré le drapeau moscovite.

La Mandchourie, qui confine au nord à la Sibérie, à l'ouest à la Mongolie, au sud-ouest à la Chine, au sud à la Corée et qui est baignée à l'est par la mer du Japon, a 2,000 kilomètres dans sa plus grande longueur du nord-ouest au sud-est, et 1300 kilomètres de l'est à l'ouest.

Le sol y est presque partout fertile, et les voyageurs font une peinture séduisante de la brillante végétation qui décore ses côtes orientales : « Nous rencontrâmes à chaque pas, dit La Pérouse, des roses, des lis, des muguets; nous recueillîmes, en grande abondance, des oignons, du céleri et une foule de plantes semblables à celles de nos prairies ; les pins couronnaient le sommet des montagnes, les cèdres commençaient à mi-côte; les bords des ruisseaux étaient plantés de saules, de bouleaux, d'érables, et, sur la lisière des grands bois, on voyait des pommiers, des azeroliers en fleurs mêlés à des massifs de noisetiers. »

» Les pâturages qui bordent les rivières et tapissent les flancs des montagnes, nourrissent des chevaux, des bœufs et des moutons; le soin de ces animaux constitue la principale occupation des habitants; leur nombre forme leur principale richesse surtout dans la partie méridionale. Dans le nord, le renne remplace le cheval, et quelquefois aussi le chien, comme dans la Sibérie orientale. »

La Mandchourie est divisée en trois départements appelés *Ching-king*, *Ghiri-oula* et *Sakhalian-oula*. Toute la Mandchourie ne renferme, selon la géographie chinoise, que 47,124 hommes soumis au tribut; mais il paraît que les indigènes ne sont pas compris dans ce nombre qui est probablement celui des colons envoyés de la Chine. Quelques auteurs ne croient pas s'écarter beaucoup de la vérité en portant toute la population à 2,000,000 d'hommes. Le pays entretient 10,000 soldats.

Sous le nom de Nieou-tché, les Mandchoux soumirent, avant le XIIe siècle, les Leaos ou Khitans dont ils étaient auparavant les vassaux et qui habitaient la province de Moukdhen; ils envahirent, en 1115, le nord de la Chine où leurs princes fondèrent la dynastie dite de *Kin* ou de l'*Or*. Dépouillés par les Mongols, ils retournèrent dans leurs monts sauvages d'où ils ressortirent de nouveau, ainsi que nous l'avons raconté, pour faire la conquête de la Chine entière, qui leur garde encore une obéissance mêlée de haine et interrompue par des révoltes partielles.

Les Mandchoux connaissaient l'agriculture et possédaient un code de loi avant la conquête qu'ils firent de la Chine, et il est même permis d'affirmer que cette extension de puissance a plus nui à leur pays qu'elle ne lui a été favorable. La centralisation de l'empire chinois a absorbé, en effet, une grande partie de sa vitalité propre; de plus la plupart de ses meilleures familles ont émigré, attirées par ce rayonnement qui, dans toutes les monarchies, mais surtout dans les monarchies despotiques, émane du trône.

Les Mandchoux n'ont ni temples, ni idoles, ils révèrent un être suprême qu'ils nomment l'*empereur du Ciel*. Cependant les Mandchoux, établis en Chine, pratiquent un culte qui se rapproche du chamanisme.

Ces peuples ont des formes plus robustes mais des traits moins expressifs que les Chinois, les pieds de leurs femmes ne sont pas déformés comme ceux des Chinoises. L'habillement en général est le même que dans la Chine propre.

Les trois langues des Mandchoux, des Mongols et des vrais Tatars ou Tartares, diffèrent radicalement l'une de l'autre. Les ethnographes affirment que le mandchou est le plus parfait et le plus savant des idiomes tatars, sans en excepter celui du Thibet.

Ce que cette langue offre de plus étonnant, ce n'est ni la fréquence des onomatopées ou des mots imitatifs, ni son extrême douceur qui n'admet jamais que deux consonnes se suivent sans l'intervention d'une voyelle, ni sa richesse en particules qu'on annexe aux mots et qui en modifient le sens, ni le grand nombre d'inflexions données au verbe, comme dans l'hébreu et l'arabe; ces caractères ne doivent occuper que les philologues, mais pourrions-nous passer sous silence un fait qui semble toucher à l'histoire des émigrations des peuples? La langue mandchoue, qui règne à l'extrême Orient de l'ancien monde, renferme beaucoup de racines qui ressemblent à celles des langues européennes. Ce ne sont point des mots relatifs aux arts qui auraient pu être apportés par les prisonniers de guerre allemands que les Mongols entraînèrent en Asie ; ce ne sont pas des mots imitatifs dont la ressemblance est presque toujours fortuite. La ressemblance d'ailleurs ne s'étend qu'aux langues gothico-germaniques et latino-grecques qui, ainsi que tous les savants s'accordent à le reconnaître, ont elles-mêmes des rapports avec le sanscrit. Rien dans le mandchou ne paraît celtique ou esclavon ; un seul trait rappelle le sarmathe ou lithuanien, mais ce trait est commun aux langues indo-germaniques. Ces racines communes de langues, séparées par toute l'étendue d'une moitié du monde, indiqueraient que les Mandchoux sont originaires des environs de la Perse et de l'Inde.

Cependant et malgré cette supériorité qu'il possède sur les autres idiomes tatars, le mandchou, paraît-il, est bien inférieur au chinois.

De plus, les Mandchoux qui ne connaissent et ne pratiquent l'art d'écrire que depuis le XVIIe siècle, n'ont pas à vrai dire de littérature propre ; tous leurs livres sont traduits du sanscrit, du thibétain, du mongol ou du chinois.

III

Entraîné par la marche de notre récit, nous avons laissé de côté les habitants de la Chine proprement dite pour passer à ceux de la Tartarie, tour à tour leurs tributaires et leurs conquérants. Nous nous hâtons de revenir aux premiers.

Les traits du visage et la charpente osseuse de la tête rapprochent les Chinois de la grande race jaune ou mongole. La tête presque quadrangulaire, le nez court sans être épaté, le teint jaune, la barbe peu fournie, voilà ce qu'ils tiennent de leur race primitive. Mais la position oblique des yeux semble appartenir à la nation chinoise et à ses colonies, telles que les Japonais, les Coréens.

Un séjour de plusieurs siècles, sous un climat plus doux, a donné à cette race, sortie de l'Asie centrale, un caractère particulier, et a embelli leurs traits en les affaiblissant. Il doit certainement y avoir une grande différence entre les Chinois du midi et ceux du nord ; entre les habitants des montagnes, des plaines et des côtes. On sait que le teint des Chinois varie beaucoup, mais nous manquons de renseignements pour tracer les nuances successives qui doivent séparer le grossier Kalmouk de l'habitant poli et cultivé de Nankin ou de Pékin.

Il est difficile, d'ailleurs, quand on n'appartient pas aux mêmes races et qu'on ne se place pas au même point de vue, de décider les questions de beauté ou de laideur physiques. Ce qui, en effet, passe dans un pays pour une difformité est réputé dans tel autre un type de perfection. Ainsi, par exemple, une Chinoise ne se croit belle que lorsqu'elle a les yeux bridés, les lèvres un peu gonflées, les cheveux lisses et d'un noir d'ébène et les pieds d'une petitesse extrême; ce dernier trait achève à ses yeux l'idée de la beauté, et pour l'assurer à leurs filles, les mères ont soin de leur emmailloter étroitement les pieds dans leur jeunesse; aussi, plus tard, semblent-elles chanceler plutôt que marcher.

Chez les hommes, et par suite d'un préjugé du même ordre, l'embonpoint, signe d'une vie oisive, est un titre à la considération. Les hommes maigres passent pour des gens de peu de valeur. Les gens comme il faut attachent une grande importance à la longueur et à l'entretien des ongles de la main; ils les tiennent, la nuit et souvent pendant le jour, dans des espèces d'étuis, et ils regardent comme un véritable malheur tout accident par lequel un de ces ongles se trouve réduit au delà du minimum de longueur qui peut être décemment atteint. Les cheveux et la barbe, qui ne sont pas considérés comme suffisamment·noirs ou qui commencent à grisonner, sont soigneusement teints avec une préparation spéciale.

Voilà pour le physique; quant au moral, où « la beauté » a des caractères à la fois plus généraux et plus précis, il n'est pas nécessaire d'observer longtemps les Chinois pour s'apercevoir qu'ils possèdent les vertus et les vices ordinaires d'un peuple esclave, manufacturier et marchand. Le despotisme le plus absolu a toujours régné en Chine, mais il avait pris à l'origine les formes extérieures du gouvernement patriarcal, ce qui, dans une certaine mesure, sauvegardait la dignité personnelle des Chinois. Malheureusement les despotes, dans la confiance absolue que leur inspirait à eux-mêmes le prestige dont ils étaient revêtus, négligèrent d'entretenir dans l'empire la discipline militaire. De là des révolutions fréquentes qui finirent par livrer le pays à des conquérants étrangers, aux Mandchoux.

Dès cette époque le fouet tatare se joignit à la verge paternelle qui gouvernait auparavant la Chine.

La seule institution qui tende à limiter les excès du pouvoir souverain est celle qui permet aux mandarins et aux tribunaux de faire, en de certaines occasions, de très humbles remontrances à l'empereur, sur les erreurs de son gouvernement. Lorsque le trône s'est trouvé occupé par un prince vertueux, cette liberté a été plus d'une fois suivie des effets les plus salutaires. Soit que les empereurs chinois s'imaginent descendre directement de la divinité, soit qu'ils considèrent leur autorité comme une délégation de l'autorité divine, toujours est-il qu'ils s'intitulent

« fils sacrés du Ciel, uniques gouverneurs de la terre, grands-pères de leur peuple. »

La personne de l'empereur, réputée sacrée, est littéralement adorée : on se prosterne en sa présence; les seigneurs de sa cour doivent fléchir le genou en recevant ses ordres. Tout ce qui l'entoure partage l'idolâtrie dont il est l'objet. Son indolence et sa mollesse égalent souvent, par malheur, son immense orgueil, et alors ses nombreuses concubines et les eunuques qui les gardent gouvernant en son nom, ses caprices et ses

Types chinois.

exigences se centuplent par les leurs, et les excès de pouvoir qui en résultent sont impossibles à imaginer.

Quand « ce demi-dieu » sort, tous les Chinois ont soin de se renfermer dans leurs maisons, d'où ils n'oseraient glisser le moindre regard indiscret sur sa personne sacrée, tant est profondément invétérée dans l'esprit du peuple la croyance qu'une semblable audace serait punie d'une mort foudroyante. Quiconque n'a pu se retirer à temps, s'empresse de se prosterner la face contre terre, ou au moins de tourner le visage contre le mur. On ferme soigneusement les boutiques devant lesquelles doivent passer l'empereur et son cortège, composé au moins de deux mille licteurs qui portent des chaînes, des haches, et divers autres instruments propres à caractériser le despotisme oriental.

Neuf classes d'officiers, que les Européens appellent *mandarins*, remplissent les divers postes civils et militaires.

Le pouvoir du mandarin est tout aussi illimité que celui du prince dont il tient son autorité. Un mandarin passant dans une ville fait arrêter qui bon lui semble, pour le faire expirer sous les coups, sans que personne ose embrasser la défense de la malheureuse victime. Une escouade de gardes ou plutôt de bourreaux le précède et l'annonce par une espèce de hurlement officiel ; si à ce signal quelque passant oublie de se ranger contre la muraille, il est assommé de coups de chaînes et de bambous. Mais, et c'est peut-être ce qui fait prendre le mieux en patience au peuple sa cruelle dépendance, le mandarin lui-même n'est pas à l'abri du bâton ; l'empereur lui fait donner la bastonnade pour la plus légère prévarication.

Ces mandarins sont loin d'être ce que l'école philosophique du XVIIIe siècle a prétendu en faire ; ce ne sont pas des philosophes occupés à contempler les beautés de la religion naturelle, qui, après s'être élevés au-dessus des passions humaines, veillent paternellement sur la vertu plus fragile de leurs frères ; ce ne sont pas non plus des patriotes gardant avec intégrité et défendant avec énergie le dépôt sacré de la liberté et de la justice publique ; ce sont simplement, à quelques rares exceptions près, les satellites d'un despote absolu. Mal salariés, ils vivent du produit de leurs vexations.

Sauf en ce qui concerne les membres de la famille impériale, où le titre et les prérogatives de princes se transmettent de génération en génération, il n'existe pas en Chine de noblesse héréditaire. Les distinctions y sont toutes personnelles et uniquement attachées aux fonctions que l'on exerce. Le fils d'un mandarin n'est pas, hiérarchiquement parlant, au-dessus du fils d'un paysan. Cependant l'empereur confère, dans certaines circonstances, des distinctions qui semblent correspondre aux titres nobiliaires d'Europe ; mais ces distinctions ne se transmettent pas ; elles s'éteignent avec celui qui les a reçues.

Une seule famille fait, avec la famille impériale, exception à cette règle ; c'est celle de Confucius, dont la descendance jouit depuis plus de deux mille ans de privilèges particuliers, notamment du droit de fournir un gouverneur à la ville de Kien-seou, patrie de l'illustre philosophe.

Les Chinois aiment le jeu, la musique, et nous avons dit combien sont nombreux les établissements qui, sous le nom de « maisons de thé, » sont destinés à leurs plaisirs.

Ils n'ont cependant pas, et ceci tient sans doute à la vie retirée à laquelle sont assujetties les femmes, de ces fêtes nationales ou religieuses, de ces réjouissances publiques, en un mot, qui tiennent généralement une si grande place dans la vie des nations riches et prospères.

Ces sortes de fêtes se bornent pour eux à deux anniversaires placés l'un au commencement et l'autre au milieu du mois qui ouvre l'année.

La première consiste, comme chez nous, dans un échange de bons souhaits, de visites et de petits présents à l'occasion du renouvellement de l'année.

Tours de force chinois.

La seconde, un peu moins intime et plus bruyante, a, selon la tradition, une origine touchante. On l'appelle la fête des lanternes, et voici comment on l'explique : La fille unique d'un mandarin s'étant noyée, son père, qui la chérissait et qui lui-même était fort aimé du peuple, après avoir inutilement exploré les rives du fleuve pendant toute une journée, et n'ayant pas encore retrouvé les chères dépouilles de son enfant, fit allumer des lanternes afin de continuer pendant la nuit sa triste recherche. Les habitants des environs sortirent en foule de leurs demeures afin de joindre leurs efforts aux siens. Quand vint l'anniversaire de cette nuit d'angoisse, ces mêmes habitants, voulant donner au malheureux père une marque de sympathie et d'attachement, se concertèrent pour organiser, en manière de manifestation pieuse, un cortège d'hommes chargés de lanternes, semblable à celui qui s'était formé spontanément un an auparavant. Cette manifestation, après s'être renouvelée pendant plusieurs années et être entrée ainsi dans les habitudes du district habité par le mandarin, s'étendit peu à peu au delà et finit par se généraliser au point de prendre rang parmi les usages nationaux. La *fête des lanternes* se pratique encore dans toute l'étendue de la Chine.

Telles des lanternes qui figurent à cette occasion sont de vrais objets d'art. Non seulement les villes et les villages rivalisent entre eux, mais chaque Chinois, qu'il appartienne au corps nombreux et puissant de fonctionnaires de tout ordre, ou qu'il jouisse du calme de la vie privée, chaque Chinois, disons-nous, met tout son amour-propre à surpasser ses voisins; les artistes les plus habiles sont mis en réquisition et font de leur mieux.

Le commencement du printemps est marqué, dans les campagnes, par une cérémonie traditionnelle et symbolique qui consiste à promener à travers les champs la figure en terre cuite d'une vache, aux cornes dorées, et dont les dimensions sont telles qu'il faut en certaines localités jusqu'à quarante hommes pour la traîner. Un enfant, qui a un pied chaussé et l'autre nu et qui symbolise ici la diligence et le travail, marche derrière le colosse, qu'il frappe avec une verge, comme pour le faire avancer. Puis vient le cortège nombreux de tous les hommes qui, dans le canton, s'occupent de culture, ayant chacun ses ustensiles de travail. Vient après eux une troupe de jongleurs, de musiciens et de masques plus ou moins grotesques, qui exécutent, tout en marchant, diverses pantomimes. Après avoir parcouru tout l'itinéraire qui lui a été tracé, le cortège se dirige vers le palais du principal mandarin de la localité; la vache s'arrête devant la porte; ses flancs s'entr'ouvrent et laissent échapper une quantité de petites vaches en argile qui sont distribuées aux assistants.

La cérémonie se termine par un petit discours à la louange de l'agriculture que prononce le mandarin.

IV

La simplicité de la procédure est le seul point de leur organisation administrative et sociale, avec la loi libérale qui ouvre à tout homme instruit et gradé l'accès des carrières publiques et met les différents emplois au concours, que l'Europe ait à envier à la Chine. Les affaires s'instruisent en public. Chacun plaide sa cause de vive voix ou par écrit, mais jamais par l'organe ou avec l'assistance d'un tiers ; la profession d'avocat est inconnue, et nul en matière judiciaire n'a le droit de parler pour un autre.

En matière civile, la procédure est prompte et le châtiment encouru est infligé sur-le-champ ; c'est d'ordinaire la bastonnade.

En matière criminelle, le procès est soumis au jugement de plusieurs tribunaux subordonnés les uns aux autres ; s'il arrive que la peine de mort soit prononcée, la sentence ne peut être exécutée avant d'avoir été ratifiée par l'empereur, qui jamais ne fait grâce, mais commue souvent la peine.

« Les exécutions ne se font qu'une fois par an, en automne, et les supplices en usage sont la strangulation et la décapitation.

» Après la bastonnade, les amendes, les soufflets et le carcan portatif, les peines les plus ordinaires sont le tirage des bateaux, la prison et l'exil dans l'intérieur ou hors de l'empire.

» Plusieurs supplices cruels sont aussi en usage dans certains cas particuliers ; on emploie encore la torture bien qu'elle ait été légalement abolie en ces derniers temps par le gouvernement. »

La ruse, l'esprit d'intimidation, qui se trouvent en Chine au fond de tous les actes de la vie publique aussi bien que de la vie privée, se montrent sans voiles dans les formes juridiques ; ainsi, arrête-t-on un homme suspect ou accusé de quelque crime, le premier soin des mandarins est d'employer tous les modes de séduction possibles pour l'engager à se déclarer coupable. « Si ce moyen ne réussit pas, ils lui font donner la question et redoublent de cruauté jusqu'à ce que le patient, affaibli, épuisé, écrive ou signe l'aveu du crime dont il est accusé. Alors on dresse l'acte qui constate le délit, on le consigne dans les registres du tribunal et on en fait le rapport à l'empereur, qui ordonne que l'accusé soit envoyé devant le conseil des châtiments pour la suite du procès. Il arrive assez souvent que le tribunal reconnaît l'innocence des accusés, mais il est rare que ceux-ci survivent longtemps aux rigueurs qu'ils ont endurées. »

Malgré tout ce que les admirateurs de la soi-disant civilisation chinoise ont écrit sur la sagesse des lois de cette nation, aucun d'entre eux n'a pu contester le vice radical qu'apportent dans cette législation deux dispositions dont l'application journalière est incontestable : « la peine de mort appliquée à l'homicide, même involontaire, et l'injuste préjugé de la loi d'Etat qui regarde le sang d'un criminel de haute trahison comme entaché jusqu'à la neuvième génération. »

En somme, et en faisant abstraction des abus et de l'arbitraire qui se mêlent à leur application, la prétendue sagesse des lois de la Chine peut être caractérisée en deux mots : ce sont de bons règlements de police accompagnés de beaux sermons de morale, que l'empereur se garde de changer en lois parce qu'elles le laissent maître de faire ce qu'il veut; les mandarins ne les changent pas non plus parce qu'elles leur donnent une autorité despotique sur le peuple.

Il y a bien, il est vrai, des tribunaux où on peut porter plainte contre ses supérieurs; mais malheur à qui ose y recourir : la punition d'une telle audace est assurée d'avance. Toute loi protectrice n'a été insérée, semble-t-il, dans le code chinois, que pour la forme. Et qui pourrait d'ailleurs en réclamer sérieusement l'application? « Les hautes classes, si elles tiennent leur bâton levé sur la multitude, voient d'un autre côté le fouet impérial planer sur leurs propres têtes. Le despotisme tartare comprime celui des grands et les force à rester unis. Du côté du peuple point de résistance; n'ayant pas de courage, mais une grande avidité et beaucoup d'adresse, il trouve plus sûr, en rampant aux pieds de ses maîtres, de sauver une partie de son cher et précieux argent que de risquer tout pour s'affranchir. Ensuite, pourquoi se soulèverait-il? On le vole, mais on lui permet de voler à son tour en trompant impunément sur les poids et les marchandises. On rend mal la justice, mais ce n'est que pour ceux qui ont la sotte prétention de ne point avoir à acheter les juges. Ainsi le riche est content et le pauvre est contenu. »

Très souvent les paysans, mourant de faim, se font voleurs sur les grands chemins ou pirates sur les fleuves; on les pend s'ils ne sont pas trop forts; mais s'ils battent les troupes envoyées contre eux, on négocie, on s'arrange, ou bien on les laisse indépendants dans leurs repaires; cela procure même assez souvent un petit supplément de revenu aux gouverneurs de provinces.

Le Chinois enfin est en quelque sorte façonné, dès le berceau, sur un moule unique, créé par l'état social de son pays : l'obéissance et la soumission lui sont prescrites comme la loi suprême de l'existence; un minutieux et obligatoire cérémonial lui rappelle à chaque instant la sainteté des rangs dans la société; chaque pas qu'il fait doit être une révérence; chaque phrase qu'il prononce doit être un compliment; il n'adresse jamais la parole à son supérieur sans rappeler son propre néant.

Comment le niveau moral ne s'abaisserait-il pas dans la pratique d'une si profonde servilité? Ce qui doit étonner, ce nous semble, ce sont moins les défauts de cette race si bénévolement vantée ou dépréciée avec exagération, que la force de vitalité qu'elle a gardée. On se demande comment a pu être conservée l'intégrité de l'empire, comment la civilisation matérielle dont elle est justement fière, a pu résister à tant de causes de ruine, et on ne peut s'empêcher de penser que, placée enfin dans les conditions de liberté et de dignité qui lui ont fait défaut jusqu'à ce jour, elle pourrait devenir un des plus puissants Etats du monde comme elle en est déjà un des plus étendus et des plus peuplés, sinon même le plus étendu et le plus peuplé (1).

V

Des hommes d'un grand savoir, dit M. Huot, se sont fait une fausse idée de la langue chinoise; ils l'ont représentée comme dépourvue de déclinaisons et composée uniquement de monosyllabes. M. Abel de Rémusat a combattu cette opinion; il a démontré que beaucoup de caractères syllabiques se groupent deux à deux ou en plus grand nombre, que quelques-uns même ne s'emploient jamais seuls et n'ont un sens que lorsqu'ils sont réunis avec d'autres.

Il est vrai qu'une grande difficulté, pour les étrangers surtout, c'est qu'un même mot, à l'aide de six accents différents, prend souvent un grand nombre d'acceptions, suivant les diverses intonations qu'on lui donne, intonations dont les nuances sont si délicates, qu'elles ne peuvent être saisies que par les Chinois ou par les personnes ayant longtemps vécu en Chine.

« La multitude des caractères semble effrayante, dit M. Abel de Rémusat, mais elle n'importe en rien, puisque la plupart de ces caractères sont inutiles et que celui qui en connaît deux mille n'est jamais embarrassé. Leur forme semble bizarre, et c'est précisément ce qui les grave plus facilement dans la mémoire; ils peignent les objets au lieu de sons, et c'est encore, contre l'opinion commune, ce qui aide à les retenir mieux et en plus grand nombre.

» La langue chinoise, continue le même auteur, a longtemps passé pour être la plus difficile de toutes les langues du monde; mais depuis qu'on la connaît mieux en Europe, on en a levé les principales difficultés. L'écriture en a été primitivement figurative; elle est devenue en partie syllabique et s'applique à l'expression des sons comme à la représentation des idées, et quoique le nombre des signes qui la constituent soit aussi indéfini, les méthodes récemment introduites permettent d'en acquérir en peu de temps une connaissance approfondie. Les Chinois ont

(1) On sait que le territoire de la Chine représente un dixième à peu près de la surface habitée de la terre.

d'excellents dictionnaires où tous les signes de leur écriture et tous les mots de leur langue sont expliqués avec le plus grand soin et dans un ordre très régulier.

» Les syllabes radicales de la langue parlée sont en très petit nombre, mais elles se multiplient par des nuances délicates d'intonation et d'articulation, et elles se réunissent deux à deux ou trois à trois pour former des mots composés. Chaque syllabe répond toujours à un mot écrit qui a la même signification. La grammaire est simple, et les rapports de syntaxe sont marqués par des particules ou par la position relative des mots.

» La langue que parlent les hommes instruits est la même dans tout l'empire, mais il y a en outre des dialectes particuliers, peu connus, parce qu'ils ne s'écrivent pas. On a cependant des vocabulaires de quelques-uns de ces dialectes. La prononciation de Pékin commence à s'altérer par le séjour de la cour au milieu des Tatars. Celle de Nankin passe pour plus polie et plus régulière.

» Le mandchou, idiome radicalement différent du chinois et qui s'écrit alphabétiquement, est d'usage à la cour, à l'armée et dans les garnisons. Les pièces officielles sont ordinairement publiées dans ces deux langues. »

La langue chinoise se divise en trois idiomes qu'on pourrait dire distincts les uns des autres.

La première de ces langues, élégante et polie, est celle des lettrés et des gens de cour. Elle consiste en un dialecte raffiné qu'on appelle la langue des mandarins et qui diffère autant du langage du peuple que le latin diffère de certaines langues vulgaires de l'Europe auxquelles il a donné originairement naissance. Elle s'emploie, non seulement pour la conversation, mais on s'en sert pour écrire l'histoire et les différents ouvrages qui traitent des sciences, des arts, des métiers.

La troisième langue, que l'on pourrait appeler à la fois une langue morte et une langue sacrée, ne se parle pas et ne s'est peut-être jamais parlée en Chine. Elle sert seulement à écrire les livres qui traitent de matières sublimes ; elle est remarquable par son énergie et par sa mystérieuse concision. On n'y emploie pas de ponctuation ; c'est aux savants, pour lesquels ces ouvrages sont faits, à fixer le sens et les liaisons de chaque période.

Il est très difficile d'exprimer les mots chinois en caractères européens, mais il est bien autrement malaisé encore d'exprimer les mots européens en caractères chinois. Le P. du Halde attribue à une cause toute physique les différences de prononciation qui créent ces difficultés.

Les Chinois, assure-t-il, ont les dents de la mâchoire supérieure écartées en dehors, tandis que celles de la mâchoire inférieure rentrent en dedans, de manière qu'en fermant la bouche les deux rangées de dents ne se rencontrent pas comme le font les nôtres, et par suite ne permettent pas aux sons de se produire de la même manière.

L'instruction est très répandue en Chine. Il n'y a pas d'artisan qui ne connaisse au moins assez de caractères pour pouvoir faire usage des livres qui traitent de sa profession.

Tous les *fruits secs* des écoles chinoises, c'est-à-dire la foule des lettrés qui n'ont pu réussir dans les examens, se répandent dans les villes pour y enseigner la lecture et les éléments de la littérature. Les collèges n'ont pas de professeurs attitrés, mais des examinateurs et des proviseurs dont la grande affaire est de diriger les concours et de surveiller les étudiants.

Il y a à Pékin un collège spécial pour former des interprètes; on y enseigne, non seulement les

Maison chinoise.

langues des peuples tributaires de l'empire, mais aussi celles des pays voisins.

Il est d'usage de commencer l'instruction des enfants dès leur cinquième année. Le premier livre qu'on leur met en mains contient une centaine de caractères exprimant les noms communs les plus fréquemment employés, tels que le soleil, la lune, la maison, le cheval, l'orange, le citron, etc. Le dessin de l'objet nommé est placé en regard du caractère qui le représente, de sorte que la leçon de lecture est en même temps ce que nous appelons en France une *leçon de choses*.

A ce premier livre, qui correspond à nos alphabets, en succède un second nommé *San-tse-king*, qui contient plusieurs milliers de sentences rimées, courtes, concises et par suite faciles à retenir. Les enfants doivent les apprendre par cœur, et on ne les fait passer à un autre livre que lorsqu'ils les savent toutes.

Le livre qu'on leur donne alors est le *bee-chu*, qui contient l'abrégé de la doctrine de Confucius et de celle de Minsius, autre philosophe illustre, qu'ils doivent, comme le précédent, savoir par cœur de la première jusqu'à la dernière ligne. C'est pendant qu'ils étudient ce livre qu'on commence à leur apprendre à écrire. Ils passent d'abord à l'encre des caractères tracés au trait, puis ils s'exercent à calquer tour à tour les caractères au moyen d'un papier transparent, et à copier des modèles placés sous leurs yeux jusqu'à ce qu'ils arrivent à écrire couramment. L'art de bien peindre les caractères est fort prisé en Chine; une belle page d'écriture y est mise bien au-dessus du plus joli tableau.

La coutume, dans les familles aisées, est de confier à des précepteurs particuliers l'instruction et l'éducation des enfants. Ces précepteurs sont largement rémunérés et fort considérés; ils occupent, dans les familles qui les emploient, une des places d'honneur, et leurs élèves les entourent d'égards et de respect.

Nous avons déjà dit comment, cette première instruction achevée, les jeunes gens sont appelés à suivre des cours spéciaux, qui les préparent à l'obtention des grades, sans lesquels un Chinois ne peut aspirer à entrer dans aucune carrière libérale.

On distingue trois sortes de lettrés, selon le grade obtenu. Les grades ne s'obtiennent que successivement et dans l'ordre indiqué. Ils répondent à peu près au baccalauréat, à la licence et au doctorat. On ne passe d'un grade à l'autre qu'après avoir subi un examen *ad hoc*.

L'examen qui conduit au dernier grade est entouré d'une grande solennité. On le passe à Pékin, dans le palais de l'empereur, qui d'ordinaire préside lui-même la commission des examinateurs, indique souvent les sujets de composition et se plaît à donner, à ceux qui s'y distinguent, des marques de sa munificence.

Les Chinois ont peu de goût en général pour les sciences abstraites. Très peu versés dans la physique, ils ne connaissent même pas de nom la métaphysique. La philosophie morale n'a pour eux d'autre application que de déterminer les devoirs mutuels des parents et des enfants et ceux des princes et des sujets. De ces deux chefs découlent pour eux tous les devoirs, soit envers la société, soit envers la famille; ils ne distinguent pas la politique de la morale; l'art de bien gouverner est, selon eux, l'art de bien vivre. De cette influence qu'ils attribuent aux vertus privées du souverain d'abord, et ensuite des chefs hiérarchiques de tous les degrés sur la prospérité et le bonheur public, est résultée une place très considérable donnée à la morale, tant dans l'enseignement proprement dit que dans la littérature. Les livres sur ce sujet sont nombreux, et comme il y en a de destinés à chaque âge et à chaque position sociale, chacun, dans cette nourriture intellectuelle, peut choisir ce qui convient à ses besoins et à ses aptitudes.

Leurs sages ou philosophes, dont Confucius est le type le plus connu et le plus estimé, sont révérés par la nation entière.

Dans leurs écrits, ne brillent pas, comme dans ceux des sages de la Grèce et de Rome, les fleurs de la rhétorique et de l'imagination; on sent, en les lisant, qu'ils s'occupaient peu de surprendre les applaudissements, mais que toute leur ambition était d'instruire leurs concitoyens et de contribuer à leur bonheur.

La géométrie n'a pour les Chinois qu'un très petit nombre d'applications, et les autres parties des mathématiques ne leur sont guère connues que depuis que les missionnaires Jésuites les y ont introduites.

Leur arithmétique est restée à l'état élémentaire; mais ils possèdent pour la rapidité des calculs une méthode qui leur est propre et qui est des plus ingénieuses.

L'astronomie, dans laquelle on leur a fait une réputation qui paraît fort peu justifiée, est la plus ancienne branche de la science qu'ils aient cultivée. On lit dans les annales chinoises que l'empereur *Yu,* qui vivait plus de deux mille ans avant notre ère, avait à sa cour deux astronomes nommés *Hi* et *Ho,* qui furent mis en cause parce qu'ils n'avaient pas annoncé d'avance une éclipse de soleil qui eut lieu à cette époque. On possédait donc dès lors, en Chine, l'art de calculer ces sortes de phénomènes.

L'année chinoise se compose, comme la nôtre, de trois cent soixante-cinq jours et quelques heures.

VI

Les Chinois n'ont pas érigé en une branche particulière d'enseignement le maniement de la parole; ils n'ont aucune idée de ce que nous appelons rhétorique, et l'éloquence de la chaire aussi bien que celle du barreau leur est inconnue. Tout l'art oratoire se borne chez eux à une espèce de discours forts simples et en quelque sorte stéréotypés que les mandarins adressent au peuple pour l'instruire de ses devoirs, et aux thèses que composent les lettrés pour obtenir leurs grades.

Leur littérature, très fertile en divers genres de productions, traite surtout de l'histoire; aucun peuple au monde n'est plus attentif à tout ce qui se rapporte à son passé. Aussi les annales chinoises sont-elles rédigées en quelque sorte jour par jour avec un soin minutieux. Tout ce qui peut être considéré comme monument historique est entouré d'une sorte de vénération, et l'histoire générale de l'empire, quelque détaillée qu'elle soit, ne saurait leur sembler suffisante, tant pour instruire les générations présentes de ce qui s'est passé pendant les siècles écoulés, que pour préparer aux générations de l'avenir les mêmes moyens de satisfaire leur patriotique curiosité.

Chaque ville a donc ses historiens chargés non seulement de recueillir et de noter les événements de quelque importance, mais encore d'ajouter à ces récits les commentaires et les développements qu'ils jugent convenables. Par malheur ces mémoires pour servir à l'histoire nationale, qui pourraient être d'un si haut intérêt et d'une si grande utilité aux vrais historiens, à mesure qu'il s'en présente quelqu'un, sont généralement encombrés de ces détails puérils, de ces observations singulièrement naïves, qui font que les Chinois, quels que soient leur rang et leur âge, ressemblent tous, par certains traits de caractère, plutôt à de grands enfants qu'à des hommes sérieux.

Les biographies individuelles, tant celles de morts illustres que celles des vivants que leur rang ou leur fortune met en évidence, est, après l'histoire proprement dite, la branche de littérature la plus cultivée au Céleste-Empire et aussi la plus lucrative ; la vanité chinoise, sans cesse en quête d'éloges, ne se montre jamais lasse de récompenser les flatteurs.

La plume et le talent des lettrés chinois peuvent s'exercer sur tous les sujets, sauf ce qui touche personnellement à l'empereur. Le prestige qui enveloppe la personne sacrée du monarque est si grand qu'il n'est permis qu'à ses historiographes officiels de relater ses faits et gestes. Ces historiographes sont choisis parmi les hommes réputés non seulement les plus capables, mais surtout les plus honnêtes, et les plus grandes précautions sont prises pour conserver à leurs appréciations ce caractère d'impartialité qu'il paraît impossible de garder en parlant d'un maître despotique et redouté.

Aussi écrivent-ils séparément, et des mesures sévères sont prises pour qu'ils ne puissent se communiquer leur travail. Chaque page, à peine achevée, est jetée dans un coffre sans autre ouverture que la fente par laquelle passe le papier. Ce coffre ne s'ouvre qu'après la mort de l'empereur et souvent même, prétendent certains écrivains, à la fin de chaque dynastie. Alors seulement tous ces documents sont recueillis, classés, collationnés et publiés.

Si ces détails sont bien exacts, aucun peuple n'a certainement jamais eu une histoire plus impartiale et plus vraie de ses souverains.

Le roman, tel que nous le connaissons, n'existe pas, croyons-nous, chez les Chinois, mais ils écrivent de jolis contes et d'ingénieuses allégories.

On ne cite chez eux aucun grand poème, cependant ils ont du goût pour la poésie; ils s'assujettissent dans leur versification à la rime et à la mesure et se plaisent à certains jeux d'esprit qui rappellent nos bouts rimés, nos mots carrés, etc....

Un genre assez cultivé et dans lequel ils réussissent généralement, c'est dans les livres qui ont pour objet l'agriculture, l'industrie, les arts. Ils y déploient un esprit d'observation, une clarté dans les explications, une précision jusque dans les moindres détails qui font de ces traités, de précieux guides pratiques. Ainsi il a été porté et traduit en France, il y a une quarantaine d'années, des ouvrages sur la culture du mûrier et l'éducation du ver à soie, qui ont été fort utiles et ont été considérés comme des modèles du genre.

Comme chez tous les peuples orientaux, l'art de guérir est un de ceux qui excitent au plus haut degré l'imagination des Chinois; naturellement portés aux visions fantastiques, ils ne le conçoivent pas dégagé des procédés les plus extravagants. Les sortilèges, la magie, sont intimement liés, dans leur pensée, à l'exercice de la médecine, et ils ont plus de confiance dans certains bâtonnets mystérieux que leur vendent fort cher leurs empiriques, ou dans les amulettes que leur fabriquent leurs jongleurs, que dans tous les remèdes réunis du codex.

Très empressés cependant à consulter les étrangers sur leurs maladies, ils érigent volontiers en médecins tous ceux d'entre eux qu'ils voient s'occuper de recherches scientifiques, prendre des notes, etc...., et ils paraissent avoir grande confiance dans les remèdes qui leur proviennent de source européenne. Seulement ils ne manquent pas d'y adjoindre les formules et autres pratiques superstitieuses d'usage, et s'ils se trouvent soulagés, c'est plutôt à celles-ci qu'ils en attribuent l'honneur qu'à la science du docteur, tandis que, tout au contraire, si le mal s'aggrave, c'est à ce dernier qu'en incombe toute la responsabilité.

VII

D'après les meilleurs auteurs, la religion primitive de la Chine paraît avoir été une branche du sabéisme, dont le principe est l'adoration des astres du firmament et des objets remarquables dans la nature.

Sur cette ancienne religion se sont greffées plusieurs sectes qui ont fini par la modifier, de telle sorte qu'à peine en retrouve-t-on quelques-uns des principaux traits distinctifs.

Parmi ces sectes, celle de Confucius a souvent été comparée au stoïcisme de l'antiquité occidentale, et comme celle-ci, elle a obtenu la préférence des hommes d'Etat qui ont cru pouvoir en faire une religion politique.

La secte de Laokiun ou de *Tao-sse* a quelque analogie avec la doctrine d'Epicure. Les disciples de cette secte admettent l'astrologie et la magie; ils ont des monastères, un culte régulier et se plaisent à la vie paisible et contemplative.

La multitude, peu satisfaite de ces théories abstraites, reçut avec empressement le boudhisme, venu de l'Inde vers l'an 65 de notre ère, et cette doctrine, modifiée, est devenue, sous le nom de *Fo* (1), celle de la majorité des Chinois.

Les prêtres de Fo s'appellent *bonzes;* on en compte, assure-t-on, plus d'un million dans l'empire. Ne vivant que d'aumônes, ils cachent sous leurs modestes habits autant d'orgueil que d'avidité. Une originalité remarquable dans le culte chinois, c'est le sans façon avec lequel les bonzes en agissent avec leurs divinités; ils ne croient pas leur manquer de respect en buvant et en mangeant à côté de leurs autels. Les mandarins suivent leur exemple, de telle sorte qu'au dire des écrivains les mieux instruits des mœurs du Céleste-Empire, « rien n'est plus ordinaire que de voir, dans un temple, la bonne compagnie boire du thé et prendre d'autres rafraîchissements, tandis que de petits bâtons de bois odoriférants brûlent sous le nez du dieu. » Dans leur tolérance, ou, pour mieux parler, dans leur profonde indifférence religieuse, les Chinois regardent comme également bonnes et vraies les trois croyances établies dans leur pays. Un proverbe chinois, très répandu, va même jusqu'à dire : « *Les trois religions n'en font qu'une.* »

Le culte de Fo est toutefois, si l'on peut ainsi parler, la religion d'Etat de la Chine. L'empereur et sa cour la pratiquent, et ils reconnaissent en tous points la suprématie spirituelle du *Dalaï-Lama* ou chef du bouddhisme, qui réside au Thibet. Le bouddhisme domine non seulement en Chine, comme nous venons de le dire, mais dans les divers pays soumis à son empire, et ne compte pas moins, d'après les calculs les plus probables, de 200,000,000 de sectateurs.

M. Abel de Rémusat, qui passe pour être le plus érudit des écrivains européens sur cette matière, « divise le bouddhisme en trois branches principales : le bouddhisme primitif ou samanéisme, qui considère Bouddha comme une incarnation de Vichnou; le bouddhisme réformé, qui honore Bouddha comme un dieu suprême, manifesté dans la personne de Chakiâ-Mouni ; et le laminisme, qui reconnaît Bouddha dans la personne

(1) De *Fo-tho*, nom donné à Bouddha par les Chinois.

du *Dalaï-Lama*, chef spirituel, vénéré comme une incarnation divine.

Le samanéisme a été confondu avec le chamanisme; c'est une erreur grave.

Dans l'Asie septentrionale et même dans quelques parties de l'Asie centrale, vivent différents peuples, qui professent un culte grossier « qui consiste à adorer une pierre, un arbre ou tout autre objet naturel attirant l'attention par sa forme et sa grandeur, mais surtout à avoir une vénération aveugle pour leurs prêtres, appelés *chamans*, jongleurs adroits qui prétendent maîtriser la nature.

» Plusieurs voyageurs assurent que le chamanisme n'a ni autels, ni idoles. Cela est vrai pour quelques peuplades de la Sibérie, mais d'autres ont désigné sous le même nom différents cultes idolâtres, une sorte de fétichisme que l'on retrouve chez les peuples les plus grossiers des différentes parties du globe, et même un mélange d'idolâtrie et de bouddhisme qui n'a pour ainsi dire d'autre règle que la volonté capricieuse de ces prêtres ou prétendus magiciens que l'on a confondus sous le nom de chamans. Il en est résulté que les différents cultes de l'Asie septentrionale et de l'Asie centrale, qui ne se rapportent à aucune des religions importantes autour desquelles se groupent les populations, sont généralement désignées sous le nom de chamanisme.

» Il n'en est pas de même du *samanéisme,* de cette religion qui a partagé les habitants de l'Inde en castes, dans lesquelles chacun est forcé de rester ; de cette religion qui défend d'écraser un insecte et qui permet les sacrifices humains ! »

Mais arrivons au bouddhisme et bornons-nous à ce qui s'y rattache directement.

« Cette doctrine s'annonça dans l'Inde, il y a environ vingt-huit siècles, comme un progrès dans la philosophie religieuse de cette antique contrée; elle supprimait les livres appelés *veda*, elle détruisait la division par castes, elle répandait quelques consolations sur les misères de l'homme, particulièrement dans les classes laborieuses, enfin elle permettait l'usage de la chair des animaux.

» On la vit, quatre ou cinq siècles avant notre ère, lutter avec avantage contre le brahmanisme et s'étendre dans une partie de l'Inde, mais ce succès ne devait être que momentané : le crédit des brahmines fit élever au pouvoir suprême des hommes de la caste des Shondras qui leur étaient dévoués, et lorsqu'ils eurent mis ainsi dans leurs intérêts les princes et les rois, le bouddhisme fut bien vite anéanti dans l'Inde.

» Le bouddhisme, ainsi banni du sol où il avait pris naissance, se répandit, un peu avant l'ère chrétienne, dans la Bactriane d'où il passa chez les peuples alains, gothiques et turcs de l'Asie centrale. Au 1er siècle de notre ère, il s'établit en Chine; au ive, en Corée; et vers le commencement du ve, dans le Thibet. Il ne put tout d'abord se maintenir dans cette région, mais en 652, il parvint à s'y fixer définitivement. Il se répandit parmi les Mongols sous les premiers successeurs de Gengis-Khan et s'introduisit au Japon vers le milieu du vie siècle. »

Telle a été la marche de cette religion qui, par le nombre de ses adhérents, mérite que nous nous arrêtions quelques instants sur son fondateur et sur les principes qui servent de base à ses croyances et à son culte.

La version chinoise, qui paraît être sous ce rapport la plus exacte de toutes celles qui ont cours sur le même sujet, en Asie, place la naissance du fondateur du bouddhisme à l'an 1029 avant notre ère. Mais pour nous rendre compte de cet événement, il faut remonter bien au delà dans l'histoire et dans les mœurs asiatiques.

Les habitants de l'Inde prétendent qu'il a été admis chez eux, dès la plus haute antiquité, que des incarnations de la divinité devaient apparaître successivement dans le monde, et ce qui prouve que cette croyance doit en effet remonter aux origines de la race humaine, c'est la concordance avec la promesse du rédempteur faite à Adam et à Eve, et renouvelée aux patriarches. Cette idée de l'*incarnation d'un Dieu* ne pouvait venir naturellement aux hommes; seulement, pendant qu'elle se transmettait dans toute sa vérité dans la grande famille hébraïque, elle s'altérait, se matérialisait, si l'on peut employer ce mot, chez les Hindous et aboutissait, non plus à la venue d'un unique et divin Rédempteur, mais à ces incarnations successives qui devaient ouvrir une large voie aux fraudes, aux superstitions, aux exploitations de l'homme par l'homme, dont la vieille Asie est encore aujourd'hui la victime.

Ces incarnations s'étaient déjà, au dire des brahmines, succédé trois fois, et on en attendait une quatrième (1) lorsque dans la race de *Chakia* ou *Chaktcha*, qui occupait le trône dans le royaume de Magadna, royaume comprenant toutes les provinces qu'arrose le Gange, naquit un enfant auquel on donna le nom d'*Arda-Chidhi*. Suivant l'usage établi dans la race de Chakia, on le porta dans un lieu sacré pour le présenter à une image divine; mais l'image s'inclina devant l'enfant. A ce signe les assistants reconnurent un être mystérieux qui surpasserait en sainteté les incarnations précédentes et le saluèrent du titre de *dieu des dieux* (en sanscrit *devati-deva*). Trente-cinq vierges furent chargées d'en avoir soin; sept le baignaient, sept l'habillaient, sept le berçaient, sept le

____

(1) D'après les bouddhistes, un cinquième et dernier Bouddha doit encore venir.

tenaient propre, et sept l'amusaient par leurs chants et par le son de leurs instruments. On lui enseigna la poésie, le dessin, la musique, la médecine et les sciences mathématiques, et bientôt il devint plus habile que ses maîtres. Ainsi par exemple, à son maître de langues, qui ne connaissait que les idiomes tatars, il enseigna cinquante langues étrangères avec leurs caractères particuliers.

Au physique, il réalisait le type le plus parfait qu'ait jamais rêvé un Hindou, et depuis chaque peuple qui a embrassé sa doctrine le dépeint d'après l'idéal qu'il se fait de la beauté. Ainsi les livres mandchoux vantent « son teint d'or, son corps sans tache de rousseur, ses lèvres roses comme le fruit du *bimba*, son nez aquilin et ses cheveux couleur de lapis-lazuli, disposés sur sa tête en boucles arrondies. »

Quand il eut atteint sa vingtième année, on voulut le marier; il céda au désir de ses parents à « condition qu'on lui trouverait une jeune fille parfaite possédant les trente-deux vertus et perfections principales déterminées par la doctrine de Brahma. » Comme il possédait lui-même les cinquante-huit perfections morales déterminées par cette même doctrine, on ne blâma pas cette exigence, tout en mettant en doute toutefois de pouvoir trouver la merveille qu'il exigeait. Il paraît du reste qu'Arda-Chidhi avait compté sur cette impossibilité; il ne voulait nouer aucun lien terrestre et comptait par ce moyen échapper au mariage ; mais « sa pénétration divine » fut ici en défaut; on découvrit, dans la race chakia même, une princesse qui réunissait toutes les qualités requises; il est vrai qu'elle était déjà fiancée à un puissant prince; il fut convenu que les deux prétendants se rencontreraient ensemble dans une sorte de tournoi tout pacifique, et que celui qui l'emporterait en mérites intellectuels et moraux épouserait l'incomparable jeune fille.

Arda-Chidhi ne pouvait manquer d'être vainqueur. Cette union fut heureuse, il en naquit deux enfants, un fils et une fille ; il vivait entouré d'hommages, de respect; il semblait posséder tout ce que la vie peut offrir de plus parfait, de plus désirable, et cependant il était triste, inquiet. « On le vit renoncer peu à peu à toute occupation mondaine pour se livrer, dans la solitude, à de pieuses méditations. Sa piété compatissante, affectée de la misère de tant de ses semblables, lui fit prendre en haine la splendeur de son rang; enfin il déclara à ceux qui l'entouraient que les quatre degrés de la misère humaine, les peines de la *naissance*, de la *vieillesse*, de la *maladie* et de la *mort*, détruisaient pour lui les plaisirs de la vie, parce qu'ils étaient inévitables. Il prit donc la résolution d'abandonner sa femme et ses enfants et de renoncer aux vanités humaines.

» En vain sa famille éplorée chercha-t-elle à lui faire abandonner ce projet, il se montra inébranlable. Il adressa à sa famille, à ses amis les plus tendres adieux : « Je vais, dit-il en fondant en larmes, entrer dans la vie de pénitence; j'ai des raisons puissantes de suivre ma vocation, ne m'empêchez pas de l'accomplir; c'est un devoir sacré pour moi. »

» Malgré cette prière, des mesures furent prises pour l'empêcher de partir; il eut recours à la ruse, et avec l'aide d'un ami dévoué qui lui procura un cheval, il parvint à s'échapper.

» Accompagné de quelques disciples, il se retira dans un désert du royaume d'*Oudipa*.

» Sa réputation de sainteté se répandit rapidement dans le peuple, mais parmi les grands et les incrédules, les uns se plaisaient à faire courir le bruit qu'il avait complètement perdu la raison; les autres qu'il regrettait d'avoir renoncé au trône qu'occupait son père. Cependant, après avoir vécu six années dans la retraite, il déclara à ses cinq disciples que le temps était venu pour lui de répandre la nouvelle loi. Ces disciples, enthousiasmés, se jettent à ses pieds pour l'adorer, et ils le supplient de consentir à s'asseoir sur le trône des saints passés établi à *Warnachi*, aujourd'hui Bénarès. Il y consent, et après y être entré avec solennité, il se place sur le trône des fondateurs des trois époques religieuses antérieures. »

Warnachi devint dès lors sa résidence de prédilection. Il y exposait sa doctrine au milieu d'une foule innombrable d'auditeurs de toutes les classes.

Dès sa première prédication, ses disciples lui donnèrent le nom de *Bouddha* ou *intelligence suprême*, qui lui est resté à lui et à sa doctrine.

Nous n'entrerons pas, bien entendu, dans la partie mystique et surnaturelle de la vie du célèbre réformateur de la religion de Brahma, telle que la racontent les livres saints des bouddhistes. Nous dirons seulement que tout ce que l'imagination des Orientaux peut prêter à un être qu'ils croient émané de la divinité lui a été abondamment attribué.

De son vivant, cet enthousiasme fut loin d'être aussi général qu'il le devint plus tard : le hardi novateur eut « non seulement contre lui les fidèles sectateurs de l'antique culte de Chiwa, mais encore les adorateurs du feu, établis en Perse.

» Une grande fête, qui se célébrait tous les ans à Warnachi pendant les quinze premiers jours de l'année, fut choisie par tous ces adversaires pour combattre la nouvelle doctrine; mais Bouddha développa une telle supériorité de raisonnements, que le chef du parti qui lui était opposé se prosterna devant lui et l'adora.

» C'est en mémoire de ce grand événement qui assura le triomphe du bouddhisme, que les bouddhistes célèbrent par quinze jours de fêtes le commencement de l'année.

» Bouddha vécut jusqu'à l'âge de quatre-vingts ans. En mourant, il déclara que sa doctrine subsisterait pendant cinq mille ans, après lesquels aurait lieu une autre incarnation de la divinité nommée *Maïlari* ou *Mastreya*, qui serait le dernier et véritable précepteur du genre humain ; mais que jusque-là sa religion, en butte à de sanglantes persécutions, serait obligée de se retirer dans les hautes montagnes du Thibet. »

Il est probable que cette prédiction a été ajoutée après coup aux nombreux écrits laissés par Bouddha, puisque c'est en effet au Thibet que le bouddhisme, repoussé de l'Inde après la mort de son chef, trouva un refuge, et pour ainsi dire un second berceau, d'où il ne tarda pas à sortir pour étendre au loin les rameaux nombreux que nous avons montrés couvrant de leur ombre l'immense empire chinois.

D'après la croyance bouddhique, la matière, en s'unissant à l'esprit, le corrompt ; c'est donc l'influence des sens qui dans ce monde est l'unique cause du mal et du péché. De là la nécessité de détacher l'esprit de la domination des sens. L'âme qui manque à ce devoir essentiel tombe par degrés dans la plus honteuse abjection, mais si, au contraire, elle s'attache de toutes ses forces à la pensée de l'immateriel, à l'absolu, « si elle devient totalement insensible aux séductions des sens, elle a fait le premier pas, et le plus difficile, vers sa délivrance. Cet état de perfectionnement va toujours croissant et conduit l'âme graduellement à l'éternel *nirvana*, c'est-à-dire à l'état de Bouddha.

» Mais cette victoire ne s'obtient pas sans combats : elle exige de grands efforts, une ferme volonté, une héroïque persévérance, accompagnés et soutenus par le plus grand nombre possible de bonnes œuvres et, en général, par toutes sortes d'actions méritoires et utiles.

» Pour se rendre suffisamment compte de l'influence exercée, par le bouddhisme, sur les idées et sur les doctrines scientifiques des peuples qui reconnaissent ses lois, il est nécessaire d'avoir au moins une idée générale du système cosmogonique qui en fait partie.

» Il faut savoir d'abord que Bouddha et ceux qui l'ont suivi ont poussé jusqu'à l'extravagance les opérations numériques ; ils admettent trois systèmes de numérations : le premier ou l'inférieur est celui où les nombres croissent de 10 en 10 ; le moyen est celui où ils croissent par centaines, comme quand on multiplie 100,000 par 100 ; enfin le supérieur est celui où les nombres s'élèvent au carré, c'est-à-dire se multiplient par eux-mêmes dix fois de suite ; mais le chiffre servant de point de départ étant

100 quadrillons, multiplié dix fois par lui-même, le dernier terme est l'unité suivie de 4,456,448 zéros, c'est-à-dire un nombre qui, écrit en caractères ordinaires, occuperait une longueur d'environ 14,666 mètres. Cependant ce nombre est encore surpassé par celui qu'on emploie quelquefois dans cette cosmogonie, et qui représente le nombre d'atomes dont se compose le mont *Sou-merou*, ou la montagne céleste qui occupe le centre de tout le système terrestre.

» Cette prodigalité de chiffres fait que, dans la mythologie bouddhique, les dieux, les génies, les saints sont groupés par millions et par milliards.

» L'univers des bouddhistes se compose de trois mondes; ils lui donnent le nom de *trislakd*.

» Ces mondes sont superposés les uns aux autres et comprennent vingt-huit cieux qui ont chacun leur nom. Le monde inférieur, ou le troisième, comprend mille millions de systèmes terrestres avec les six cieux *des désirs*. La terre est à la partie la plus basse; elle est plate, et les six cieux sont superposés les uns aux autres en couches horizontales. Elle se compose de quatre grandes îles ou continents placés aux quatre points cardinaux relativement à la montagne céleste de Sou-merou. A l'orient est le continent de la Beauté; les habitants y sont plus beaux et plus intelligents que dans les autres; à l'occident, celui du *bœuf*, parce que les animaux de ce nom forment la principale richesse des habitants; le continent nord est habité par des géants hauts de trente-deux coudées; celui du sud, qui comprend l'Inde, se distingue par l'or que charrie ses fleuves.

» Sous la terre il y a de l'eau; sous cette eau du feu, puis de l'air ou du vent; puis enfin une roue de diamants dans laquelle sont enfermés les restes corporels des bouddhas des âges antérieurs. Quelquefois le vent entoure le feu, le feu met l'eau en mouvement, l'eau ébranle la croûte terrestre; de là les commotions appelées tremblements de terre.

» Au-dessous du continent méridional sont huit grands enfers brûlants et huit grands enfers glacés, ainsi que seize petits enfers placés aux portes des grands.

» La montagne de Sou-merou, dont le nom signifie *prodigieusement haute*, est le séjour des *devas* ou dieux; le soleil, la lune et les étoiles tournent autour d'elle et règlent le cours des saisons. L'astre du jour est habité par un adorateur de Bouddha, qui par ses vertus a mérité de renaître dans cet astre.

» Le plus inférieur des six cieux est le séjour de quatre dieux puissants dont les royaumes sont aux quatre points cardinaux. Le second en remontant est habité par Indra, le dieu de l'atmosphère; dans le troisième habite le dieu *Yama;* le quatrième est la résidence des êtres purifiés, c'est-à-dire parvenus à un degré qui précède la perfection absolue. Dans le cinquième les jouissances sont purement intellectuelles; dans le sixième habite *Is'vara*, dieu essentiellement conservateur.

» Le second monde est appelé celui des *formes*, parce que ceux qui l'habitent, bien que supérieurs aux divinités, sont encore soumis, par

Façade du grand temple à Macao.

la forme ou la couleur, à l'une des conditions d'existence de la matière. Il se compose de dix-huit cieux réservés pour les êtres de plus en plus perfectionnés, à mesure qu'on s'élève dans l'espace.

» Le premier monde ou *monde sans formes*, composé de quatre cieux, est habité par des êtres complètement immatériels, mais à différents degrés; ceux du premier ou de l'inférieur habitent l'éther; ceux du second sont dans la *connaissance;* ceux du troisième dans l'*anéantissement*, et ceux du quatrième dans un tel état de perfection que

BIBLIOTHÈQUE NATIONALE — IMPRIMÉS

l'expression par laquelle on les désigne signifie : *ni pensants, ni non
pensants*.

» Ces mondes n'existent que par le *Sansara*, mais celui-ci auquel
l'intelligence suprême n'a prêté qu'une existence apparente, puisque
l'existence réelle est tout à fait immatérielle, doit un jour retourner à
l'intelligence suprême ; alors il n'y aura plus qu'un monde, ou plutôt,
il n'y en aura plus du tout, puisque chaque intelligence, aujourd'hui
disséminée, sera rentrée dans la grande unité.

» On voit par cette cosmogonie que les mondes et ceux qui les habitent
s'épurent et se simplifient à mesure que l'on s'élève depuis la région des
enfers jusqu'au-dessus de la région éthérée, mais rien n'y indique un
créateur, un être suprême ; le bouddhisme admet, il est vrai, Brahma
comme le créateur du monde, mais du monde matériel ; il ne voit dans
la création qu'une de ces brillantes métamorphoses auxquelles Brahma
se plaît comme à un jeu ; mais Brahma est inférieur à Bouddha, l'intel-
ligénce suprême, la raison par excellence, trop haut placé pour avoir
des rapports avec la nature et les êtres créés. »

Cette rapide esquisse de la cosmogonie chinoise montre combien de
fausses idées, combien de préjugés séparent l'extrême Orient de la vérité
religieuse et des connaissances scientifiques dont l'Europe est l'heureuse
dépositaire.

VIII

La religion, du reste, joue un rôle peu important dans les actes principaux de la vie en Chine. Si elle intervient pour donner plus de solennité
aux funérailles, elle reste étrangère à la naissance et au mariage.

Nous ne saurions dire quelle place le sentiment de réciproque affection
tient dans ce dernier, tel qu'il se pratique en Chine ; parfois peut-être les
jeunes gens ont-ils eu occasion de se voir et de s'apprécier auparavant et
n'est-ce qu'après un accord tacite entre eux que les familles interviennent ;
mais ce qui est certain, c'est que dans la forme du moins que revêtent
la demande en mariage et les fiançailles, les futurs époux jouent un
rôle complètement effacé. Les parents seuls sont en scène, ceux du
jeune homme pour discuter de la dot que celui-ci payera en échange de
la jeune fille ; ceux de celle-ci pour faire valoir le plus possible les
charmes, les qualités, *la valeur* en un mot du *trésor* dont ils sont
d'autant plus pressés de se débarrasser que le futur gendre est plus en
état et en disposition de se montrer généreux.

Le marché enfin conclu, et toutes les conditions réglées, les parents de chaque famille se réunissent séparément dans l'espèce d'oratoire, ou chapelle domestique que possède chaque maison chinoise; le chef de famille se prosterne devant les tablettes sacrées qui y sont déposées, tablettes contenant les noms et une sorte d'état-civil de quatre générations au moins d'ancêtres; il brûle ensuite des parfums et adresse une invocation aux âmes des ancêtres, lesquelles, d'après les croyances chinoises, planent sans cesse autour des tablettes sacrées; après quoi, il fait part dans les formules voulues, à ces mêmes ancêtres, du mariage qui se prépare et dont il lit les conventions écrites en lettres d'or sur un papier de luxe. Cette lecture achevée, le papier est jeté dans la cassolette à parfum. Quand la dernière parcelle de ce contrat si singulièrement destiné — par symbolisme sans doute — à ne vivre qu'un jour, a été la proie de la flamme, la cérémonie se trouve terminée. Les tablettes sacrées sont replacées sous le voile d'étoffe précieuse qui les recouvre d'ordinaire.

C'est à la famille de la jeune fille qu'il appartient de fixer le jour où le mariage doit avoir lieu.

Ce jour-là, la fiancée est soigneusement enfermée dans une chaise de gala; son trousseau la suit, rangé dans des coffres que portent des hommes aussi bien vêtus que le comporte leur profession. Les serviteurs de son père entourent sa chaise avec des torches et des lanternes allumées; des joueurs d'instruments la précèdent; derrière elle se déroule le cortège de parents et d'amis que l'amour-propre du plus pauvre Chinois s'efforce de rendre aussi nombreux que possible. Le père, ou à son défaut le plus proche parent de la jeune épousée, tient ostensiblement à la main la clef de la chaise où elle est enfermée, et il ne s'en dessaisit que pour la remettre au futur époux en arrivant à la demeure de celui-ci.

C'est là qu'a lieu la première entrevue — du moins la première entrevue officielle et avouée — entre ces deux êtres qu'une existence commune, des intérêts et des soucis communs vont unir désormais en un seul cœur et une seule volonté! On conçoit avec quel empressement le mari ouvre la chaise afin de juger, par un premier et tremblant coup d'œil, de sa bonne ou de sa mauvaise fortune; mais, quelle que soit son impression à cet égard, il se garde avec soin de la laisser trop ouvertement paraître. Il offre la main à la jeune fille, lui aide à sortir de la chaise et la conduit dans une salle voisine où un couvert pour eux seulement a été dressé d'avance.

Les parents et la foule des invités mangent à part, les hommes dans une salle, les femmes dans une autre.

Mais retournons auprès des époux. Avant de se mettre à table, ils se lavent les mains chacun dans une aiguière différente et en se tournant le dos ; la mariée fait ensuite quatre cadeaux à son mari qui lui en rend deux, image symbolique de cette universelle vérité : toute femme doit s'attendre à donner beaucoup plus dans son ménage, en tendresse, en petits soins, en abnégation et égalité d'humeur, qu'à recevoir. Avant de toucher à aucun mets, les deux époux versent par terre un peu de vin et mettent à part quelques viandes pour leurs dieux ; les voilà enfin libres de faire honneur au festin plus ou moins luxueux, mais toujours délicat et soigné, qui les attend. Après avoir commencé à manger en silence, ils s'adressent pour la première fois la parole ; ils s'offrent réciproquement à boire ; on leur apporte alors à chacun une tasse de vin ; ils en boivent une partie après avoir versé le reste dans une troisième tasse plus grande que les deux premières ; ils y boivent tour à tour jusqu'à épuisement complet du vin. Cette cérémonie met le dernier sceau à leur union.

Lorsque l'empereur ou l'héritier de la couronne songe à se marier, il paraît qu'il n'a pas plus le libre choix de son épouse que ne l'a le plus humble de ses sujets. Voici, assure-t-on, comment les choses se passent. On choisit les vingt plus belles jeunes filles de l'empire sans avoir égard à la naissance, et on les conduit au palais dans des chaises hermétiquement closes. La mère du prince à marier, si elle vit, ou à son défaut la première princesse du sang, en choisit une, qui est présentée au prince avec un cérémonial très compliqué. On choisit aux dix-neuf autres des maris parmi les plus grands personnages de la cour.

Les femmes vivent, en Chine, dans une retraite sévère ; elles sortent rarement et ne se montrent jamais dans un lieu public ; leur appartement est fermé à tous les hommes, même au père et aux frères de leur mari. Leur père à elles, en de certaines occasions leurs frères, leurs propres fils, ont seuls, avec leur mari, le droit d'y pénétrer.

<h2 style="text-align:center">IX</h2>

Si du mariage, qui est le principe et le point de départ de l'extension de la vie, nous passons à ce qui en est le terme ici-bas, il pourra sembler que nous franchissons inconsidérément un immense espace. Mais, en réalité, combien près est souvent non seulement le mariage, mais le berceau lui-même de la tombe ! Que de jeunes mères, il y a si peu de temps joyeuses et brillantes épousées, ont à répandre de douloureuses larmes sur un berceau qui ne contient, au lieu de la chère petite créature qu'on vient d'y déposer, qu'un ange endormi !

Ce qui touche à la mort, « cette visiteuse si empressée à venir quand

on ne l'attend pas, » ne saurait donc avoir de rang fixe. La perte, à
la possibilité de laquelle nous n'avons jamais pensé, sera peut-être la
première que nous aurons à subir, et il ne faut qu'un instant pour que
le deuil remplace nos plus brillants habits de fête.

Ce deuil, qui tend chaque jour à s'amoindrir, à se raccourcir surtout,
dans les sociétés européennes, est en Chine d'une rigoureuse obligation.

On le porte en blanc; l'austérité et la simplicité du vêtement ne sont

Cérémonie funèbre en Chine.

qu'une faible image du renoncement à toutes les jouissances du bien-être
habituel que l'on doit s'imposer pendant sa durée. Aussi longtemps en
effet qu'un Chinois est en deuil, « il est obligé non seulement de s'abstenir
de prendre part aux divertissements, aux fêtes, mais il doit s'abstenir
de remplir aucune fonction publique : un mandarin, un ministre même,
se fait remplacer jusqu'au moment, fixé à une heure près par l'étiquette,
où finit son deuil. »

Dans des circonstances si rigoureuses, le deuil devait être moins long pour les hommes dont la vie très active est en quelque sorte arrêtée par eux dans son cours, que pour les femmes dont l'existence passive et sédentaire en est moins troublée. Aussi voyons-nous qu'un mari ne porte qu'un an le deuil de sa femme, tandis que celle-ci ne le quitte qu'à l'expiration de sa troisième année de veuvage. Le deuil d'un père et d'une mère est de trois ans; celui d'un frère, d'un an. Les parents portent-ils le deuil de leurs enfants? Nous l'ignorons, et pour nous rendre compte de la probabilité de l'affirmative ou de la négative, il nous faudrait savoir d'abord à quel point de vue se placent les Chinois : le deuil est-il pour eux un signe de respect ou un témoignage d'affection? On sait que c'est cette différence d'appréciation qui fait qu'en certaines provinces de France le deuil des mères — le deuil extérieur bien entendu — est un des plus sévères, tandis que dans d'autres il n'est pas d'usage qu'elles le portent. L'esprit très fin des Chinois a dû nécessairement saisir cette nuance.

Comme dans presque tous les pays du monde, les derniers honneurs rendus aux morts sont ici l'occasion d'un grand déploiement d'ostentation et de luxe. Après que le corps a été lavé et embaumé avec soin, il est revêtu de ses plus riches vêtements et étendu sur une estrade devant laquelle viennent, pendant trois jours, se prosterner tour à tour, les femmes, les enfants et les parents du mort. A la fin du troisième jour, on procède à ce que nous appelons *la mise en bière*. Mais quelle différence entre le cercueil chinois et le sombre cercueil de plomb ou de chêne en usage chez nous ! La caisse destinée à contenir les dépouilles mortelles d'un habitant du Céleste-Empire a été plus ou moins longtemps pendant sa vie l'objet de ses préoccupations et de ses soins (1). Il n'a rien épargné pour l'orner et l'embellir. Elle a été faite du bois le plus précieux; la peinture, la dorure ont contribué à la décorer, et un vernis, aussi brillant que solide, lui donne de l'éclat et garantit sa conservation. L'intérieur est capitonné de ouate et de satin; on y verse des essences parfumées et on y place des morceaux de riches étoffes.

Le jour des funérailles, les parents et les amis accompagnent le cercueil, porté à bras, et précédé par le plus grand nombre possible de serviteurs, tenant chacun à la main de petites et bizarres figures en carton. Les enfants du mort marchent immédiatement derrière le cercueil; ils ont un bâton à la main et se penchent en avant comme écrasés par la douleur; la veuve et ses filles suivent, mais en chaises si bien fermées qu'on les pourrait croire vides, s'il n'en sortait incessamment des sanglots, des cris, ou plutôt de véritables hurlements.

---

(1) Il faut qu'un Chinois soit bien pauvre, bien abandonné pour qu'il omette de préparer ainsi à l'avance son cercueil.

En Chine il est interdit d'enterrer personne dans l'enceinte des villes,
pas même dans les bourgades et les villages. Les sépultures sont toujours
en pleine campagne et autant que possible dans des grottes naturelles
ou construites exprès, dans lesquelles sont disposées des espèces de petits
caveaux où sont placés séparément les membres de la famille à mesure
que la mort les moissonne.

Arrivé à la grotte, le cortège se range autour dans un ordre fixé par
l'étiquette; le corps est déposé dans le caveau qui lui est destiné; on
brûle des parfums, on fait des libations, on dépose des viandes dans la
grotte, et enfin on jette, dans un feu allumé à cet effet, les figures de
carton dont nous avons parlé.

X

Nous avons eu occasion de mentionner la sobriété des Chinois; nous
devons ajouter qu'à cette qualité, ils en ajoutent une autre qui d'ordinaire ne se rencontre que chez les peuples voraces et gros mangeurs; ils
utilisent sans répugnance tout ce qui peut être employé pour l'alimentation de l'homme : non seulement on voit figurer sur leurs tables du
cheval mort de vieillesse et même de maladie, des chats, des rats, des
serpents, etc..., mais on en trouve aux étalages de tous les marchés. Voilà
pour le commun du peuple et pour l'usage journalier. Quand il s'agit
de la table des riches et des festins de gala dans toutes les classes, les
viandes les plus estimées, les mets réputés les plus délicats sont la chair
de porc et celle des juments et des poulains sauvages, les huîtres, les
pieds d'ours, les nerfs ou tendons de cerfs, et par-dessus tout les fameux
nids d'hirondelles. Ces nids, dont on ne connaît pas encore d'une façon
bien exacte la composition, constituent, de l'aveu des Européens qui en
ont goûté, un mets exquis. La matière en est solide, transparente et
d'autant plus blanche qu'ils sont plus frais; lorsque la cuisson les a
amenés au point voulu de moelleux et de finesse, ils peuvent soutenir la
comparaison avec le plus délicat produit de la science culinaire de
l'Europe.

L'espèce d'hirondelles de mer, auxquelles ce régal est dû, construisent
leurs nids dans les rochers qui bordent la mer et se servent probablement
pour ce travail des débris des poissons dont la chair leur sert de nourriture, mêlés à certains produits marins dont la saveur corrige et mûrit,
si l'on peut ainsi parler, les parties animales du mélange.

Quoi qu'il en soit, les gourmets de tous les pays du monde, au lieu de le
considérer comme une aberration du goût, ainsi qu'on l'a fait longtemps,

placent aujourd'hui ce mets national et si recherché des Chinois, au rang des produits les plus délicats et savoureux de l'art gastronomique.

Les Chinois ne se servent pour manger ni de cuillers, ni de fourchettes, mais bien de petits bâtons en ivoire ou en ébène, qu'ils manient fort adroitement.

A l'opposé de ce qui a lieu chez nous, ils prennent généralement leurs aliments froids et leurs boissons chaudes. Ce qu'ils appellent vin, ou du moins ce qui est chez eux l'équivalent du produit fermenté de la vigne, est le produit également fermenté du riz ou du froment. Ceci cependant n'est guère pour eux qu'une liqueur qu'ils prennent à petites doses ; la boisson courante est le thé.

Nous donnons plus loin le détail d'un festin chinois; nous nous bornerons à ajouter ici que le premier service, nécessairement composé d'une vingtaine de plats, servis successivement, dure quelquefois plusieurs heures, sans qu'il s'échange pendant ce temps une seule parole, sauf, pour le maître de la maison, ce qu'il est nécessaire de dire pour presser ses convives de faire honneur au festin, et de la part de ceux-ci pour décliner, par une humilité de convention, les politesses qui leur sont adressées.

Une sorte d'entr'acte, c'est-à-dire une promenade d'un quart d'heure dans la cour ou sous les galeries, sépare le premier du second service, lequel, comme notre dessert français, se compose de fruits frais, de fruits secs et de confitures.

L'orchestre, accompagnement obligé de toute fête chinoise, est plus ou moins nombreux et bruyant, suivant le rang et la fortune de l'amphitryon. Des comédiens sont souvent joints aux musiciens et cela sans bourse délier pour le maître de la maison ; ce sont les convives qui, par une petite cotisation volontaire, en font les frais.

Nous avons dit à plusieurs reprises combien était méticuleux et souvent presque puéril le formalisme chinois. Quelques détails, qui n'ont pas trouvé place dans l'ensemble de nos différents récits, achèveront d'en donner une juste idée à nos lecteurs.

Les Chinois ne considèrent pas les règles de la politesse, comme on est trop généralement porté à le faire chez les peuples occidentaux, comme des exigences plus ou moins frivoles et n'ayant, dans tous les cas, d'autre but que de faciliter un échange agréable de compliments et d'égards. Pour eux, le strict accomplissement de ces règles constitue le lien le plus ferme, pour ne pas dire le fond même, de l'état social.

Les livres nombreux, qui chez eux traitent de cette matière, prennent rang immédiatement après les livres sacrés. La moindre des règles indiquées par ces livres a force de loi, et les étrangers eux-mêmes sont tenus de s'y conformer. Une longue préparation avant l'introduction des ambassadeurs à la cour est de rigueur, car si, lors de leur présentation à l'empereur, ils dérogeaient à la plus petite des règles de l'étiquette, le souverain s'en trouverait offensé au point d'amener une rupture entre les deux nations. On voit que ce n'est pas seulement chez nous que « nul n'est admis à arguer d'ignorance quand il s'agit d'infraction à la loi, » avec cette aggravation pour les Orientaux et pour ceux qui sont en rapports avec eux, que « la loi » s'étend chez eux jusqu'aux plus insignifiants détails de la vie.

Le salut chinois ordinaire consiste à croiser les mains devant la poitrine et à les remuer doucement en faisant une légère inclination de tête ; s'agit-il de donner à ce salut une nuance marquée de respect, on joint les mains et on s'incline plus ou moins profondément.

Deux amis, qui se retrouvent après une absence, se mettent à genoux l'un devant l'autre et se prosternent à plusieurs reprises, selon que la séparation a été plus ou moins longue.

S'agit-il d'une visite à faire, on écrit son nom, sa qualité et l'objet de sa visite sur une carte que le domestique qui la reçoit transmet à son maître ; celui-ci souvent se borne à faire accuser réception de la carte reçue par le domestique même à qui elle a été remise ; s'il juge convenable ou simplement utile de recevoir le visiteur et que ce visiteur soit son égal, le maître de maison s'avance jusqu'à la porte de la salle de réception ; il est précédé par deux domestiques qui tiennent déployé devant lui un éventail de dimension assez grande, non seulement pour le cacher entièrement, mais pour l'empêcher de voir lui-même son visiteur. Ce n'est que lorsque celui-ci a franchi le seuil que l'éventail, brusquement retiré, les met en présence l'un de l'autre.

Alors commencent des génuflexions, des inclinations de tête, des mouvements à droite, à gauche, des feintes de n'oser ni avancer, ni s'asseoir, à fatiguer cent fois la patience du plus bienveillant des Européens. Enfin le maître de maison essuie avec sa robe le fauteuil qu'il a déjà présenté à son visiteur, et c'est pour celui-ci une invitation définitive à s'asseoir.

Les modes, de même que les usages, sont en quelque sorte immuables en Chine. Depuis que le Céleste-Empire a été fondé, ses habitants se sont toujours rasé une partie de la tête et ont tressé en longue queue, qu'ils laissent pendre par derrière, la partie des cheveux que ni rasoir, ni ciseau ne doit jamais toucher. Ils ont toujours posé sur le sommet de la tête l'étroit bonnet rond à la pointe duquel se balance une houppe de soie ou de crin rouge. De tout temps les hommes, jusqu'à l'âge de trente ans, ont considéré un visage glabre comme un mérite qu'ils ne craignent pas de se procurer en épilant les poils du visage à mesure qu'ils paraissent, tandis qu'à partir de la trentaine, au contraire, ils mettent tous leurs soins à faire allonger ce que la nature et l'épilation laissent pousser de barbe à leur menton.

Nul ne saurait dire à quelle époque les femmes chinoises ont commencé à faire usage du rouge et du blanc dont elles couvrent leur visage ; à mâcher le bétel qui conserve, dit-on, la fraîcheur des gencives et des lèvres, mais qui noircit affreusement les dents ; à se mutiler les pieds pour les rendre incapables de soutenir le poids du corps.

Tout cela a pris naissance avec la société chinoise elle-même, et tandis que nous sommes si éloignés de la manière de vivre et de se vêtir de nos pères que, si, en remontant seulement à deux ou trois siècles, la société française reprenait vie tout à coup, les arrière-grands-pères et leurs descendants ne trouveraient aucune espèce de ressemblance entre eux ; les Chinois et les Chinoises, au contraire, pourraient se trouver mêlés à leurs ancêtres du temps de Confucius, sans qu'aucune différence bien sensible les distinguât. Tels nous les voyons dans nos grandes villes, tels surtout nous les ont montrés nos dernières expositions internationales, tels ils ont passé à travers les siècles, se conformant très exactement à un type modèle. Qui en rencontre un peut croire les connaître tous.

Cette immobilité cependant est plus à la surface peut-être qu'au fond ; tout ce qui est vivant, en effet, se transforme, les sociétés orientales comme les autres, quoique plus lentement, parce que leur vie a moins d'expansion au dehors. Cette transformation d'ailleurs, s'opérant dans un milieu qui ne varie pas, doit nécessairement être plus appréciable dans le domaine des idées que dans celui des faits ; de plus elle se circonscrit ou s'éloigne de son point de départ suivant le génie de chaque peuple ; or « l'esprit scientifique est aussi étranger aux nations orientales que le sens politique. Ils peuvent durer de longs siècles, ils n'atteignent jamais l'âge viril ; ce sont de vieux enfants toujours menés par des lisières, aussi incapables de chercher par eux-mêmes la vérité, que de conquérir la justice. »

Le fond de réserve, pour ne pas dire de dissimulation, qui est la base de leur caractère, rend d'ailleurs presque insaisissables les impressions qu'ils reçoivent. Il ne faut pas croire pour cela que ces impressions ne soient pas réelles et profondes.

Bien que doux et flegmatiques par tempérament, ils sont en effet vindicatifs et cruels quand ils se croient offensés. Il est rare cependant qu'ils

se vengent ouvertement. Les moyens violents ne sont ni dans leur caractère, ni dans leurs habitudes ; patients et habiles à dissimuler, ils savent
attendre le moment favorable pour prendre leur revanche.

Laborieux, actifs, adroits dans les arts, bien qu'incapables de les
porter à une certaine perfection, ils possèdent, si l'on peut ainsi parler,
le génie du commerce. Peu scrupuleux dans leurs transactions, ils
rapportent tout à un principe unique : leur intérêt propre. La passion
du gain les rend durs et égoïstes ; naturellement sobres, modestes dans
leurs goûts et dans leurs habitudes, doués d'une grande pénétration et
sans cesse sur leurs gardes, les Chinois sont de tous les hommes les
plus difficiles à tromper et les plus habiles à tirer parti de tout ; ils en
seraient aussi, croyons-nous, les plus sceptiques et peut-être les plus
indépendants, s'ils parvenaient à se débarrasser des mille superstitions
qui forment à vrai dire leur unique croyance ; ce sont ces superstitions
bien plus que le despotisme de leurs gouvernants qui les tiennent enchaînés.

Un autre trait de caractère que nous ne devons pas laisser dans
l'ombre, c'est leur tendance à l'exagération. C'est ainsi qu'ils mettent
leur orgueil à vanter aux étrangers leur pays et tout ce qui se rapporte
à leur nation.

Vous trouvez-vous par exemple dans une localité plus ou moins
importante, mais dont la population n'est pas très exactement déterminée,
parce que, n'étant pas classée parmi les grandes villes de l'empire, elle
ne figure pas dans les statistiques officielles, supprimez hardiment au
moins un tiers du nombre d'habitants qui vous sera indiqué. La vanité
des mandarins porte sur tout, exagère tout, et pour se donner du relief,
il n'est rien qui les arrête. Ainsi, malgré leur avarice bien connue, si
l'occasion se présente de recevoir à dîner un étranger, une incroyable
quantité de mets charge leur table d'habitude si frugale.

Les mots *dîner* et *table*, que nous venons d'écrire, nous rappellent que
nous n'avons pas encore tout dit « de ce que prescrit à cet égard le code
de la civilité puérile et honnête dans le Céleste-Empire. »

« Un festin doit toujours être précédé de trois invitations, qui se font
par autant de billets adressés à la personne qu'on veut régaler. La
première invitation se fait la veille ; la seconde se fait le matin du jour
destiné au repas pour faire ressouvenir les convives de la prière qu'on
leur a faite et les prier de nouveau de n'y pas manquer ; enfin la dernière
se fait lorsque tout est prêt et que le maître de la maison est libre, par un
troisième billet, qu'il leur fait porter par un de ses gens, pour leur dire
l'impatience extrême qu'il a de les voir.... Suivant les anciens usages
de la Chine, la place d'honneur se donne aux étrangers, et, parmi les

étrangers, à celui qui vient de plus loin. Le maître de la maison occupe toujours la plus humble place.

» Quand celui qui donne le repas introduit ses hôtes dans la salle du festin, il les salue les uns après les autres; il fait ensuite verser du vin dans une tasse de porcelaine et, après avoir fait la révérence au plus considérable des convives, il va la poser devant lui. Celui-ci répond à cette civilité par les mouvements qu'il se donne pour l'empêcher de prendre ce soin, et en même temps il se fait apporter du vin dans une tasse et fait quelques pas pour la porter à la place de l'amphitryon qui, à son tour, l'en empêche avec certains termes ordinaires de civilité. Ces débats de politesse terminés, du vin est servi. Le maître d'hôtel, un genou en terre, exhorte à haute voix les convives à vider leur tasse, ce que chacun s'empresse de faire, non en la portant tout d'abord à ses lèvres, mais en l'élevant jusqu'au front, la baissant ensuite au-dessous du niveau de la table et enfin l'approchant de la bouche et la vidant lentement, et en trois ou quatre traits, selon l'exemple que donne l'amphitryon, qui, après avoir achevé, retourne sa tasse pour montrer qu'il l'a entièrement vidée, ce que doivent faire aussi ses convives. A partir de ce moment et jusqu'à la fin du premier service, chacun est libre de faire honneur aux mets et aux vins.

» Le commencement du second service est marqué par un incident nouveau; chaque convié se fait apporter, par son serviteur à lui, divers petits sacs en papier rouge qui contiennent un peu d'argent pour le cuisinier, pour les maîtres d'hôtel, pour les comédiens et pour ceux qui servent à table. On donne plus ou moins, non selon sa qualité à soi, mais suivant celle de l'amphitryon. On ne fait ce petit présent que lorsque le festin est accompagné d'une comédie; mais, comme il est rare qu'il n'en soit pas ainsi, cet usage peut être considéré à peu près comme une règle générale.

» L'amphitryon ne manque pas de décliner la générosité de ses hôtes, et il n'accepte l'offrande qu'après de grandes difficultés. En accompagnant ses hôtes et lorsque son cœur déborde de satisfaction et d'orgueil à la pensée du luxe qu'il a déployé, le maître de maison se confond en excuses; il ne se pardonnera jamais, assure-t-il, d'être resté si fort au-dessous de l'honneur qui lui a été fait…. il a si mal reçu ses hôtes…. etc… etc. »

Dans le cérémonial que nous venons de décrire, comme dans celui qui accompagne et qui règle tous les actes de la vie, aussi bien dans les circonstances les plus importantes que dans les détails les plus insignifiants, tout jusqu'aux simples inclinations de tête est réglé par le menu, on pourrait dire noté. L'ensemble de ces règles de bienséance est élevé à la hauteur d'une science sociale ; et à Pékin, le tribunal des rites veille sur ce dépôt avec une aussi jalouse inquiétude que tel corps politique, en Europe, au maintien d'une constitution.

Ainsi, par exemple, dans une visite où doit être faite une communication de la plus haute importance ou être traité un sujet dont l'exécution ne devrait souffrir aucun retard, il faut en passer par toutes les cérémonies que nous venons de décrire avant d'en arriver à l'objet de la visite. Encore tout n'est-il pas fini : Avant qu'il puisse être question de conversation, il y a la grande affaire du thé à offrir et à prendre.

« Nous avons reçu nous-mêmes, dit l'éminent voyageur à qui nous avons emprunté une partie de ces détails des mœurs chinoises (1), nous avons reçu nous-mêmes la visite de dix mandarins chinois, et suivant l'usage, nous leur offrîmes du thé en commençant par le plus élevé en grade. Celui-ci fit mine d'offrir sa tasse au second, puis au troisième, jusqu'au dernier inclusivement. Le second, à son tour, présenta sa tasse aux huit autres et ainsi de suite jusqu'à l'avant-dernier, qui ne manqua pas lui-même d'essuyer le refus du dernier. Tout cela se passait avec un sérieux imperturbable, et nous avions besoin pour ne pas rire de nous rappeler toutes les nuances dans la conduite et dans le langage qui distinguent en Europe la bonne compagnie.

» On le voit, l'éducation, s'il fallait entendre par ce mot un formalisme minutieux, est poussée aussi loin en Chine que chez nous. Combien de fois n'avons-nous pas dû paraître à ces mandarins raffinés, des gens de mœurs grossières et de façons incongrues ! Quel étonnement, par exemple, n'éprouvaient-ils pas quand nous ôtions nos chapeaux pour les saluer, eux qui tiennent pour une impertinence le fait de se découvrir la tête (2). S'ils avaient eu occasion d'écrire en France à notre sujet, nous aurions eu certainement lieu de craindre qu'ils ne reproduisissent le témoignage que rendit jadis de l'ambassadeur du grand-duc de Moscovie, le *lipou*, ou tribunal des rites. Traduite en latin, sur l'ordre de l'empereur, par les missionnaires de Pékin, cette réponse, adressée au grand-duc en personne, se résumait ainsi : *Legatus tuus multa fecit rustice.* »

A propos de lettre, quelques mots sur le cérémonial des correspondances réclament ici leur place : Veut-on écrire à une personne consi-

(1) M. L. M. de Carné, *Exploration du Mékong.*

(2) C'est pour se conformer à cette manière de voir que les missionnaires ont demandé au Pape et obtenu l'autorisation d'adopter, pour célébrer la messe, une coiffure spéciale dont la forme rappelle celle des bonnets de cérémonie des mandarins. — Les Thibétains saluent en se pinçant l'oreille et en tirant la langue.

dérablê, il faut se servir d'un papier blanc qui ait dix ou douze replis à la manière des paravents; c'est sur le second pli qu'on commence la lettre, et à la fin on met son nom. Plus le caractère que l'on emploie est petit, plus il est respectueux. La lettre achevée, on la place dans un petit sac de papier sur lequel on écrit : *la lettre est dedans.* Lorsqu'il s'agit de papiers d'affaires expédiés à la cour, on attache une plume au papier, et ce symbole veut dire au messager qu'il doit avoir des ailes.

Un marché à Pékin.

JAPON

I

A l'orient de la Mandchourie et de la Corée s'allonge le bassin de la
mer du Japon, dont l'extrémité septentrionale a été désignée par
La Pérouse sous le nom de *Manche de Tartarie.*

Des côtes escarpées et dépourvues de grandes rivières environnent
cette Méditerranée sombre, embrumée, orageuse.

Au nord, deux détroits la font communiquer à la mer d'Okhotsk ; le
détroit le plus méridional des bouches de l'Amour, séparant le continent
de l'île de Saghalien, est encombré de sables, couvert de roseaux. Le
détroit de *La Pérouse,* connu auparavant sous le nom de détroit de
Tessoï, présente à l'est un passage à la mer d'*Yeso,* partie méridionale
de la mer d'Okhotsk.

Le détroit de *Sangar* ou de *Matsmaï* laisse entrer les flots du grand
Océan oriental.

Au midi, le *détroit de Corée* s'ouvre sur les mers de la Chine.

Une chaîne d'îles considérables forme la barrière qui sépare la Méditerranée japonaise du grand Océan, et cette chaîne, qui est longue de
2,400 kilomètres, se lie encore aux îles Kouriles au nord-est.

Les Japonais en occupent la meilleure partie.

Les lois ont fait aux Japonais un devoir rigoureux de l'agriculture.
A l'exception des montagnes les plus impraticables, la terre est univer-
sellement mise en culture.

Exempt de tous droits féodaux et de toutes redevances ecclésiastiques,
le fermier japonais cultive le terrain avec zèle et succès. Il n'y a point de
communaux. Si quelque portion de terrain restait inculte, le cultivateur
voisin, plus laborieux, pourrait s'en emparer. On manque de prairies,
mais le soin des engrais est poussé très loin.

Sur le flanc escarpé des collines s'élèvent des murs de pierres qui
supportent des plateaux de terre semés de riz et de légumes. Le riz est
le grain principal ; le blé sarrazin, le seigle, l'orge et le froment sont
rarement cultivés. Les pommes de terre sont de médiocre qualité, mais on
voit prospérer différentes sortes de fèves, de pois, de navets et de choux ;
le riz semé en avril est récolté en novembre ; c'est dans ce dernier mois

qu'on sème le froment pour le récolter en juin. L'orge reste aussi en terre pendant l'hiver.

La grande ressemblance qui existe entre les plantes de la Chine et celles du Japon provient peut-être en partie d'un échange de végétaux utiles : quoi qu'il en soit, l'arbuste à thé croît ici sans culture dans les haies ; les plus superbes bambous que l'on connaisse abondent dans tous les bas-fonds ; le gingembre, le poivre noir, la canne à sucre, le coton et l'indigo, bien que originaires, selon toute apparence, des régions plus méridionales de l'Asie, y sont cultivés avec succès et en grande quantité.

Dans l'intérieur, les flancs des montagnes moyennes nourrissent le laurier indien et le camphrier ainsi que le *rhus-vernix*, de l'écorce duquel sort une gomme résine qui paraît être le véritable principe de l'inimitable vernis noir de l'Inde. Outre l'orange douce de la Chine, le Japon en produit une espèce sauvage provenant du *citrus-japonica*, qui paraît lui être propre.

La végétation européenne enfin, en se mêlant très agréablement à celle de l'Asie méridionale, répand sur le Japon un caractère particulier des plus agréables pour l'explorateur européen. C'est ainsi que le mélèze, le cyprès et le saule pleureur, qui se montrent et prospèrent dans tous les pays tempérés situés entre la Méditerranée et le Japon, voient ici se terminer à l'orient la sphère de leur existence. Il en est de même parmi les herbacées et les arbustes, pour le pavot qui fournit l'opium, pour le jalap et pour le lilas blanc.

Nos pommiers manquent aux Japonais, mais ils possèdent des poires d'une grosseur considérable et d'une qualité excellente. Les pample-mousses, les figues de Kaki et de très grosses oranges fournissent en outre leurs tables de fruits savoureux.

Ils savent confire et accommoder avec des épices les bananes, les fruits du jacquier, le bobange, les cocos, les fruits du fragarier et beaucoup d'autres.

Les plantes oléagineuses, qui leur fournissent en abondance de l'huile à manger et de l'huile à brûler, sont le sésame, l'*orbresin-driandrios*, plusieurs espèces de *sumacs*, l'*if-gingko*, le chlore oriental, le camphrier, le laurier glauque, l'azédarac et le cocotier.

Une de leurs principales industries agricoles consiste dans la culture du mûrier et l'éducation des vers à soie.

Le cotonnier leur fournit en outre la matière première de toiles légères qu'ils emploient à leur vêtement et à une foule d'usages domestiques.

Cette abondance de soie et de coton leur a fait proscrire celle des races animales que l'Europe considère comme la plus précieuse, la race ovine, dont la toison leur est inutile et dont ils apprécient peu la chair.

Il est du reste peu de produits naturels dont leur esprit industrieux ne sache tirer parti : ils font du papier et des éventails avec les écorces d'une espèce de mûrier, du *licual* et du rondier ; des bouteilles avec la calebasse ; des peignes avec le bois de naji, et toutes sortes de meubles et d'ustensiles avec du bois de *lindera*, de *dent*, ou de *jora*, de sapin, de pin sauvage, de buis, de cyprès et d'if à grandes feuilles ; mais c'est surtout le bambou qu'ils ont l'art d'utiliser : depuis la plus simple palissade de champs ou de pâturages jusqu'aux plus belles clôtures de jardins et de vérandas ; depuis la plus modeste cabane jusqu'au plus luxueux kiosque, depuis le banc rustique du paysan jusqu'aux sièges les plus élégants, tout est fait en bambous, ce qui n'empêche pas les propriétés d'être entourées de haies vives du plus séduisant aspect. Le serisse du Japon, l'oranger à trois feuilles, le gardène, le viorne, le thuya, l'épicea, le dolis à épis qui forment ces haies, servent aussi à édifier des berceaux et des allées couvertes du plus pittoresque effet.

La médecine, enfin, trouve au Japon plusieurs plantes utiles dont les principales sont : l'acore aromatique, la racine de squine, le camphre, le bois de moxa, le moxa et la corète du Japon, le bois de couleuvre et la racine de Mongo.

Le règne animal est moins riche au Japon que le règne végétal. Nous avons vu que la race ovine en avait été bannie ; il en a été de même pour les boucs, qui y sont considérés comme nuisibles à l'agriculture. Les cochons sont l'objet de la même réprobation ; à peine en trouve-t-on quelques-uns dans les environs de Nangasaki. Le nombre de chevaux répandus dans l'empire est peu considérable ; une variété de buffles qui a une bosse sur le dos, et une espèce particulière de vaches de très petite taille, les remplacent pour les travaux agricoles. Les chiens, que le caprice ou plutôt le goût personnel d'un des souverains du pays a placés sous la protection d'une loi spéciale, sont, parmi les quadrupèdes, les seuls animaux domestiques généralement répandus. Ils sont nourris aux frais des localités auxquelles ils appartiennent, et une sorte de vénération les sauvegarde de toute espèce de mauvais traitements ; dans aucun pays la manière de les traiter ne justifie mieux le titre, qui leur est donné partout, de compagnons et amis de l'homme.

Du reste, cette espèce de dédain pour l'éducation des animaux domestiques s'explique tout naturellement ; nous avons vu comment la soie et le coton, joints à la douceur du climat, rendent aux Japonais la laine inutile ; l'usage des palanquins et des porteurs ne leur fait pas ressentir non plus le besoin d'animaux de selle ou de trait ; enfin la sobriété, que ce peuple partage avec la plupart des Orientaux, ne leur fait pas éprouver davantage le désir d'élever des troupeaux : leur nourriture consiste uniquement en végétaux et en poissons, et s'ils ont des poules et des canards, c'est bien moins pour en manger la chair que pour en utiliser les œufs.

Comme condiments et en dehors du sucre, qui joue un grand rôle dans leur alimentation, les Japonais ajoutent aux légumes ordinaires toute espèce de plantes marines, de *fucus* et d'*ulves*, qu'on apprête de plusieurs manières.

Le gibier ne consiste guère qu'en volatiles, oies sauvages, faisans, perdrix, etc.... L'ours, le loup et le renard sont à peu près les seuls quadrupèdes que l'on rencontre à l'état sauvage. Le premier, qui vit dans le nord, est noir, avec deux taches blanches en forme de croissant sur les épaules. Sa chair rappelle celle du mouton par l'aspect et par le goût, mais elle est beaucoup plus coriace.

Le loup se confine dans les mêmes régions que l'ours ; les renards descendent un peu plus au sud. Objets d'aversion pour les Japonais, ces derniers sont considérés comme de mauvais esprits revêtus d'une forme animale.

II

Le Japon, dont le nom en langue chinoise signifie *Empire du Levant*, est formé d'un immense archipel contenant 3,850 îles ou îlots groupés sur un espace qui est évalué à 4,100 kilomètres de développement longitudinal.

Il n'y a pas encore trente ans que ce pays a commencé, après plus de deux siècles d'interruption, à renouer quelques relations avec les peuples étrangers. Ce n'est donc que depuis cette époque que nous possédons des données exactes et certaines sur sa géographie, ses mœurs, ses habitants.

Les Etats-Unis ont eu l'honneur de prendre l'initiative des négociations qui ont ouvert ce riche empire à notre commerce et à notre civilisation.

De 1853 à 1856, une escadre américaine parcourut les mers d'Okhotsk, de la Chine et du Japon. Pendant cette croisière, c'est-à-dire en 1854, le commodore Perry visita les ports qui venaient d'être ouverts dans ces mers et pénétra dans celui de Simoda.

Un peu plus tard, en 1858, le comte russe Poutiatine et lord Elgin, se rencontrèrent à Yeddo pour traiter au nom de la Russie et de l'Angleterre.

La même année, au mois de septembre, la France entra à son tour en pourparlers. Le baron Gros, avec le *Laplace,* le *Préjint* et le *Reini,* fut chargé de cette négociation, qu'il conduisit rapidement à bonne fin.

L'Empire du Levant était désormais ouvert, et le Portugal, la Prusse, la Hollande ne tardèrent pas à participer aux droits et privilèges obtenus par leurs devanciers.

Quelle sera, se demanda-t-on alors, l'influence de ces conditions nouvelles sur un pays vraiment unique et qui s'est fait une place à part dans le monde,... d'un pays qui ne doit qu'à lui-même son éducation et son existence, sans que l'isolement, qui a agi d'une manière si funeste sur les autres parties de l'extrême Orient, l'ait affaibli ou rendu dédaigneux de ce qu'il ne connaît pas, bien que le peuple qui l'habite, peuple intelligent, laborieux, brave, honnête, garde par une étrange contradiction, à côté de ces qualités, des vices qui chez nous ruineraient la plus ferme organisation sociale : l'absence de toute pudeur, l'extrême dissolution des mœurs et le gouvernement le plus despotique renfermant les individus dans un cadre étroit où il ne leur reste ni action personnelle, ni liberté?

A cette question le temps a déjà répondu. Le Japon, qui s'était développé dans ce mélange singulier de défauts et de qualités ; qui s'était montré à nous sans aucun signe de décrépitude, et avait eu l'honneur seul, entre toutes les nations qui se sont formées en dehors de la civilisation européenne, de pouvoir nous faire ses conditions et traiter sur un pied d'égalité, « a compris, dès les premiers rapports établis, le parti qu'il pouvait en tirer. Des relations fréquentes, suivies, cordiales, se sont nouées. De nos arts, de notre industrie, de nos modes d'enseignement surtout, il nous a emprunté tout ce qui lui a paru assimilable à ses mœurs et à ses besoins; » le rôle considérable que le Japon a pris aux diverses expositions universelles qui se sont succédé en Europe et en Amérique depuis une vingtaine d'années, en est une preuve indiscutable.

Mais d'où est-elle venue cette race à part dans l'histoire des peuples asiatiques « qui a vécu si longtemps isolée dans son archipel, satisfaite d'elle-même et ne demandant rien à personne ? »

Les voyageurs, les historiens, les savants, se le demandent depuis des siècles sans trouver d'autre solution que des suppositions.

« De quelque côté, en effet, que l'on regarde, aucune des familles humaines qui l'entourent ne semble digne de sa parenté. Ce ne sont pas ces pêcheurs Aïnos, errants et pauvres, que l'on voit de rivière en rivière à la poursuite du phoque et du saumon ; ce ne sont pas les Chinois, à l'esprit rapace et mesquin, au dos servile, aux idées puériles et attardées ; ce ne sont pas non plus les *Malais,* fourbes, farouches et peu sociables, qui ont pu communiquer à cette nation son mélange original de qualités et de défauts.

» La physionomie du Japonais s'écarte du type chinois : le nez est moins large et moins plat, les yeux moins obliques et plus proéminents ; les hommes ont plus de vigueur et plus de santé ; leurs cheveux noirs sont rasés sur le front et ramenés en touffes sur le sommet des côtés et de derrière ; ils ne portent pas de barbe, mais seulement de petites moustaches. Malgré les différences très sensibles que l'on saisit entre les Chinois et les Japonais, on ne peut nier cependant que ceux-ci, avec leurs pommettes saillantes et les caractères généraux de leur physionomie, offrent aussi les traits caractéristiques du type mongol. »

La stature des femmes est, en général, inférieure à celle des Européennes, et plus élevée que celle des Chinoises. Elles n'ont pas les hanches et les pieds mutilés comme ces dernières ; leurs cheveux noirs et longs, relevés sur le front et réunis en nœud derrière la tête, dégagent leur visage, dont le teint blanc est légèrement coloré. Elles ont généralement un air affable, gracieux, et on vante leurs qualités d'épouses, de mères et de femmes d'intérieur.

D'après les rapports des derniers voyageurs européens, leur costume, du moins dans les classes inférieures de la société, est peu avantageux ; sur une espèce de fourreau de coton bleu de la même largeur aux hanches qu'à la cheville, elles portent une jaquette de même étoffe, lâche à la poitrine, mais serrée à la taille par une ceinture, avec de larges manches descendant sur les poignets ; des sandales de paille ou des sabots, selon les localités et la saison, leur servent de chaussures.

Les femmes des classes élevées ont plus d'élégance dans la mise ; toutefois leur toilette, comparée à celle des habitantes des autres parties de l'Orient, est peu luxucuse. Elles ne possèdent que peu de bijoux en or et se contentent d'ornements de verre, auxquels, il est vrai, l'art japonais sait donner les formes les plus variées et les plus gracieuses. Les Japonaises les remplissent d'un liquide coloré et en ornent surtout leurs cheveux. Elles aiment beaucoup les fleurs et savent en tirer un excellent parti pour leur toilette.

Le costume, du reste, n'est point facultatif ; il est réglé, selon les diverses conditions sociales, par des lois somptuaires, très exactement observées ; ces lois interdisent certains objets de luxe et décrivent très minutieusement le genre de vêtements que doit porter chaque classe sociale. Pour les hommes, le costume varie suivant les circonstances : leur tenue habituelle consiste en une espèce de tunique en gaze fine rayée, de couleur sombre et couverte d'inscriptions indiquant au premier coup d'œil le nom, la famille et la qualité de celui qui le porte. L'étiquette exige d'ailleurs que le vêtement varie suivant les circonstances. Pour rendre visite à des supérieurs, on porte des pantalons plus ou moins longs, et en signe de respect on laisse pendre de longues jambes, de

Marchands d'éventails japonais.

manière qu'en marchant sur les pieds, on soit censé se traîner sur les genoux.

Le haut du corps est revêtu d'une espèce de robe recouverte d'une bande de gaze formant des ailes sur les épaules et retombant sur le devant. Dans les saluts de cérémonie, il est d'usage de se baisser jusqu'à ce que le bout de cette écharpe touche la terre, aussi la longueur en est-elle proportionnée à la condition de celui qui la porte.

« En hiver, les Japonais se couvrent de robes de soie doublées, hommes et femmes ne portent de chapeaux que quand il pleut. Ils regardent l'éventail comme une protection suffisante contre les ardeurs du soleil. Cet éventail se voit à la main ou à la ceinture de tout le monde sans exception. Les hommes chargent l'éventail d'écritures et s'en servent pour prendre des notes; les femmes, en guise de plateau pour s'offrir mutuellement des sucreries.

» A cheval, les hommes portent un petit chapeau plat, bizarrement fixé par des lanières de cuir. »

Si du vêtement nous passons à l'habitation, nous trouvons des maisons composées; à cause de la fréquence des tremblements de terre, d'un rez-de-chaussée et d'un étage qui sert de grenier. La plus scrupuleuse propreté règne jusque dans les plus petits recoins, et tous les détails de l'ameublement et de l'ornementation révèlent le goût d'un peuple ingénieux et industrieux. Partagé en divers appartements par des cloisons mobiles, l'intérieur des maisons est décoré de peintures et de papiers peints ou dorés.

Les Japonais paraissent aimer les déplacements fréquents, et si leurs voyages ne sont pas aussi rapides que chez nous, ils ont du moins à peu près les mêmes facilités. « Les postes, en effet, y sont établies sur un pied aussi régulier que toutes leurs autres institutions. Bien que le pays soit très montagneux, on y pourrait très facilement introduire l'usage des voitures, du moins sur les chemins unis; mais il paraît que la coutume et la considération qui tiennent à la manière actuelle de voyager, ont toujours jusqu'à présent empêché cette amélioration (1), car au Japon on voyage ordinairement en chaise à porteurs, et les bagages des voyageurs sont transportés par des hommes ou à dos de cheval. Ce genre d'industrie occupe et fait vivre un nombre considérable d'individus que l'innovation des transports par voiture plongerait dans la misère.

Les Japonais, d'ailleurs, accoutumés à cette manière lente mais sûre de voyager, se plaisent à parcourir avec une suite nombreuse les beaux paysages de leur patrie.

« Les postes sont des établissements publics que chaque prince est obligé d'entretenir dans ses domaines et qui, sur les grandes routes, sont administrés par des officiers subalternes. »

La sécurité et l'agrément du voyageur ne sont pas seulement assurés par la certitude de relais toujours prêts à partir; il trouve, en outre, des communications faciles, des routes bien entretenues, où aucun impôt à percevoir, aucune formalité ennuyeuse à remplir n'arrêtent jamais sa marche.

Le commerce intérieur jouit d'une liberté absolue; partout les bou-

(1) Nous ne croyons pas que, depuis le temps où M. Overmeer-Fischer écrivait ces lignes, les voitures aient beaucoup augmenté de nombre au Japon, mais une amélioration plus importante s'y est introduite; nous voulons parler des voies ferrées qui desservent aujourd'hui un assez grand nombre de localités.

tiques et les marchés regorgent de denrées; dans les villes, des foires considérables attirent, à époques fixes, une grande affluence de peuple.

Les monnaies anciennes étaient de formes et de valeurs diverses; quelques-unes représentaient *Daïkok*, le dieu des richesses, assis sur deux barriques de riz avec un marteau dans sa main droite et un sac dans sa main gauche. On trouve de curieux échantillons de ces pièces dans la collection de Tittsingh, laquelle remonte au vi^e siècle avant notre ère.

Aujourd'hui la plus grosse monnaie d'or japonaise est l'*obang*, qui, « de même que le *talent*, dans l'antiquité grecque et latine, est de trop de valeur et de poids pour avoir plus qu'une existence nominale; chaque pièce est longue de six pouces, large de trois et demi, et ce lingot vaut 500 francs; ensuite vient le *kubang*, pièce plus maniable, qui représente environ 35 francs; puis les *itzibus* de différentes valeurs, en or et en argent, petites pièces ovales et rondes valant de 7 à un franc; au-dessous, enfin, vient la menue monnaie de cuivre et de fer. Tout cela porte l'empreinte du coin de la monnaie : une fleur et des caractères japonais. Il est interdit de céder aux étrangers aucune monnaie du pays, et cette défense est si exactement observée que M. Oliphant, pendant son excursion au Japon, à travers Nangasaki, Simoda et Yeddo, ne put se procurer qu'un seul itzibu.

» La première mission française régla assez facilement ses comptes avec des piastres mexicaines admises au taux de 5 fr. 35 c. l'une, et répondant à 3 itzibus de 1 fr. 78 c.

» D'après les traités, l'or européen est admis pour l'équivalent de son poids en or japonais; mais celui-ci étant beaucoup plus pur et les négociants européens ayant par suite réalisé sur le change des profits illicites, les Japonais se sont justement récriés sur ce manque de bonne foi, et des complications s'en sont suivies, qui plusieurs fois ont failli compromettre à leur origine nos rapports commerciaux. Par bonheur pour l'entente cordiale si gravement menacée, l'esprit ingénieux des Japonais a tourné la difficulté. Les monnaies européennes, aussitôt entrées dans le pays, perdent leur physionomie étrangère : envoyées à la Monnaie, elles en sortent, non sous la forme de pièces nationales, mais sous celle d'une espèce particulière destinée au commerce avec les Européens. Ces pièces, nommées *nichon*, sont de la valeur environ d'un demi-dollar (2 fr. 50). »

III

Les annales japonaises remontent ou plutôt se perdent dans une antiquité fabuleuse, toute remplie de dieux, de demi-dieux, en un mot de personnages mythologiques, sans aucune mesure ou division de temps.

Ces traditions confuses ne s'éclaircissent qu'à partir de l'établissement de la succession héréditaire des *Daïrios* (*Mikados*), ou empereurs ecclésiastiques, c'est-à-dire à l'année 660 avant J.-C.

Pendant la première période de cette ère, période qui s'étend jusqu'en 1585, deux puissantes invasions menacèrent le Japon et furent vaillamment repoussées.

Les détails transmis par la tradition japonaise sur celle des Mandchoux (799), sont évidemment fabuleux; mais la tentative que firent sur ce pays, en 1281, les Mongols sous le Khan Mangou qui avait conquis la Chine quatorze ans auparavant, est racontée avec plus de fidélité, tant par les historiens du Japon que par ceux du Céleste-Empire.

D'après ces deux autorités réunies, les alliés Chinois et Coréens étaient au nombre de 100,000 hommes; les Coréens avaient en outre fourni 900 vaisseaux de guerre. Les Japonais, qui sont naturellement braves, s'apprêtaient à recevoir vaillamment ces forces redoutables, mais sans toutefois se flatter de les tenir longtemps en échec, lorsque, au moment où allait s'effectuer le débarquement, s'éleva un de ces typhons terribles pendant lesquels les vents et les flots semblent n'avoir qu'un but : provoquer toutes les autres forces de la nature pour s'en faire un jeu et les briser. Le grand armement chinois-coréen fut dispersé en un instant et la plupart des vaisseaux périrent corps et bien.

Les Japonais ne manquèrent pas d'attribuer cet événement à la protection de leurs dieux indigènes, qui avaient voulu sauvegarder la race autochtone du pays d'une invasion qui en aurait complètement modifié, sinon détruit les caractères primordiaux.

Nous disons la race autochtone; il est à peu près prouvé, en effet, que les Japonais « sont, comme toutes les nations principales du monde, des *aborigènes,* c'est-à-dire des peuples dont l'origine dépasse la naissance de l'histoire. S'ils sont venus du continent, ils l'ont quitté avant la formation des langues. Ils savent obscurément, qu'outre leur race, il y en avait deux autres dans l'île même de Niphon : les *Mo-sin* ou Kouriliens restés au nord, et une nation de nègres. Peut-être ceux-ci étaient-ils des Haroforas des îles Philippines. Combien d'autres peuplades primitives ont pu, dans ces contrées isolées, s'élever, briller et s'éteindre ignorées du reste de l'univers ! »

En 1143, le mikado ou empereur-pontife, descendant des dieux nationaux, eut la faiblesse de placer à ses côtés un chef militaire nommé
Tycoun ou Shogun. La puissance de ce haut fonctionnaire, consolidée

Chef japonais armé en guerre.

par une succession héréditaire, s'accrut par le prestige de grandes victoires et par les calculs d'un rare esprit d'intrigue.

L'éternelle histoire des monarques affaiblis et résiliant petit à petit
leur autorité aux mains d'un puissant maire du palais suivit ici les phases

diverses que chacun connaît, et elle aboutit au même résultat. En 1585, le shogun enleva au mikado la dernière ombre de pouvoir politique.

Depuis cette révolution, qui commence la seconde période de l'ère japonaise, on peut considérer le gouvernement du Japon comme une monarchie héréditaire, absolue, soutenue par une foule de princes héréditaires aussi et non moins absolus, dont la jalousie mutuelle et les otages qu'ils livrent garantissent la soumission au pouvoir suprême.

Chacun de ces princes dispose des revenus de son fief ou de son gouvernement; ils lui servent à défrayer sa cour, à entretenir une force militaire déterminée, à réparer les routes, à subvenir, en un mot, à toutes les dépenses administratives et civiles de son gouvernement.

Quant au mikado, il vit isolé dans son palais de Miako, avec une douzaine de femmes (1) et un nombre considérable de serviteurs. De loin en loin, il reçoit la visite et les hommages du shogun, lequel a sa résidence à Yeddo (2).

Les princes ou *daïrios*, qui ont été autrefois beaucoup plus puissants qu'ils ne le sont aujourd'hui, offrent une singulière analogie avec les grands vassaux de notre moyen âge. « Il y eut primitivement au Japon soixante-huit principautés, et plus d'un prince put rivaliser avec le shogun en force et en richesse; mais ceux-ci ayant saisi toutes les occasions d'augmenter le nombre de leurs feudataires et de diminuer en même temps leur puissance, peu à peu le chiffre des princes s'est élevé à trois cent soixante.

» Outre les principautés, il y a encore au Japon trois cents divisions territoriales moins importantes, en sorte que l'empire embrasse une totalité de près de sept cents fiefs.

» On ne connaît pas au juste la nature des obligations réciproques du gouvernement avec ses vassaux. Certains princes, tels que ceux de Stasuma, de Fisen, de Tskiusen sont tellement riches et puissants, qu'ils ne permettent peut-être pas au Conseil d'Etat lui-même de se mêler de leurs affaires; mais ce n'est pas la condition générale, et la plupart sont contraints de subir la surintendance de deux secrétaires du gouvernement, qui surveillent alternativement l'administration de leur territoire. »

Si du souverain et des princes nous passons au reste de la population, nous ne voyons que des hommes libres — le nom même d'esclave est inconnu, — divisés en plusieurs classes nettement tranchées.

(1) La loi japonaise proscrit la polygamie; mais à côté de l'unique femme légitime l'usage tolère un certain nombre d'autres femmes ne possédant aucun titre, aucun droit légal, mais participant néanmoins au rang et aux privilèges de l'épouse légitime.

(2) Nous dirons plus loin quand et comment le shogunat a été supprimé.

Les nobles de première classe portent le nom de *kami*, lequel, d'après les voyageurs récents, n'a guère plus de valeur au Japon que celui de lord en Angleterre. On appelle *saïmios* les nobles de seconde classe. Viennent ensuite les prêtres, puis la classe des soldats et des fonctionnaires ayant droit à porter les deux épées. Les classes inférieures sont formées par les industriels, les marchands, les paysans et, enfin, tout en bas de cette hiérarchie, se trouvent les hommes qui ont le malheur d'exercer des métiers réputés méprisables, tels par exemple les tanneurs.

Ce que nous venons de dire des fonctionnaires *ayant droit à porter deux épées* constitue un trait caractéristique des mœurs japonaises et demande que nous nous y arrêtions. Tout fonctionnaire, même les membres du Conseil d'Etat, choisis parmi les princes du plus haut rang, sont tenus de se donner eux-mêmes la mort, aussitôt qu'à la suite de certaines circonstances déterminées par la loi, ou même simplement par l'usage, ils y sont conviés par l'autorité supérieure.

Ce suicide légal, que réprouvent à la fois nos principes religieux et nos mœurs sociales, est considéré ici comme un privilège accordé à la dignité d'homme libre que revendique avec orgueil chaque habitant du Japon ; aussi bien le mépris de la vie est-il une qualité commune à tous. Leur bravoure à la guerre, bravoure qui ne recule devant aucun péril, et la sévérité de leurs lois pénales qui, dans la plupart des cas, comporte la peine capitale, se réunissent pour le familiariser avec l'idée de la mort. Aussi les Européens ont-ils appris jadis avec un étonnement qui subsiste encore, que ces hommes, sur un simple ordre, à la suite d'une querelle, dans le regret d'une faute, ou pour éviter une disgrâce, n'hésitent pas à s'ouvrir le ventre. C'est afin d'être toujours prêt à remplir cette funèbre besogne que tout Japonais, attaché à des fonctions publiques, porte à son côté deux sabres, dont l'un n'est employé qu'à ce sanglant sacrifice et s'appelle *hari-kiri*. Cette arme tranchante, de l'acier le plus fin et longue environ de 25 centimètres, ainsi toujours placée sous la main du Japonais, ne lui permet pas d'oublier un seul instant que le moindre manquement, le moindre oubli de sa part doit le transformer en son propre justicier.

On assure, il est vrai, que les cas de ces sortes de suicides deviennent assez rares et comportent un adoucissement assez marqué pour faire espérer que le *hari-kiri* ne tardera pas à disparaître des usages japonais.

D'après les voyageurs les plus récents, la victime n'aurait plus maintenant qu'à se faire une légère incision sur le ventre ; après quoi, un ami dévoué, convoqué pour la circonstance, se hâte d'abattre d'un coup de sabre la tête de la victime.

Nous avouons pour notre compte que ce rôle de bourreau confié à l'amitié, tout humain qu'il puisse être au point de vue de la souffrance morale et physique abrégée pour le patient, ne nous semblerait guère moins barbare que le suicide lui-même, si nous n'y voyions une sorte de transition entre l'éventrement ancien et le moment où, plus soucieux de la vie humaine, le gouvernement japonais, non seulement rapportera cette loi sanglante, mais réagira de tout son pouvoir contre toute espèce de suicide.

Ce sera, pour le pays, un grand pas de fait vers la véritable civilisation.

IV

Les Japonais se partagent entre deux religions qui vivent l'une à côté de l'autre en parfaite harmonie : celle de *Synsin*, qui est le culte primitif, le culte des ancêtres et dont les sectateurs s'appellent *sintos*, et celle de Bouddha.

Le synsin place, à côté de l'Être suprême, qu'il admet comme créateur souverain de toutes choses, mais qu'il estime trop supérieur à l'humanité pour recevoir directement ses hommages et s'intéresser à ce qui la concerne, des divinités d'un ordre inférieur dont les principales sont la déesse *Tay-sio-dai-sin* et son frère *Fatsman*, dieu de la guerre.

Nul homme ne peut adresser ses prières à Tay-sio-dai-sin que par l'entremise des divinités protectrices appelées *siou-yo-sin*.

Les sintos croient à l'immortalité de l'âme ; ils admettent des jouissances et des châtiments éternels, et bien que la métempsycose soit tout à fait étrangère à leurs doctrines, ils s'abstiennent cependant de toute nourriture animale et témoignent d'une invincible horreur pour toute effusion de sang.

Ils donnent à leurs prêtres le nom de *sin* ou *kami* et à leurs temples celui de *miga*. Ceux-ci consistent en plusieurs appartements et en galeries formées, selon la coutume du pays, par des coulisses qu'on peut enlever et replacer à volonté. Des nattes en paille sont étendues sur les planchers, et la toiture forme de chaque côté une saillie suffisante pour recouvrir l'espèce d'estrade qui entoure le temple et sert de promenoir aux sintos.

On ne remarque dans ces temples, dont la simplicité contraste singulièrement avec la splendeur des pagodes bouddhistes, aucune figure symbolique de l'Etre invisible et suprême ; mais une quantité d'images de divinités secondaires, exposées dans des petites boîtes, y sont entourées de nombreux *ex-voto*.

Placé au centre de l'édifice, un grand miroir rappelle que si les taches du corps se reflètent fidèlement dans cette surface polie, de même les défauts de l'âme ne peuvent demeurer cachés aux regards pénétrants des immortels. Ceux-ci étant considérés par les Japonais comme des êtres bons et bienveillants, sans cesse occupés à dispenser le bonheur à quiconque les honore, tout ce qui tient à la religion, fêtes, chants, cérémonies porte un caractère particulier de contentement et de gaîté.

Idoles japonaises.

Le bouddhisme, venu au Japon de l'Hindoustan, sa patrie, tout en conservant ses dogmes fondamentaux, y a mêlé un certain nombre de formules et de maximes étrangères qui le rapprochent du synsin.

A côté des deux religions principales dont nous venons de parler, la tolérance japonaise — tolérance qui serait peut-être mieux nommée indifférence religieuse profonde et qui s'étend à toutes les croyances pour ne s'arrêter qu'au christianisme — a laissé se développer une sorte de philosophie appelée *siouto*, importée, paraît-il, de la Chine, et qui offre de singuliers rapports avec les doctrines des épicuriens, bien que ses adhérents posent comme principe fondamental, avec Confucius, que « la vertu est la source la plus pure du plaisir. »

Ces philosophes croient à une toute-puissance créatrice et n'admettent pas de dieux inférieurs. Ils n'ont ni temples ni culte public. Ils se montrent généralement favorables au christianisme, et c'est parmi eux que se recrutèrent, paraît-il, les premiers fidèles. Il en résulta qu'à l'époque des persécutions ils furent particulièrement surveillés. Beaucoup d'entre eux, pour écarter tout soupçon, revinrent au synsin. Leur nombre aujourd'hui est très restreint.

Nous venons de parler de christianisme et de persécutions. Qui ne sait, en effet, que, pendant près d'un siècle, c'est-à-dire de 1549 jusqu'en 1638, il exista au Japon une chrétienté florissante, fondée et dirigée par des missionnaires de l'ordre des Jésuites?

L'évangile avait jeté des racines tellement profondes sur cette terre lointaine, qu'il semblait que rien ne dut pouvoir les en arracher, lorsque se produisit une réaction sanglante et terrible contre la religion de Jésus-Christ. L'esprit d'envahissement des missionnaires, disent les détracteurs des Jésuites; la jalousie commerciale des Hollandais contre les Portugais, assurent quelques historiens; mais plutôt, selon le rapport des missionnaires eux-mêmes, les intrigues des grands de la nation dont la doctrine évangélique condamnait l'ambition et l'immoralité, déchaînèrent contre les chrétiens les plus terribles persécutions. Deux fois l'Eglise naissante fut presque anéantie. En 1590, 20,000 martyrs payèrent de leur vie leur fidélité à la foi; en 1638, on en massacra 37,000 (1).

Depuis cette mémorable époque, le catholicisme fut considéré au Japon comme crime de lèse-nation et à ce titre poursuivi, repoussé avec une haine infatigable. Cette haine s'étendit à tout ce qui venait de l'Europe.

Dès lors, la nation « se replia en quelque sorte sur elle-même, se suffisant, n'empruntant et n'échangeant avec personne les éléments de sa vie et de son bien-être. Elle a poursuivi ainsi ses destinées, en dehors de toute action étrangère, sans que la prospérité publique semble avoir souffert de cet isolement deux fois séculaire et dont elle n'est sortie que sous la pression des forces américaines, anglaises et françaises. »

V

Tous les étrangers qui ont visité le Japon sont d'accord pour reconnaître l'intelligence et le bon goût avec lesquels ont été choisis les sites

(1) Voir *Les Fleurs des martyrs au dix-neuvième siècle*. 2 vol. in-8° ; même librairie.

où s'élèvent les villes et même les plus simples villages de ce pays ; la situation de Yeddo, au fond de la baie à laquelle elle a donné son nom et sur les bords du Togadawa, au point où ce fleuve débouche dans la mer, suffirait à justifier cette opinion.

Cette ville, véritable capitale asiatique, telle que l'imagination nourrie des merveilles de l'Orient aime à se les représenter, compte 2,000,000 d'habitants. Elle est fameuse par son luxe, par l'activité de son commerce, par ses temples et par son palais impérial.

« L'archipel japonais compte un très grand nombre de villes riches et florissantes ; les cités de 100,000 âmes, dit-on, n'y sont pas rares, mais il en est deux surtout qui partagent avec Yeddo l'admiration publique : ce sont Osaka et Miako. On les a rapprochées des plus grandes cités de l'Europe : la première, à cause de la grande puissance de son mouvement commercial, est comparée à Londres ; la seconde, riche en théâtres, en palais, en institutions littéraires, est le Paris du Japon, et la troisième, où résidait le mikado, souverain spirituel, en est la Rome. »

Mais revenons à Yeddo. Cinq forts, bâtis sur des îlots de la baie, en protègent les abords. Ces fortifications, déjà anciennes, ont été complétées, en ces derniers temps, par des batteries élevées de distance en distance le long de la côte, entre Yeddo et Kamayawa, sa succursale.

Les rues de la capitale japonaise sont larges, droites et entretenues dans un parfait état de propreté, mais sans prétentions architecturales.

« De distance en distance, les rues sont coupées par des barrières qui, dans les cas d'alarme, aussi bien que pendant les grandes fêtes, permettent de contenir la foule, de régler ses mouvements et d'éviter ainsi tous les accidents que peuvent occasionner dans ce genre les grandes agglomérations de population (1). Nous devons, à cette occasion, rendre hommage à l'organisation de la police dans les villes de tout ordre et jusque dans les campagnes du Japon. Il n'est pas d'Etat civilisé, en Europe, qui ne pût faire quelques utiles emprunts à cette organisation.

» Divers modes de locomotion sont en usage pour parcourir la ville. Les gens riches montent des chevaux, en général petits et vifs, dont on enveloppe la queue dans des espèces de sacs tombant jusqu'à terre, et qui, au lieu de ferrement, ont des brodequins de paille qu'il faut souvent renouveler. On se fait souvent aussi transporter dans une espèce

---

(1) Lorsque les ambassades européennes, par exemple, parcourent les rues d'Yeddo, la population a coutume de sortir en foule de ses demeures pour s'attacher à leurs pas. Cette affluence, bien qu'elle se produise sans cris, sans manifestations malveillantes, ne laisserait pas de devenir gênante si, arrivés aux extrémités des rues, les agents chargés d'escorter les étrangers, en fermant les barrières, n'arrêtaient la foule qui a suivi jusque-là pour permettre à une foule nouvelle de se former derrière les visiteurs.

de palanquin particulière au Japon, et que l'on appelle *noriman.* Ces véhicules diffèrent des palanquins ordinaires, qui sont oblongs, par une forme carrée qui les rend fort incommodes aux Européens, parce qu'il est impossible de s'y tenir autrement qu'avec les jambes croisées à l'orientale.

» Les gens appartenant aux classes inférieures n'ont pas le droit, paraît-il, de monter à cheval ou de se servir de norimans. Quand ils ne veulent pas aller à pied, ils se font porter par deux hommes, dans une espèce de cage des plus incommodes, qui les force de se tenir accroupis, les genoux relevés jusque sous le menton. Les charrettes traînées par des bêtes de somme sont fort rares. En revanche de nombreux chiens sans maîtres errent librement à travers les rues. Ces animaux, sortes d'épagneuls *king-Charles,* jouissent, ainsi que nous l'avons dit, de privilèges particuliers. On ne les maltraite jamais, on les nourrit à frais communs, et, s'il faut en croire M. Oliphant, ils ont des gardiens spéciaux pour veiller à leur sûreté, et des hôpitaux pour les recevoir en cas de maladie. Les Français qui ont tant ri, il y a quelques années, de certain legs fait par une âme compatissante pour la création à Paris d'un établissement semblable, ne se doutaient peut-être pas que ce bienfaiteur de la race canine avait été devancé depuis des siècles dans sa sollicitude pour l'*ami de l'homme.*

» Yeddo est plus avancé, sous le rapport de l'éclairage public, que ne l'étaient, au commencement de ce siècle, c'est-à-dire avant l'application du gaz de houille à l'éclairage, les plus grandes et luxueuses cités de l'Europe. Chaque soir, de petites lanternes peintes aux dessins bizarres, aux couleurs éclatantes, sont disposées en grappes au-dessus des boutiques et à la façade des maisons, ou se balancent à des cordes suspendues à travers les rues. La ville jouit ainsi de l'agréable coup d'œil d'une illumination perpétuelle.

» Des promeneurs se font en outre escorter par des hommes portant de ces lanternes suspendues à l'extrémité d'une perche. L'effet de toutes ces lumières est fort original et donne à l'ensemble de la ville, surtout dans les quartiers commerçants, une animation et une vie auxquelles contribue le mouvement d'une population active et gaie, se pressant dans les élégantes et nombreuses boutiques, se dirigeant vers les lieux de plaisir fort nombreux, se délassant des soucis et des fatigues de la journée en dégustant le café et le thé sous les vérandas des établissements destinés à cet usage.

» Le quartier aristocratique, celui où demeurent les princes, a un aspect plus froid et plus sérieux. Il se compose de rues élégantes mais tristes, larges d'une trentaine de mètres. De chaque côté coule un

Yeddo.

ruisseau profond, d'un mètre vingt-cinq centimètres à peu près de largeur. Les demeures somptueuses que protègent ces petits fossés sont enfermées par des murailles dont la partie inférieure est faite de gros blocs de pierre brute et de maçonnerie blanchie et ornée de moulures. Au centre s'ouvre une porte peinte en rouge ou en quelque autre couleur voyante, avec un auvent et des ornements de laque. Ces palais n'ont d'ailleurs de remarquable que leur vaste étendue.

» Le château impérial forme à lui seul comme une ville dans la capitale, à l'extrémité du grand quartier. Il est situé sur une terrasse qui domine Yeddo, et d'où la vue s'étend sur un vaste et magnifique horizon. Une rivière artificielle, large de plus de cinquante mètres, l'entoure, et un mur énorme de blocs de pierre de dimensions presque cyclopéennes, surmonté lui-même d'une palissade en bois, au-dessus de laquelle des cèdres gigantesques projettent leur sombre feuillage, lui forme une seconde et imposante ceinture. Le circuit de cette enceinte a, dit-on, 8,000 mètres de développement. Il abrite quarante mille personnes et renferme des palais, d'immenses jardins et d'agréables demeures champêtres.

» Le temple Quanon a la réputation d'être une des merveilles de Yeddo. A ses abords et dans ses jardins se tient en permanence une foire où d'innombrables petites boutiques, fréquentées par une foule qui ne tarit pas, offrent à leurs visiteurs des laques, des ornements, des figurines, des jouets ingénieux. et bizarres, des fleurs, des oiseaux, des chiens. Il y a des théâtres, des exercices d'adresse, des tirs à l'arc, des échoppes à thé et à rafraîchissements, tout cela animé par le bruit continu des flûtes et des tam-tams.

» Le dieu aux cent bras du temple semble être joyeusement fêté ; il est d'origine bouddhique, bien que le temple lui-même n'ait pas les caractères propres à ce culte.

» En effet, les temples bouddhiques, que l'on appelle *yasorâs* ou *migas*, sont généralement élevés en pleine campagne, sur le penchant de montagnes ou de collines auxquelles s'adossent les villes. La porte d'entrée consiste ordinairement en deux monolithes supportant un long bloc. De là, une avenue conduit à un perron au sommet duquel se trouve le sanctuaire de la divinité. De nombreux bosquets offrent aux visiteurs de frais ombrages. »

Disons en passant que le bouddhisme japonais a donné naissance à quelques corporations qui vivent d'aumônes, mais il n'a pas engendré ces myriades de mendiants qui contribuent si grandement à la dégradation des peuples ceylandais, chinois et thibétains.

Si, sortant de Yeddo, nous voulons en visiter les environs, nous nous trouvons en présence des sites les plus variés et les plus magnifiques que la nature ait nulle part groupés sur un même point et que le génie de l'homme ait su approprier mieux à ses besoins et à ses goûts artistiques.

« Au delà des faubourgs de la ville s'étendent dans toutes les directions des champs admirablement cultivés et entrecoupés de bosquets, d'allées de cèdres, de chênes, de platanes; çà et là s'élèvent de gracieuses collines toutes semées de maisons à thé. Le magnolia, avec ses larges fleurs blanches et pourpres, le paulownia aux branches couvertes de bouquets, des pêchers dont les fleurs au printemps égalent le volume de la rose, tous nos arbres fruitiers, des plantes grimpantes, des arbustes en fleurs prêtent leur parfum et leur ombrage à ces maisons de plaisir toujours élevées dans un site d'où la vue embrasse les plus charmantes perspectives. »

A cette description de la célèbre capitale de *l'empire du soleil naissant* nous ajoutons quelques détails recueillis par M. le baron de Hubner pendant le séjour qu'il a fait dans cette ville en 1871 (1).

« Imaginez-vous, dit-il, une plaine onduleuse baignée au sud par les eaux basses d'un vaste golfe, bornée au nord et à l'est par une belle et large rivière, traversée dans son extrémité méridionale, parallèlement à la mer, par une chaîne de bas coteaux. Environ au centre de la plaine, mais un peu plus près de la mer, s'élève un terrain arrondi de trois à quatre milles de circonférence; une autre rangée de collines part de la grande rivière, se dirigeant vers l'ouest.

» Tel est le terrain occupé par la capitale du Japon. La rivière est le Sumidagawa. Le tertre porte l'ancien château des shoguns, devenu depuis deux ans la résidence du mikado. Le coteau boisé, au nord-est du château, est l'*Ueno*, qui contient un temple et les monuments sépulcraux de quelques-uns des anciens maîtres de Yeddo. L'autre colline, au sud, est la célèbre *shiba* avec les magnifiques tombeaux d'autres shoguns.

» Entre les hauteurs, autour du cône bas qui supporte le château impérial, s'étend la ville. Ses limites sont, au nord, le Sumidagawa qui, après avoir fait un coude, se jette dans la mer; à l'est, des terrains accidentés; au sud, le golfe; à l'ouest, de petites vallées couvertes de conifères, de bambous, de rizières, qui se confondent presque avec la ville. A l'est de la rivière est le grand faubourg *Houdjo*. A l'extrémité sud-ouest de la ville s'étend le grand village de *Shinagawa*, qui n'est que la continuation du faubourg de Tomagawa.

(1) En juillet et septembre.

» Yeddo est divisé en quatre parties : le *Djiro*, le *Soto-Djiro*, le *Midzi* et le *Houdjo*.

» Du Djiro, château impérial, on ne voit que les murs. Des arbres trois fois séculaires, plantés par le grand Taiko-Sama (1), dérobent à la vue des profanes les lieux aujourd'hui habités par le fils des dieux. Un gazon toujours frais et vert revêt les flancs du monticule ; un large et profond fossé, couvert en ce moment de colossales fleurs de lotus, en fait le tour. Aucun mortel, excepté les personnes de la cour et les dignitaires de l'Etat, ne pénètre dans cette enceinte sacrée. Les ministres

Marchand de confitures.

étrangers y sont admis aux rares occasions où ils approchent l'empereur.

» Autour du Djiro s'étend le Soto-Djiro. Il contient les yashkis, palais des grands personnages de la cour, des ministres d'Etat et des daïmios qui autrefois, soumis à l'autorité des shoguns, devaient résider à Yeddo pendant un mois de l'année. Depuis la chute de leur maître ils vivent presque tous retirés dans leurs terres. Un large canal, formant un cercle irrégulier, fait la limite de ce quartier. Ce n'est que vers l'est qu'il s'étend jusqu'aux bords du Sumidagawa. Cette partie du Soto-Djiro est traversée par de longues rues et par un grand nombre de ruelles qui

(1) En 1598.

se croisent avec les grandes artères. C'est le quartier du haut commerce, appelé avec raison, par les Ánglais, *la cité*. Par la beauté et l'élégance de ses boutiques, par son animation, par la foule qui s'y presse du matin au soir, il contraste singulièrement avec les blocs rectangulaires des palais aujourd'hui fermés pour la plupart, avec le silence et la solitude du quartier aristocratique.

» Au nord, à l'ouest et au sud du Soto-Djiro, se développe le Midzi, la ville proprement dite. Plusieurs ponts fortement arqués établissent les communications avec le Soto-Djiro. Le plus célèbre est le Niphon-bassi, ou pont du Japon, ainsi appelé parce qu'il donne passage à la grande route impériale qui traverse la grande île de Niphon depuis son extrémité sud, en face de l'île Kinsin, jusqu'à l'extrémité nord, en face de Hakodate, dans l'île de Yesso.

» Ce point est le centre géographique de l'empire. Dans les itinéraires officiels, c'est de là que l'on compte toutes les distances des villes du Japon, et celui où se rattache le triste souvenir du massacre de M. Hensken, secrétaire de la légation des Etats-Unis.

» Le Midzi est un mélange de rues fréquentées et désertes, de jardins potagers, de rizières, de parcs, de temples, dont les plus beaux sont l'Usakusa au nord-est et la Shiba au sud-ouest.

» .... Du côté de Meduro, au nord de Tomagawa, la ville se perd dans les bosquets et dans les rizières. Au sud, sur les bords de la mer, a surgi depuis deux ans le To-Kiji, le quartier des étrangers. Entouré et sillonné par plusieurs canaux, il offre un assez triste aspect. Là se trouvent le *grand hôtel*, pauvre imitation des caravansérails d'Amérique, les maïsons des consuls et d'une quarantaine d'étrangers, enfin un petit restaurant français.

» A peu de distance et au sud-ouest du To-Kiji, est le château de plaisance impérial avec un parc délicieux, baigné par les eaux du golfe dit Hamagoltis.

» Sur la rive gauche du Sumidagawa s'étend le grand faubourg Houdjo; il y a dans le voisinage un grand nombre de maisons de thé et de nata-goga, littéralement maisons de repos, mais en réalité de fort mauvais lieux. Plus loin sont les grands magasins du gouvernement et plusieurs palais de daïmios; un quai borde la rivière. A l'extrémité opposée demeurent les Etas, la race maudite, les parias du Japon.

» Telle est la figure générale de Yeddo. Quant aux éléments dont se compose le tableau si étrange, si complètement nouveau, qui se déroule devant le visiteur, j'en ai compté quatre qui se répètent à l'infini, ce sont le temple, le yashki, les maisons bourgeoises et le magasin incombustible.

» Dans le temple, c'est le caractère bouddhique que l'on rencontre le plus souvent. Yeddo est essentiellement la ville des shoguns. Ce sont eux qui l'ont bâtie et transformée en capitale, et les shoguns ont de tout temps pratiqué et protégé le bouddhisme.

» Les yashkis n'ont du palais que le nom. Ce sont des groupes de maisons entourées de communs à un étage, dépourvues de toute architecture, blanchies à la chaux, et dont les fenêtres sont munies de grilles en bois noir. Ces constructions servent à la fois de mur d'enceinte et d'habitation

Domestique japonaise.

pour les gentilshommes et les domestiques du maître. Toujours basses et, si le terrain le permet, rectangulaires, elles ressemblent à des entrepôts ou à des casernes. Le toit est couvert de briques noires bordées de blanc. Ce sont les deux couleurs du Soto-Djiro.

» La maison bourgeoise montre ici, comme partout au Japon, un toit lourd, posé sur des piliers. Elle est complètement ouverte du côté de la rue et du côté de la cour. Pendant la nuit on la ferme au moyen de panneaux qui se meuvent dans des coulisses. S'il y a des cloisons, elles sont faites de chassis sur lesquels on a collé de petits carreaux de papier blanc. Quand vous vous promenez dans la rue, votre regard se promène dans ces intérieurs. La vie domestique s'y livre aux curieux. On n'a rien à vous cacher : deux ou trois femmes, nues dans cette saison jusqu'à la ceinture, et occupées du ménage ; des hommes complètement nus sauf le *fimdashi* (le pagne), étendus sur le sol et fumant la pipe ; les enfants qui jouent dans la pénombre. Le feu allumé dans un coin ; dans un autre des pénates sur un petit autel, une lampe, des fleurs, de petits morceaux de papier attachés à des baguettes. Sur un cabaret carré de petites tasses ; le thé prêt à être servi du matin au soir. Point de mobilier, mais une belle natte. Le tout d'une extrême propreté.

» Si c'est une boutique, un étage grillé en bois, ou pourvu d'un balcon, sert ordinairement de dépôt.

» Il y a, enfin, le magasin incombustible, sorte de tour basse en bois, mais revêtu de ciment pareil à du stuc et badigeonné en noir. Les fenêtres sont petites et se ferment au moyen de volets en fer massif, c'est le lieu de sauvetage en cas d'incendie ou de typhon. On y place à la hâte, les objets précieux, puis on s'enfuit laissant faire aux vents, au feu, aux convulsions du sol.

» Ce sont ces quatre éléments qui donnent leur physionomie à la ville de Yeddo. Imaginez-vous des temples répandus partout, les yashkis concentrés autour du château, éparpillés dans le Houdjo, et très peu nombreux dans le sud-est de la ville ; figurez-vous de petites maisons toutes semblables entre elles, et, dans le quartier mercantile de Soto-Djiro, flanquées le plus souvent de tours noires ; figurez-vous enfin ces rues remplies d'hommes, de femmes du peuple, car les dames ne se montrent guère, d'enfants, d'un nombre effrayant d'aveugles, de *norimans*, de *kanghos*, de *shin-ri-sha*. Ce dernier n'existe que depuis un an ou deux, et il y en a déjà plus de vingt mille dans Yeddo : c'est un véhicule à deux roues, bien laqué, couvert d'une capote blanche et tiré par un homme. Son inventeur a fait fortune. Le nom veut dire voiture mue par la force d'homme. Le kouli va au petit trot et fait trois à quatre milles à l'heure. Si vous en faites usage et si vous voulez éviter le contact avec cet être utile qui réunit les fonctions de cocher et de cheval, tenez-vous bien droit sur votre séant et retirez à vous vos genoux et vos pieds. Armez-vous aussi contre les petits incidents très fréquents : une roue qui part, le siège qui s'enfonce, la capote qui reste suspendue à une devanture de boutique. Maintenant imaginez-vous des files de ces véhicules remplis de femmes, de bonzes, de chanteurs et de danseuses, ces dernières reconnaissables à l'exagération de leur coiffure, enfin de Japonais et de Japonaises exactement pareils aux images que vous avez maintes

.fois vues peintes sur des éventails, sur des vases, sur des feuilles de papier de riz, et vous pourrez, sans grand effort d'imagination, vous former une idée assez juste de la *grande capitale de l'est*.

» Dans les quartiers riches, où les voleurs sont attirés par l'importance du butin, se multiplient les petits corps de garde et les guichets qui, ouverts pendant la nuit, empêchent la circulation des honnêtes gens, mais ne gênent guère les drôles. N'oublions pas, comme ombre au tableau, les hommes qui portent aux champs l'*engrais animal*. Détournez la tête et marchez vite; vous n'échapperez pourtant pas aux odeurs méphitiques exhalées par les ruisseaux. Mais, à cela près, il n'est aucune grande ville en Asie, et il en est peu en Europe qui, sous le rapport de la propreté, puissent être comparées à Yeddo.

» Elle a aussi un caractère de prospérité et de gaîté qui fait plaisir à voir. Il y a toujours plusieurs quartiers où l'on célèbre la fête de quelque dieu. Des bambous, ornés de fleurs artificielles, sont dressés devant les maisons, des mâts de cocagne devant les temples; les bonzes affluent, les honnêtes bourgeois se tiennent devant leurs boutiques et voient passer le cortège; c'est un excellent prétexte pour ne rien faire ce jour-là; mais le riz ne fait pas défaut, on se contente de peu, et, dans ce vieux Japon, on ne connaît ni richesse, ni dénuement. On tient le milieu. C'est le lot des heureux, et, à moins que les apparences ne soient fort trompeuses, c'est la condition de la majorité des habitants de Yeddo.

» .... Les boutiques où l'on vend des joujoux font surtout mon admiration. On se demande comment il est possible de dépenser tant d'esprit, d'invention, de goût, de savoir pour amuser les enfants, incapables d'apprécier ces petits chefs-d'œuvre. La réponse en est fort simple; c'est que, dans ce pays, tout le monde charme ses loisirs en jouant comme des enfants. J'ai vu trois générations, grand-père, père et fils, occupés à manœuvrer un cerf-volant. Les femmes des classes élevées, me dit-on, qui ne sortent presque jamais, passent des heures entières avec des joujoux. En ce moment (1871) le jeu en vogue est le *Tô-sen-kio*, le jeu de l'éventail. On pose sur la natte une petite boîte de bois léger, et sur cette boîte, une figurine de jonc recouverte de soie et représentant un papillon, *cho*. Les joueurs, ordinairement des dames, accroupis à une certaine distance, visent et lancent, à tour de rôle, leurs éventails dont le manche doit enlever la figurine sans renverser la boîte. Les gains et les pertes se règlent d'après un tableau indiquant les différentes manières d'atteindre le papillon. Ce sont les femmes du mikado, dit-on, qui ont donné de la vogue à ce jeu.

» .... Nous avons visité les deux magasins d'étoffes de soie les plus renommés. On nous a fait monter au premier étage, dans une vaste salle remplie de chalands, parmi lesquels plusieurs femmes de qualité. Tout le monde, hommes et femmes, était assis sur ses talons, derrière une table, haute d'un pied, sur laquelle on étalait la marchandise : des crèpes fins et des étoffes très lourdes, unies ou avec des dessins. Les couleurs sont d'un éclat remarquable; n'étaient les prix trop élevés, on emploierait volontiers ces tissus pour meubles et tentures. Ils donneraient aussi de splendides ornements d'église. Il en est fait des robes de cérémonie pour les deux sexes.

» Au reste, la culture de la soie est en décadence, et c'est l'Europe qui en est cause. Les deux grands centres de production des œufs sont les provinces *Odju* et *Sindju*. Le climat y est particulièrement favorable à la production des œufs qui demandent un air sec, et cette condition, on ne la trouve au Japon que dans les hauts plateaux. Naguère les producteurs de soie des autres provinces de l'empire allaient chercher des œufs dans ces deux provinces; mais depuis que la maladie des vers à soie, dans le midi de l'Europe, amènent tous les ans des graineurs français et italiens, les prix d'Odju et de Sindju ont atteint des chiffres fabuleux. Il s'en suit que le midi et les autres lieux où on se livre à la fabrication de la soie, ont cessé de se pourvoir dans ces provinces, et que, malgré leur qualité fort inférieure, on se contente des œufs de la localité. »

VI

Nous avons fait assister nos lecteurs à un *dîner chinois*, offert par un mandarin aux explorateurs du Me-Kong. Il nous semble intéressant de placer ici, comme pendant à ce curieux tableau d'intérieur, le *dîner japonais*, donné en l'honneur de M. le baron de Hubner, par un des hommes éminents du Japon, Sawa, « un véritable grand seigneur, » qui venait de quitter le ministère des affaires étrangères et dont l'éminent voyageur trace le portrait suivant : « Quoique âgé de cinquante ans seulement, il a l'air d'un vieillard; au Japon on vieillit vite. Sa physionomie est agréable, ouverte, un peu caustique quand il plaisante, mais pleine de cette bonhomie qui vous gagne d'emblée. Lui et son fils, un beau jeune homme, se distinguent par la noblesse du maintien et une politesse exquise. Sawa est un esprit éclairé, aimant les réformes et le progrès, quoique trop sage pour approuver cette course au clocher qui est aujourd'hui le mot d'ordre dans les régions du pouvoir. Grand seigneur de vieille roche, ami et protecteur des belles-lettres, connais-

seur en objets d'art et pratiquant lui-même la peinture, renommé surtout
comme fort versé dans l'histoire et les antiquités de son pays, il est fort
gai, rit de bon cœur » et accueille avec un tact exquis les étrangers
qui visitent Yeddo (1).

Revenons au dîner dont nous avons annoncé la description. Sawa a
distrait ses hôtes en peignant lui-même devant eux quelques charmants
motifs que l'on pourrait presque appeler de petits tableaux de genre, mais
l'obscurité met fin à ces jeux, « car, continue M. de Hubner, je ne puis

Repas japonais.

les désigner autrement, » et Sawa ramène ses hôtes dans la première pièce.

« On s'asseoit autour de la table et le dîner est servi. Des lanternes
accrochées aux lambris et des flambeaux savamment distribués dans le
jardin, de façon à refléter leurs lumières dans l'étang, ajoutent au
charme de cette fête si étrange pour un Européen.

(1) Pendant le séjour même de M. de Hubner au Japon, dans le courant d'août 1871, Sawa fut
relevé de ses fonctions de ministre des affaires étrangères et remplacé par Iwakure Tomomi. De
grande naissance comme Sawa, il avait, depuis 1868, joué un rôle considérable, et il passait, en
1871, pour l'homme le plus capable du gouvernement.

» Nous sommes six, l'amphitryon, un officier du ministère des affaires étrangères, un ami de la maison, M. Adams (1), M. Satow (2) et moi. Le fils de Sawa est souffrant et n'a pu assister au festin. Le repas se composait d'une foule de mets, servis à chaque convive dans une petite coupe de porcelaine mince comme une feuille de papier. Du potage de volaille exquis, des entremets d'œufs qui étonnent nos palais plus qu'ils ne les satisfont, du poisson bouilli, du poisson braisé, du poisson rôti, puis une grande variété d'autres plats dont nous ne pouvons deviner la substance ; le tout assaisonné de sauces de poisson d'un goût délicat et aromatique. On est trop bien élevé pour nous forcer de manger ; mais nos observations louangeuses sur tel ou tel plat, sont accueillies par un plaisir visible, répétées et commentées entre les trois convives japonais. Le vin, le *saki*, fait, je crois, avec du riz, est ce que je sais le moins apprécier. Il est versé dans un petit flacon de porcelaine et servi dans de très petites tasses.

» Nous sommes à table depuis deux heures ; c'est, conformément à l'étiquette, le moment où les convives demandent le riz, c'est-à-dire indiquent poliment leur désir de se lever. Le riz nous est servi sur un plateau carré de laque rouge, avec le fameux *tay*, le poisson le plus délicat que les eaux du Japon produisent, et avec du potage et d'autres ingrédients. C'est le bouquet ; aussi les deux convives indigènes poussent-ils des exclamations de satisfaction.

» Pendant le dîner, dans une pièce adjacente, ouverte dans toute sa longueur du côté de la salle à manger et mystérieusement éclairée par des lanternes de papier blanc, cinq aveugles, assis sur les nattes, exécutent des morceaux de musique. Leurs instruments ressemblent au *zither*, si populaire dans les montagnes de Styrie, et au violon.

» Parfois ils s'accompagnent de la voix. Ce sont des chants un peu monotones, mais pas du tout désagréables. Reliées par des récitatifs, les mêmes phrases reviennent souvent ; on dirait qu'on cherche des mélodies sans pouvoir les trouver. Le grand artiste est l'homme à la flûte, un talent remarquable.

» A un certain moment nous vîmes se glisser dans la chambre et se blottir sur ses talons, en nous tournant un peu le dos, une jeune femme qui ne pouvait être qu'une grande dame. C'était, en effet, la belle-fille de Sawa qu'avec peine, sans doute, on avait déterminée à se donner en spectacle aux barbares. Elle jouait du même instrument qu'un des aveugles. Nous étions tous frappés de la force et de la limpidité de son

(1) Chargé d'affaires d'Angleterre.
(2) Secrétaire-interprète de la légation.

toucher. Elle marquait la mesure et dirigeait évidemment les autres musiciens. Le vieux Sawa était dans l'extase et ne se lassait pas de faire l'éloge de la *maëstria* de sa bru (1).

» Malheureusement nous n'avons pu admirer que son art et non sa beauté ; car, le morceau terminé, elle s'éclipsa sans avoir daigné venir dans la salle à manger, ni se tourner une seule fois vers nous. C'était cependant un charmant spectacle que cette jeune femme gracieusement accroupie en face des aveugles, avec sa robe de soie grise et sa ceinture écarlate, la tête gracieusement inclinée sur son instrument, laissant entrevoir les contours d'une joue bien dessinée et une jolie petite oreille, tandis que ses mains mignonnes et blanches faisaient vibrer les cordes de son luth.

» Après le repas, les pinceaux et les couleurs ayant été apportés de nouveau, le maître de la maison et la femme du samurai firent courir encore leurs mains habiles et complétèrent, par d'autres croquis, la petite collection de dessins dont ils voulurent bien nous faire cadeau.

» Mais il est neuf heures et demie ; dans ce pays, où l'on n'a point appris encore à faire de la nuit le jour, c'est presque une heure indue. Nous prenons donc congé, et après avoir passé par différents couloirs et anti-chambres, qu'éclairent de grosses bougies fixées dans des flambeaux de bronze, nous gagnons la cour où nous attendent la voiture de M. Adams, son *orderby* à cheval, les gardes japonais et les *betos* de la légation. Ce n'est pas qu'il y ait des voleurs à craindre, mais quelques samu-rais (2), échauffés par le saki, pourraient bien, à l'aspect d'Européens, se sentir la vocation d'écharper *un barbare*. Nous nous mettons donc en route avec toutes les précautions voulues. L'*orderby* anglais monte sur un grand cheval et, géant lui-même, suit la voiture. Cinq cavaliers japo-nais forment l'arrière-garde. Un autre tient la tête de la colonne. Toutes les trois ou quatre minutes, il est relevé par un de ses camarades. Ce sont des gentilshommes pointilleux sur l'honneur ; chacun brigue le poste du danger, qui est à la tête et non en arrière, car si nous sommes atta-qués, ce sera de front. Il y a je ne sais quoi de chevaleresque et de moyen âge dans l'atmosphère de ce pays. Des deux côtés de la voiture courent les *betos*, les palefreniers, criant : *hai, hai! gare, gare!* Betós et cavaliers sont munis de lanternes coloriées, de grands globes de papier

---

(1) Au moment où nous transcrivons ces lignes, les journaux annoncent l'arrivée à Paris d'un grand personnage japonais qui amène avec lui sa jeune femme.

M. de Hubner, de son côté, rapporte qu'à une fête donnée par le chargé d'affaires d'Angleterre, six riches et nobles Japonaises consentirent à y paraître. Elles s'y montrèrent gracieuses et aimables et semblèrent s'amuser de bon cœur.

(2) Hommes de guerre.

renfermant une bougie. Presque toutes les maisons sont fermées. Aux issues des différents quartiers, nous apercevons des hommes armés assis sous les portes des corps de garde. Partout ailleurs les ténèbres..... »

VII

Miaco, la seconde ville de l'empire, dont elle était autrefois la capitale et qui porte encore le nom de Kio, *résidence,* est située dans les terres à environ 220 kilomètres au sud-ouest de Yeddo.

Miaco est le point central de l'industrie et du commerce japonais et le lieu où on frappe les monnaies impériales et où se sont imprimés de tout temps tous les livres qui se publiaient dans l'empire. Aujourd'hui cependant Yeddo et plusieurs autres villes ont aussi des imprimeries. L'art de l'imprimerie, de même qu'en Chine, ne connaît pas au Japon les procédés en usage chez nous. On ne se sert pas de caractères mobiles, mais bien de planches gravées, et le recto seul du papier reçoit l'impression; le verso reste blanc.

Vers la fin du xviie siècle, la population de Miaco dépassait 400,000 habitants, non compris le personnel de la cour du mikado; personnel fort considérable.

Le mikado, en effet, a toujours été, non seulement le souverain principal — nominativement du moins — de l'empire, mais il en est aussi le grand pontife. A ce double titre il groupe autour de lui une multitude de princes, d'officiers, de fonctionnaires, de prêtres, de docteurs, de savants, ayant chacun avec soi sa famille et sa maison. L'ancien palais impérial de Miaco est soigneusement fermé à tout regard étranger, mais les temples nombreux de la ville sont accessibles à tous les visiteurs. Aussi dès le xvie siècle nous en était-il arrivé des descriptions très détaillées.

Ces descriptions, quelque curieuses qu'elles soient, nous n'entreprendrons pas de les reproduire; nous nous bornerons à dire que ces temples sont au nombre de plus de 6,000, qu'on ne compte pas moins de 52,000 prêtres pour les desservir, et que, parmi les principaux, on cite le temple impérial; cet immense monastère comprend, dans une même enceinte et sous le nom de *Tchouganin,* un ensemble de vingt-huit temples disséminés dans les plus délicieux jardins du Japon.

Le *Fo-Kosi,* construit en marbre blanc et orné dans son intérieur de quatre-vingt-seize colonnes en bois de cèdre, est célèbre par la statue colossale de *Daïbond* ou du grand *Bouddha,* représentant cette divinité assise dans une fleur de lotus, à la manière indienne. Cette statue a, suivant les voyageurs qui l'ont examinée de près, vingt-sept mètres de hauteur, dont vingt-quatre pour la statue et trois pour la fleur de lotus. Avant le tremblement de terre de 1662, où elle fut renversée et brisée par la violence de la secousse, elle était en bronze doré; depuis elle a été remplacée par un travail identique comme formes et dimensions, mais simplement en bois doré.

Près de ce temple se trouve une des plus grosses cloches que l'on connaisse; elle a un peu plus de cinq mètres de hauteur et pèse, assure-t-on, plus d'un million de kilos.

Un troisième temple rivalise, sous beaucoup de rapports, avec les précédents; c'est celui de *Kwanwou* dont la statue de Bouddha surpasse en grandeur celle du Fo-Kosi; les trente-six mains du dieu s'élèvent au-dessus d'un groupe de six statues de héros d'une taille gigantesque. Ce temple est orné en plus d'autres statues, que les Japonais prétendent s'élever au chiffre de 333,333.

Au point de vue pittoresque, Miaco témoigne de l'art avec lequel les Japonais savent faire servir réciproquement les beautés de la nature et le travail de l'homme à l'harmonie générale; ici les faîtes pyramidaux des palais et des temples se marient admirablement avec les collines boisées qui environnent la ville.

YOKOHAMA. Les trois ports que le Japon ouvrit aux étrangers par le traité de 1858 étaient *Kanagava*, *Nagasaki* et *Hakodadé*.

Le premier de ces trois ports était celui qui offrait le plus sûr mouillage et le plus de ressources au point de vue du commerce; aussi les premiers arrivants s'y portèrent-ils de préférence. La ville prit bientôt un caractère d'activité, qui, en alarmant le gouvernement japonais, le porta à assigner aux Européens une résidence moins fréquentée et un peu plus éloignée d'Yeddo.

On combla à cet effet un marais qui s'étendait à deux milles plus au sud, et quelques baraques en bois furent élevées sur cet emplacement. Les Européens ne s'y établirent d'abord que provisoirement, mais reconnaissant bientôt que le mouillage de *Yokohama*, c'était le nom de la nouvelle ville, valait encore mieux que celui de *Kanagava*, et que ce point leur offrait par son isolement des avantages très réels, ils prirent des mesures pour s'y installer définitivement. Peu à peu les marchands indigènes y vinrent à leur tour; la douane japonaise s'y établit, et bientôt la ville naissante offrit tous les caractères d'une colonie déjà florissante, bien qu'à son début.

Ce mouvement ascendant ne devait point s'arrêter; tous les voyageurs s'accordent à présenter aujourd'hui Yokohama comme une des villes les plus remarquables de l'extrême Orient.

Qu'on se figure une élégante cité, se composant de deux quartiers d'une physionomie très distincte : « au nord, la ville indigène aux rues populeuses, bordées de ces légères constructions en bois que les Japonais élèvent en quelques jours ; au sud, la ville européenne avec ses spacieuses habitations entourées de jardins, où l'architecture occidentale se marie au style pittoresque des demeures du pays : un soubassement en pierres de taille ; une *véranda* en bois sculpté faisant le tour de l'édifice et de grands toits en briques noires entremêlées de chaux.

» Un large quai s'étend le long de la mer. De distance en distance sont dressés des mâts de pavillons où les consuls arborent leurs couleurs nationales. Autour de nombreux magasins construits en pierres de taille et à l'épreuve du feu, circulent les *coulies* traînant des charrettes à bras ou portant des ballots sur leurs épaules.

» Les rues sont étroites et peu régulières ; les passants y sont rares ; mais cette population restreinte se compose de gens venus de tous les coins du monde. A la limite des deux quartiers, près de la mer, sont les bâtiments de la douane indigène ; c'est là que les marchandises sont débarquées des jonques qui les apportent des provinces voisines, et qu'on les recharge sur les chalands qui vont les transborder sur des navires de commerce.

» La ville, entourée de canaux et de marais, communique, avec le pied des coteaux où sont les faubourgs, au moyen de ponts défendus par des palissades en bois et par des postes bien armés.

» Dans une des grandes rues, derrière un petit mur surmonté de la croix, on voit au fond d'une petite cour une belle église de modestes dimensions, et devant le porche la statue de la Vierge. A côté est une maison basse, l'humble demeure du délégué apostolique, Mgr Petitjean, et de ses vicaires qui appartiennent tous aux Missions étrangères de Paris. Le zèle apostolique les a conduits sur cette plage lointaine. Les lois du pays, la jalouse vigilance des autorités japonaises, la haine du christianisme qui a survécu à tous les changements survenus dans l'empire, les conseils de prudence suggérés par les envoyés étrangers, ont mis des obstacles jusqu'ici insurmontables à l'exercice de leur ministère. Ce sont des pasteurs sans ouailles, sauf quelques résidents catholiques qui prennent le temps de se rappeler qu'ils sont chrétiens, et des soldats et matelots français ou irlandais qui ne l'oublient jamais !

» Des milliers de chrétiens indigènes, cruellement persécutés en ce moment, demandent vainement les consolations qu'il est refusé à ces bons Pères de leur apporter. On prie, on attend, on se perfectionne dans la connaissance de la langue, des mœurs et de l'histoire du pays ; on se flatte de l'espoir, qui n'est peut-être pas chimérique, que le jour approche où le Japon, ouvert au commerce européen, le sera aussi à la propagation de la Foi (1). »

Pont d'Iwakuni.

Comme tout le sud du Japon, les environs d'Yokohama présentent le plus riant aspect : « qu'on se figure une suite de collines boisées, sépa-

(1) Baron de Hubner; *Promenade autour du monde.* 1871. 2 vol. in-8°, publiés, en 1875, par la librairie Hachette.

rées par des vallons couverts de cultures. De vastes rizières en occupent le fond tandis que des champs de blé s'étagent sur les pentes. L'arbre dominant est une espèce de pin analogue à notre pin maritime; il couronne les hauteurs, et autour de lui croissent les arbres verts, les lauriers, les chênes et d'autres essences au feuillage varié. De coquettes habitations de paysans s'y rencontrent à chaque pas, cachées à demi sous la verdure, parmi les haies vives de camélias et les bouquets de bambous et de palmiers. .

» Selon la coutume des peuples indo-chinois, partout où les Japonais s'établissent, ils élèvent, non loin de leurs propres demeures et presque aussi nombreux que celles-ci, des temples à la divinité. Ces pagodes, toujours élégantes dans leur structure, parfaitement tenues et toujours placées dans un site gracieux, impriment au paysage un caractère tout particulier et, en multipliant sous les pas du promeneur des lieux de repos, elles lui ménagent de véritables surprises au point de vue du pittoresque. Si, en effet, gravissant les marches d'une de ces pagodes en bois, ornées de capricieuses sculptures, et où la statue dorée de la divinité sommeille dans un demi-jour mystérieux, il s'assied sur la véranda du temple, il jouit d'un spectacle admirable.

» Par delà les bois et les collines se montrent d'un côté les eaux bleues de la baie de Yeddo, couvertes de centaines de barques pêchant sous voiles, de l'autre la chaîne des hautes montagnes de l'île Nipon, où se trouvent les deux capitales du pays et qui ondoie à l'horizon comme un nuage. Plus loin encore, le pic neigeux du *Fousi-Yama* (montagne sans pareille) élève à 3,000 mètres son cratère éteint. Toute cette nature, moins vigoureuse que celle des tropiques, a pour l'Européen un charme indicible. C'est la fraîche verdure des plus belles campagnes de la France avec le ciel bleu de la Sicile et la transparence de ses horizons (1).... »

VIII

« Les Japonais sont doués d'une intelligence très vive et possèdent avant tout le sens des affaires. »

Tandis cependant que, grâce « à cette intelligence très vive et à ce sens des affaires » qui les caractérisent particulièrement, le gros de la nation, c'est-à-dire tout ce qui, *dans l'empire du Soleil naissant*, s'occupe de commerce et d'industrie, devenait de plus en plus favorable à la colonie européenne et à sa prospérité, le gouvernement et les grands person-

(1) Alfred Roussin; *Une Station navale au Japon.*

nages de l'empire s'efforçaient de réagir contre la pleine exécution de traités, qui, leur ayant été arrachés par la force, blessaient leur orgueil bien plus encore que leurs antiques préjugés contre toute ingérence étrangère.

Nous devons ici insister sur ce fait, qui n'est peut-être pas suffisamment connu, que les traités n'ont pas ouvert le Japon ; ils ont seulement assuré aux Européens la liberté de résider et de faire le commerce dans les ports que nous avons nommés et dans les grandes villes *Fu* (1), *Yeddo*, *Osaka* et *Miaco*.

« Le reste, c'est-à-dire toute l'étendue du territoire de l'empire, reste hermétiquement fermé... La défense faite aux étrangers est strictement maintenue ; toutefois, sur la demande des envoyés, on accorde la permission de visiter les eaux chaudes de *Miyanôshita* et d'*Atami* et de faire l'ascension du *Fujiyama*. En ce cas des gardiens armés accompagnent le touriste avec mission de veiller à sa sûreté et de le surveiller lui-même. »

Quand on se plaint aux hommes du gouvernement japonais de toutes ces restrictions, ils répondent, avec une apparence au moins de vérité, que ces mesures sont conservées dans l'intérêt même des étrangers. Aussi longtemps en effet que les *samurais* (gens de la classe militaire) seront armés, et les désarmer serait accomplir une révolution, permettre aux Européens de voyager à l'intérieur, ce serait multiplier les meurtres. Si l'on songe que des Européens qui ont été massacrés l'ont été sur le territoire ouvert, il est facile de se rendre compte de ce qu'il adviendrait dans l'intérieur.

Mais revenons au début de notre établissement à Yokohama ; il ne saurait entrer dans le cadre de notre ouvrage de raconter en détail les difficultés de tout genre que nous suscitèrent tantôt le mikado, tantôt le shogun, tantôt les daïmios, les assassinats commis sur divers étrangers, le pillage de la légation anglaise de Yeddo en 1863. Nous nous bornerons à dire que les puissances signataires des traités de 1858 se crurent obligées de recourir à des actes de vigueur qui missent fin à cet incessant mauvais vouloir. Il en résulta des armements et des incidents que personne, en Europe, n'a oubliés et dont les faits d'armes décisifs furent le bombardement de Kayasima par l'amiral anglais Kuper et la brillante expédition navale dirigée, en 1864, contre le prince de Nagato par l'escadre combinée de l'Angleterre, de la France et des Pays-Bas.

---

(1) Les villes du Japon se divisent en trois catégories : les *fus* : il n'y en a que trois : *Kiyato* (*Miako*), *Yeddo*, enfin *Osaka*, « la perle des villes du Japon et le grand *emporium* du commerce intérieur. » Les autres villes sont des *hans*, c'est-à-dire des fiefs de daïmios, ou des *keus*, villes placées directement sous l'autorité du souverain.

La prise des forts de Simonoseki, en dissuadant enfin le Japon de l'idée d'une plus longue résistance, força le mikado de sortir de la situation ambiguë dans laquelle il s'était jusqu'alors retranché vis-à-vis de l'Europe.

Jusque-là, en effet, la situation n'avait jamais été nettement définie, « et les ambassades japonaises, envoyées en Europe en 1862 et en 1864, n'avaient abouti qu'à des atermoiements et à des hésitations. Les traités ne passaient encore au Japon que pour l'œuvre du shogun, et le véritable souverain, le mikado, ne les avait pas sanctionnés. Bien plus, il avait même lancé un jour un décret d'expulsion contre les étrangers. Les princes, dont l'autorité constitue la féodalité japonaise, ne les avaient pas davantage acceptés, et le peuple des campagnes se montrait animé au moins de défiance à l'endroit des Européens.

» La contribution de guerre de 18 millions de francs, exigée du prince de Nagato, modifia soudain cet état de choses.

» Le prince de Nagato avait eu l'imprudence de lutter à la fois contre les étrangers et contre le mikado lui-même dont il avait fait attaquer la capitale. Cet incident, en amenant une communauté d'intérêts entre le mikado, le shogun et les représentants étrangers, tous ennemis à titres divers de l'audacieux daïmio, le mikado se décida à donner sa sanction officielle aux traités. »

D'autre part, les daïmios, ne se souciant pas d'attirer sur eux des rigueurs semblables à celles qui avaient frappé un des plus puissants d'entre eux, modifièrent sensiblement « la méfiance farouche » que jusque-là ils avaient témoignée aux Européens. « Il fut dès lors facile de se convaincre que les grands daïmios se rapprocheraient volontiers des étrangers le jour où ils y verraient leur intérêt. »

La barrière, qui jusque-là avait tenu séparés les Européens et l'aristocratie japonaise, s'étant ainsi à demi rompue, les représentants de l'Europe au Japon purent constater un fait important, à savoir que « l'hostilité contre les puissances occidentales avait été, de la part des chefs de l'aristocratie, un moyen de battre en brèche le pouvoir du shogun. »

Il demeura avéré de plus que le mikado, bien que devenu par la force des choses un souverain théocratique plus directement occupé des affaires religieuses et intérieures du pays que des affaires étrangères et financières, était loin d'avoir perdu le prestige de l'autorité souveraine.

Il y avait eu, il est vrai, du chef de ces princes une sorte de délégation volontaire d'une partie, de la majeure partie peut-être, de l'autorité temporelle, en faveur des shoguns; mais cette délégation, quelque usage, quelque abus même qu'en eussent fait et qu'en fissent encore ces derniers, était loin d'être une abdication : aucun acte ne la sanctionnait, et dans le sens légal de l'organisation gouvernementale du Japon, le mikado était le seul et véritable souverain.

Soldat japonais.

Les shoguns, ainsi que nous l'avons dit, étaient devenus une sorte de maires du palais, « mais le mikado actuel, qui a de l'intelligence et de l'audace dans le caractère, refusa d'accepter le rôle d'un roi fainéant. Il choisit avec habileté le moment opportun pour réduire le shogun à la situation d'un simple daïmio et pour organiser, en face de l'aristocratie japonaise, une autorité incontestable et une puissante centralisation. »

Cet acte de légitime revendication ne semblait pas toutefois de nature à s'opérer par de simples voies légales et moins encore par une de ces révolutions de palais si fréquentes dans les Etats despotiques.

« Le shogunat était alors aux mains de *Stotsbachi* qui avait succédé à Yémoutchi au mois d'août 1866. Hardi et entreprenant, ce prince avait pour but d'établir sa domination absolue sur les grands daïmios et, dans cet espoir, il cherchait à s'attirer les sympathies des puissances maritimes, celles de la France surtout; il abrogeait la loi fondamentale de la constitution japonaise qui interdisait aux indigènes, sous peine de mort, de sortir du territoire de l'empire; il prodiguait aux chefs des légations étrangères des témoignages d'amitié et de confiance; il secondait de tout son pouvoir l'établissement d'une société franco-japonaise, composée de capitalistes des deux nations; il envoyait enfin à Paris, en 1867, son jeune frère, que nous avons vu figurer à côté des princes de l'Europe dans toutes les solennités de notre exposition universelle.

» Pendant que les daïmos, effrayés de ces concessions et plus encore inquiets de ce que le caractère énergique et entreprenant de Stotsbachi réservait de menaces à leur autorité despotique, se liguaient contre lui et se rapprochaient du mikado, celui-ci laissait faire, se réservant d'agir quand le moment lui paraîtrait favorable. »

Le shogun, se voyant abandonné de tous les grands de l'empire, ayant contre lui la partie du peuple qui, irrité par les concessions faites aux étrangers, avait été facilement excité contre l'auteur de ces concessions, et sachant surtout à quoi s'en tenir sur les intentions du mikado à son égard, — le shogun, disons-nous, eut assez de sagesse et de prudence pour ne pas engager une lutte sur l'issue de laquelle son bon sens ne lui permettait pas de se faire illusion : il abdiqua.

Le 3 mai 1868, il quittait son ancienne capitale et se rendait dans la province de Sourounga, « où, cessant d'être shogun pour n'être plus que le chef de la famille Tokoungawa, il a vécu depuis comme un simple daïmio. »

Ce ne fut que plus de six mois après, le 26 novembre 1868, que le mikado, « enfermé dans un palanquin qui le tenait caché à tous les yeux, accompagné des grands daïmios et de sa cour, fit son entrée solennelle à Yeddo, devenue désormais le siège de sa puissance et la seule capitale de l'empire. »

Cette prise de possession n'eut pas lieu cependant sans opposition; une partie des daïmios, qui, pour ébranler l'autorité du shogun, s'étaient groupés autour du mikado, comprenant la faute qu'ils venaient de faire au point de vue de leur intérêt personnel, en remettant dans une main unique la souveraineté jusque-là partagée entre deux princes rivaux, se souleva.

Cette rivalité coïncidant avec l'arrivée dans les eaux du Japon de forces navales européennes considérables, le mikado comprit qu'il ne pouvait continuer plus longtemps sa politique d'atermoiement. Les rebelles ne se cachaient pas de l'espoir qu'ils avaient conçu de gagner les Européens à leur cause; le mikado les prévint : non seulement il confirma de nouveau les traités passés, mais spontanément il ouvrit aux Européens les portes de Yeddo, ainsi que celles d'*Osaka* et de *Niégata*.

En même temps il réduisait un à un les daïmios révoltés. Dès la fin de 1869, tout l'empire était pacifié, et le mikado, « devenu maître absolu de la position, inaugurait avec une vigueur remarquable la politique réformatrice qui n'a cessé depuis de se développer. »

Nous n'entrerons pas dans le détail de ces réformes qui portent sur l'organisation militaire, civile et judiciaire, sur le système financier et jusque sur les pouvoirs attachés à l'autorité du chef de l'Etat; nous insisterons seulement sur le tact remarquable avec lequel le mikado a su rallier à sa personne les daïmios les plus puissants et jusque-là les plus remuants de l'empire.

Pour donner une idée des rapports qui se sont ainsi établis entre le souverain et ses grands feudataires, nous reproduisons une lettre écrite en 1871 au puissant prince de Satzouma, et la réponse de celui-ci :

« Deviens, écrivait l'empereur, deviens le soutien de mon pouvoir; sois
» pour moi ce que sont les ailes d'un oiseau à ses jambes. Viens prêter
» à mon autorité ce qui lui manque. Sois d'accord avec les serviteurs
» qui sont à mon côté, et joins ta force à la leur. Travaille à la gloire
» de mon gouvernement et fais en sorte que je réussisse à accomplir
» jusqu'au bout l'œuvre de la réforme. »

Le daïmio répond :

« C'est en me prosternant que j'ai écouté la parole impériale. Des
» questions d'une pareille importance ne sont-elles pas bien au-dessus
» d'un serviteur tel que moi?... Tous mes vœux les plus sincères sont
» pour le succès de la réforme. »

Ces vœux n'étaient point une stérile formule; puisque, au moment où ils venaient d'être formulés, ils prenaient corps, si l'on peut ainsi parler. En effet, le prince de Satzouma entraînait plusieurs autres daïmios et notamment ceux de Tasa et de Nagato, à fournir chacun, comme lui, trois bataillons de leurs troupes pour former le noyau de l'armée impériale. « Il s'agissait de fondre ces divers détachements sans distinction de classe ou d'origine, de leur donner une tenue et des règlements uniformes, en laissant le choix des officiers au gouvernement du mikado et en appliquant aux nouvelles troupes l'instruction militaire française. Détail bien digne de remarque : nos revers dans la guerre de 1870-1871 n'ont point porté atteinte à la sympathie des Japonais pour notre armée.

Le ministre des affaires étrangères du mikado disait à notre représentant après notre lutte fatale contre l'Allemagne : « Nous connaissons » les malheurs que la guerre a infligés à la France, mais cela n'a changé » en rien notre opinion sur les mérites de l'armée française, qui a » montré tant de bravoure contre des troupes supérieures en nombre. »

» On aurait pu croire que les Japonais, comme tant de courtisans de la fortune et d'adorateurs du succès, n'auraient plus désormais d'admiration que pour la Prusse et que tout dans leur armée se ferait à la mode prussienne. Ce fut précisément le contraire qui arriva. Le mikado nous demanda une mission militaire française et voulut que notre langue fût la langue du commandement de ses troupes. »

Ce sont là des marques de sympathie et de respect, dont une nation a le devoir de se souvenir.

Un pas dans la voie de la civilisation européenne en entraîne nécessairement une foule d'autres. Cette vérité s'est réalisée au Japon : aujourd'hui plusieurs chemins de fer apportent le mouvement et la vie sur ce territoire naguère si hermétiquement fermé à toute innovation; le télégraphe électrique y transmet la pensée avec la rapidité de l'éclair; cinq à six cents Japonais circulent sur tous les points du globe avec un traitement chacun de 5000 francs pour s'instruire, » les uns par la vue, les autres par les études. » Des ingénieurs européens ont élevé à grands frais un arsenal maritime, un hôtel des monnaies et une foule d'établissements d'utilité publique.

Enfin, ce qui est peut-être plus significatif encore, c'est la transformation qu'a reçue l'étiquette, cette puissance réelle, souveraine, dans tout l'extrême Orient. Nous avons dit plus haut de quel mystère pour ainsi dire religieux s'enveloppe depuis des siècles la personne du mikado ! Aujourd'hui ce prince qui, d'après l'antique tradition nationale, est tenu pour « un descendant des dieux, participant de la nature divine de ses ancêtres et à ce titre sans cesse en communication directe avec les régions célestes qui inspirent ses actes; cet être, si élevé au-dessus de tous les autres qu'il ne devait, sous aucun prétexte, être souillé par le regard des mortels, » est accessible, non seulement à ses sujets, mais aux étrangers eux-mêmes.

On le voit dans les rues de Yeddo en calèche découverte, ayant même

parfois auprès de lui quelques grands personnages venus d'Europe pour
le visiter.

Il passe des revues entouré non pas seulement des grands de sa cour,
mais des membres de la mission militaire française.

Il reçoit les ambassadeurs étrangers, leur adresse des questions et
entend leurs réponses sans intermédiaire.

Enfin les étrangers de grande distinction sont officiellement présentés
à l'impératrice.

On le voit, la réforme est en voie de pénétrer dans les mœurs publiques
et privées en même temps que dans l'organisation politique et gouvernementale.

IX

Il ne faudrait pas toutefois juger le Japon avec un optimisme exagéré;
ce serait une grande erreur de croire que l'ancienne intolérance n'ait
laissé aucune trace et que le sentiment de défiance invétérée dans la
population contre toute idée étrangère se soit complètement dissipé.

« Si la nouvelle politique a de nombreux adeptes, elle a aussi des
adversaires acharnés, et c'est surtout en matière religieuse que s'affirment
les vieux préjugés. » Le christianisme continue à rencontrer au Japon
des oppositions cruelles et farouches, et depuis que les relations les plus
amicales existent entre l'Europe et le Japon, depuis que nos résidents
y ont toute liberté de commerce, on a vu se produire des faits d'intolérance et de persécution qui ont justement ému la chrétienté.

Pour remonter à l'origine de ces faits, nous devons revenir à une
époque un peu antérieure à l'abolition du shogunat.

« On découvrit en 1867 que quelques groupes de chrétiens, échappés
à la grande persécution du siècle dernier, s'étaient conservés secrètement
dans l'intérieur du pays où ils s'étaient transmis de génération en génération le dépôt de la foi et des pratiques du culte catholique. Ces chrétiens
naturellement cherchèrent à se mettre en rapport avec les missionnaires,
vinrent les visiter dans les villes où ils résidaient et renouveler leur
adhésion religieuse. Les autorités japonaises s'en émurent; des mesures
sévères furent édictées contre eux, et le gouvernement du mikado publia
un décret pour défendre l'exercice de la religion chrétienne, qualifiée
d'abominable.

» M. Léon Roches, qui représentait alors la France au Japon, releva
énergiquement les termes insultants de ce décret, qui attaquait, dans
leurs croyances, toutes les puissances chrétiennes en relation avec le

mikado, et il fut soutenu dans cette protestation par plusieurs de ses collègues. Il s'efforçait notamment de faire sentir aux ministres du mikado combien il serait impolitique en toute circonstance et particulièrement dans les débuts d'une administration nouvelle, d'indisposer les puissances étrangères; il présentait en outre des observations purement amicales en faveur des chrétiens persécutés, qui faisaient appel à la modération du gouvernement japonais. Il y a lieu d'ailleurs de constater que nos missionnaires, au lieu de s'abandonner aux élans de leur zèle, se tracèrent une ligne de conduite prudente. Ils n'ont jamais réclamé et ils ne réclament encore rien au delà de ce qui a été stipulé pour eux par les traités et de ce qui leur est justement dû, *car si le commerce européen pénètre aujourd'hui dans les vastes marchés de l'extrême Orient, ce sont eux qui depuis longtemps lui ont frayé la voie.* »

« Les démarches, commencées par M. Léon Roches, furent énergiquement continuées en 1868 et en 1869 par son successeur, M. Outrey. Le gouvernement du mikado fit d'abord des promesses et parut se montrer favorable aux idées de tolérance et d'humanité qu'on s'efforçait de lui suggérer. Dans les premiers jours de 1869, le premier ministre écrivait au représentant de la France que l'on ne maintiendrait pas contre les chrétiens des lois cruelles et que l'on aurait recours à des mesures plus humaines. »

Et comme pour corroborer cette déclaration, un certain nombre de chrétiens, retenus prisonniers dans les îles Goto, furent mis en liberté, et les poursuites exercées contre les chrétiens d'Ourakami cessèrent. La question demeura ainsi relativement calme jusqu'au mois de septembre 1869, époque à laquelle un bâtiment de guerre anglais ayant fait une courte apparition dans les îles Goto, le gouvernement japonais, prenant sans doute ombrage de cette démarche, ne trouva pas de meilleur moyen de protestation que d'en rendre les chrétiens responsables; une centaine d'entre ceux-ci furent arrêtés.

Nouvelles représentations de M. Outrey et de ses collègues, auxquelles, le 1er janvier 1870, les ministres du mikado répondent que, en effet, la situation dans les îles Goto, où plusieurs milliers d'individus avaient embrassé la religion chrétienne, a nécessité l'emploi de mesures sévères. « Les uns, ajoutait la note japonaise, ont, sur les observations qui leur ont été faites, renoncé à cette croyance; d'autres ont dû être incarcérés; quelques-uns enfin se sont enfuis de prison, et ceux de ces derniers qui ont pu être repris ont été incarcérés derechef et traités avec un surcroît de rigueur.... Tel est l'état exact des choses. »

Quelques jours plus tard, une nouvelle note, beaucoup plus explicite,

Vase japonais,

était adressée aux représentants des puissances occidentales. On les préve-
nait que « le décret de juin 1868 contre la religion chrétienne,
décret dont l'exécution avait été suspendue à cause de l'état de trouble
du pays, allait être exécuté dans toute sa rigueur; en conséquence de
quoi les chrétiens d'Ourakami seraient prochainement répartis entre certains daïmios pour être employés par eux à des travaux publics. »

Tous les représentants des puissances protestèrent spontanément et
isolément contre cette décision et, presque en même temps, ils s'unirent
pour demander au gouvernement du mikado l'envoi d'ordres immédiats
pour suspendre les mesures édictées.

Des explications verbales suivirent l'envoi de cette espèce d'ultimatum.
Le premier ministre japonais et plusieurs hauts personnages de l'empire
s'efforçaient de déplacer la question : ce n'était pas, à les entendre, à la
religion chrétienne qu'on en voulait, mais à la personne de quelques-uns
de ceux qui en avaient embrassé les doctrines, non par conviction, mais
dans le but de susciter des difficultés au gouvernement du mikado.

Ces explications étaient données avec toute l'habileté et l'apparente
franchise de la diplomatie orientale; il ne fut pas difficile toutefois de
comprendre que « les accusations de querelles, d'insubordination, de
trahison même formulées contre les chrétiens d'Ourakami, n'étaient que
des prétextes; on les déportait uniquement parce qu'ils étaient chrétiens
et qu'on voulait les éloigner du voisinage des Européens. »

Déjà cependant les décrets de déportation avaient été exécutés en
partie et malgré les instances des représentants des puissances et les
promesses évasives du premier ministre et de ses collègues; aucune
mesure ne fut prise pour en suspendre l'exécution.

La persécution, au contraire, prit un caractère plus grave que jamais,
bien qu'elle fût d'autant moins justifiable que, d'après des rapports authen-
tiques provoqués par l'enquête faite à la demande de nos agents consu-
laires, « les chrétiens, s'ils refusaient de se soumettre aux exigences des
bonzes en ce qui touchait aux pratiques et exercices religieux, n'en
étaient pas moins très exacts à remplir tous les devoirs envers l'autorité. »
Leurs impôts étaient payés très régulièrement et ils résistaient si peu
à la police qu'à la première injonction ils étaient venus se livrer eux-
mêmes aux autorités de Nagasaki pour être déportés. Quant aux querelles
avec les habitants, les seuls faits articulés par les ministres japonais
étaient tout à fait insignifiants et n'avaient même pas donné lieu à des
poursuites.

« Depuis les premières persécutions de 1867, les missionnaires avaient
cessé de dire l'office dans les maisons japonaises ou de s'y livrer à la

prédication, et, ces deux chefs écartés, on ne voyait pas sur quel article des traités le gouvernement japonais pouvait s'appuyer pour exiger l'interdiction de tout rapport entre les missionnaires et les chrétiens, dans les limites des ports et territoires dont l'accès est permis aux étrangers. »

Une nouvelle conférence entre les représentants européens et les ministres japonais eut lieu à Yokohama dans les premiers jours de février 1870. Les premiers, après avoir renouvelé leurs protestations, s'engagèrent, au nom des missionnaires, à ce qu'il ne serait fait aucune propagande religieuse hors des ports ouverts aux étrangers, à condition toutefois « que le gouvernement japonais réintégrerait sans retard dans leurs foyers les chrétiens qui en avaient été arrachés. » Cette condition ne fut pas acceptée. Le gouvernement japonais déclara, après quelques jours de réflexion, que « le retour des chrétiens à Ourakami aurait les plus graves inconvénients et qu'en conséquence il était résolu à ne se relâcher de sa rigueur que pour *ceux des déportés qui donneraient des preuves de leur bonne conduite.* »

Il n'y avait pas à s'y méprendre, le mot bonne conduite ne signifiait pas ici autre chose qu'apostasie !

Il n'était pas moins évident que ces persécutions se rattachaient au système d'hostilité générale dont les étrangers ont été si longtemps victimes dans l'empire du soleil naissant. C'était une concession que la politique du gouvernement japonais faisait aux bonzes et à leurs nombreux partisans : il leur sacrifiait les chrétiens indigènes dans le but de se faire pardonner l'introduction dans l'empire des chrétiens d'Europe !

On trouve à chaque pas dans la pratique aussi bien que dans l'histoire des Etats de l'extrême Orient, des exemples de ce système de compensation !

Toutefois et bien que les efforts faits en faveur des chrétiens par nos agents diplomatiques n'aient pas été immédiatement couronnés de succès, ils n'en ont pas moins porté leurs fruits.

Dès le milieu de mars 1873, on pouvait constater que soixante-dix chefs de famille déportés de Nagasaki en qualité de chrétiens y avaient été réintégrés. « Une dépêche télégraphique du chargé de France au Japon, annonçait vers cette époque que les chrétiens d'Ourakami, arrachés à leur demeure en février 1870 et condamnés aux mines malgré les démarches des ministres de toutes les puissances, venaient d'être mis en liberté. Il résulte de la même dépêche expédiée de Yokohama, le 24 février 1873, que le gouvernement japonais venait d'abroger les édits contre la religion chrétienne. »

Dix ans se sont écoulés depuis cette heureuse pacification et pendant ces dix ans la situation a continué à s'améliorer.

Depuis l'ambassade extraordinaire, qui fut si remarquée à Paris en 1873 et dont les résultats ont exercé une si avantageuse influence, non seulement sur nos relations avec l'empire du soleil naissant, mais sur les progrès de la civilisation dans cet empire, une légation permanente dirigée par un ministre plénipotentiaire a résidé à Paris.

Les diplomates qui font partie de cette mission parlent correctement le français; ils portent les mêmes vêtements que les Européens, et on les a vus s'assimiler aisément tous les usages en vigueur dans le corps diplomatique. Ils se montrent sympathiques à nos usages et à notre caractère national, et il est permis de croire qu'ils sont convaincus « des intentions loyales et des sentiments amicaux d'un peuple qui désire sincèrement la prospérité de leur lointaine patrie. »

Ils ne peuvent, en effet, méconnaître, maintenant qu'ils nous étudient de près, que ce qui nous a guidés vers cette contrée si longtemps mystérieuse, ce n'est point l'esprit de conquête, mais bien la recherche d'un nouveau et vaste champ de travail, sur lequel nous ne prétendons pas établir un antagonisme, mais bien la solidarité entre nos intérêts et les leurs.

Et, en réalité, quel doit être, quel est le but de toute entreprise tentée par l'Europe et en particulier par la France dans l'extrême Orient, si ce n'est de faire retourner à son berceau, fortifiée, enrichie de toutes les découvertes modernes, la civilisation que nos ancêtres ont reçue de l'Asie ?

« En 1875, le commerce extérieur du Japon atteignait à peine 150 millions de francs; il a dépassé 300 millions en 1881. Dans ce dernier chiffre l'Angleterre figure pour 110 millions ; les Etats-Unis pour 75 ; la France pour 57 ; la Chine pour 55 (1).

» Au Japon comme en Chine, ce sont les paquebots des Messageries maritimes qui entretiennent le mouvement du commerce français.

» Bien que l'ensemble des transactions européennes ait doublé depuis 1875, les progrès sont loin d'être en rapports avec les ressources que l'on attribue au Japon. Ici encore on peut compter sur l'avenir, pourvu que les choses suivent leur cours naturel (2). »

Enfin et pour achever de résumer la situation du Japon, il nous suffit

---

(1) Voici quel a été à notre profit, en 1881, le mouvement commercial : *Yokohama*, 211 millions de francs; *Kobé*, 63 millions; *Nangasaki*, 17 millions; *Osaka*, 8 millions et demi; *Hakodate*, 1 million et demi. Tout minimes qu'ils sont, ces chiffres cependant sont significatifs, si l'on tient compte des nombreuses restrictions qui entravent au Japon la liberté du trafic. On est en droit d'espérer que ces restrictions ne tarderont pas à disparaître, le gouvernement de Yeddo étant beaucoup plus libéral que celui de Pékin et semblant mieux disposé à se rapprocher des idées et des pratiques européennes.

(2) M. C. Lavallée.

de constater que ce pays « a construit des chemins de fer, établi des câbles sous-marins, construit des ports, ouvert des expositions de l'industrie, fondé des fermes écoles, des écoles normales, des écoles militaires; il a organisé son armée et sa flotte. L'impôt a été appliqué à toutes les classes de la nation. Les codes ont été refaits. La presse se développe et l'instruction publique s'accroît chaque jour. »

Porcelaines japonaises.

INDO-CHINE

I

La région qui va nous occuper et qui est désignée sous plusieurs noms par les divers géographes, mérite, ce nous semble, plus particulièrement celui qui lui est généralement donné d'*Indo-Chine* (1).

En effet, les peuples qui l'habitent, « tous semblables entre eux par l'extérieur, les mœurs, la religion, le gouvernement, le langage même, tiennent à la fois du Chinois et de l'Hindou. »

L'Indo-Chine comprend l'empire des Birmans, l'Inde orientale anglaise, le royaume de Siam, les États indépendants de Malacca et l'empire d'Annam qui comprend les royaumes de Tonkin, de Cochinchine et d'Annam.

Il n'y a guère qu'une trentaine d'années que cette vaste région, qui, sous la figure d'une double péninsule, s'étend entre le golfe de Bengale et la mer de Chine, a commencé à s'ouvrir devant les investigations des Européens. Jusque-là, on n'en connaissait guère que les côtes, et l'intérieur présentait un champ fertile aux conjectures les plus variées.

On savait seulement, de façon certaine, qu'elle était fermée par trois ou quatre chaînes de montagnes partant du Thibet et courant dans une direction parallèle vers le sud.

On savait encore que, entre ces quatre rangées de montagnes, se trouvent trois longues et superbes vallées principales outre plusieurs d'un rang secondaire, et que cinq grands fleuves arrosent ces vallées.

L'*Iraouaddy*, le plus grand de ces fleuves, paraît prendre sa source dans le Thibet occidental, au pied du mont Damtchouk-Kahab. Son cours est d'environ 2800 kilomètres. Les principales rivières qu'il reçoit sur sa route sont : le *Ma-Kiang* (200 à 250 kilomètres de cours), le *Kiayn-Deayn* ou *Thaulaouddy*, trois fois plus considérable. Sur la rive gauche, il est alimenté par deux autres rivières, le *Lining-Tchouan-Kiang* (800 kilomètres) et le *Myinguya-Myit* (280 kilomètres).

L'Iraouaddy forme, à son embouchure dans le golfe de Martaban, plus de quatorze bras.

(1) L'Indo-Chine est tour à tour désignée, par les géographes et les historiens, sous le nom de *presqu'île au delà du Gange*, d'*Inde extérieure*, d'*Inde orientale*, d'*Inde transgangétique*, de *grande Chersonèse-d'Or*, etc.

« Les bords de ce fleuve, dont l'accès est aujourd'hui ouvert aux Européens, offre au voyageur un spectacle toujours intéressant et nouveau.

» Tantôt on navigue entre des rives désertes, des forêts, des plaines de sable, où l'on ne découvre que des échoppes de marchands, établies de place en place pour l'approvisionnement des navires, et des *zayat* ou maisons de bois, destinées à servir de gîte aux voyageurs; tantôt on voit de côté et d'autre des rochers pittoresques, au-dessus desquels se dresse quelque pagode, et l'on aperçoit des villages entre les collines boisées qui bordent le fleuve.

» Souvent dans un canton où il n'y a pas trace d'habitation, des lions de pierre, placés en sphinx aux deux côtés d'un escalier, avertissent qu'il y a près de là un monastère de bonzes.

» Enfin, on passe devant des villes florissantes ou devant des ruines qui rappellent un passé glorieux. Cette vallée peut être considérée comme le berceau de l'empire Birman. » Nous y reviendrons plus loin.

Le *Zittang* et le *Salouen* ou *Thsanlouen* sont encore des fleuves considérables qui se jettent dans le même golfe de Martaban.

Le Me-Nam, qui coule à l'est du précédent, a plus de 1,200 kilomètres de longueur. Il se jette dans le golfe de Siam.

Le Me-Kang ou Cambodge a plus de 3000 kilomètres.

Le Sang-Koï, enfin, se jette dans le golfe de Tonkin, après avoir arrosé, sur un parcours d'environ 600 kilomètres, le royaume de Tonkin.

Parmi les quatre chaînes de montagnes dont nous avons indiqué l'existence, celle qui sépare l'empire des Birmans du Bengale s'abaisse dans le royaume d'Arakan et se perd en collines avant d'atteindre le cap dit *Pointe* de *Negraïs* ou *Mauleis*.

La seconde chaîne, qui paraît surpasser toutes les autres en élévation comme en longueur, sépare le Pégou et l'Ava du royaume de Siam; elle s'étend ensuite au travers de la presqu'île de Malacca et finit au cap de *Romania*, sur le détroit de Singapour. C'est l'extrémité méridionale de l'Asie.

On ne sait presque rien sur la troisième chaîne; elle paraît séparer le royaume de Siam de ceux du Cambodge et du Laos ; au midi, elle borde le golfe de Siam, et son extrémité, ou le cap Cambodge, sépare ce golfe de la mer de Chine.

La quatrième chaîne est un peu mieux connue. Elle prend naissance dans la province chinoise d'Yun-nan, elle borde à l'ouest le Tonkin et la Cochinchine et les sépare du Laos et du Cambodge. L'élévation et la largeur de cette chaîne la placent au nombre des plus considérables de l'Asie.

A ces faibles notions sur la structure physique de la péninsule Indo-Chinoise, on ne peut joindre que des renseignements non moins incertains sur les autres objets de la géographie physique générale.

Les voyageurs n'ont pu encore observer le climat de l'intérieur que d'une manière rapide, incomplète ; ils y signalent cependant des régions tempérées, telles, par exemple, que le nord de l'empire Birman.

Les côtes éprouvent de fortes chaleurs que modèrent généralement cependant des vents de mer, plus frais et plus humides que dans l'Inde propre.

L'inondation périodique des vallées inférieures par la crue des fleuves est une circonstance commune à toutes les parties de l'Indo-Chine. Mais les différentes époques de ces crues indiquent que les montagnes ou plateaux, où ces rivières prennent leur source, se trouvent à des distances inégales.

C'est l'action réunie de cette humidité et de cette chaleur qui donne à la végétation de l'Indo-Chine un caractère particulier de vigueur et de grandeur.

Les contrastes de fertilité et de stérilité se marquent ici d'une manière extrêmement tranchée. Un soleil brûlant réduit en poussière ou en une croûte dure comme la pierre les terrains où les eaux pluviales ne s'arrêtent pas assez longtemps ni en assez grande quantité.

Mais le long des rivières et sur les flancs des montagnes, une verdure éternelle, un port plus noble, des tiges plus élancées, des ombrages plus étendus distinguent les grands arbres de ces climats, auprès desquels les rois de nos forêts ne paraîtraient que d'humbles vassaux.

Au pied de ces géants du règne végétal, les arbrisseaux et les plantes herbacées présentent, dans leurs fleurs et leurs fruits, les figures les plus variées et les plus singulières, les couleurs les plus vives, la saveur et l'odeur les plus exquises.

Dans les forêts s'élèvent avec magnificence l'arbre à bois d'aigle ou *aloexylum verum*, et celui de sandal blanc qui parfument tous les palais de l'Orient.

L'arbre de teck surpasse ici le meilleur chêne d'Europe pour la durée de son bois dans les constructions navales.

Le bois de fer est très commun ; le véritable ébénier est originaire de la Cochinchine.

Partout on trouve le sycomore, le figuier d'Inde, le bananier qui forme à lui seul un bosquet, grâce à l'abondance de ses larges feuilles. D'autres arbres rivalisent avec ceux-ci en beauté et en élévation: tels sont les *bignoniers*, les *palmiers-éventails*, le *calophyllum* qui s'élance plus haut que le pin, les *nauclées* d'Orient et l'*agalloche* de Cochinchine, dont les feuilles ont le dessous d'une couleur de pourpre clair.

Mais c'est surtout en plantes aromatiques, médicinales et utiles aux arts que la flore de l'Indo-Chine est riche.

Le gingembre et le cardamone se trouvent à l'état sauvage sur le bord des rivières, ou se cultivent en de vastes plantations. Le cannelier croît en abondance sur les deux rives de la péninsule du Malais, et il est quelquefois accompagné du muscadier. Les feuilles du bétel, le fruit du poivre long et du poivre noir sont les épices favorites, auxquelles les habitants ajoutent trois ou quatre espèces du même genre, entre autres les graines du poivre long du Japon.

Parmi les diverses drogues employées en teinture, on cite surtout la *carmentine*, qui donne une belle couleur verte; trois espèces de *veyoc*, toutes propices à teindre en jaune; l'*indigo* et le bois rouge de la *lawsonie épineuse* et du *sapan*. L'écorce de la *rizophora-gymnorhiza* donne une belle couleur rouge. La gomme résine, appelée *sang-dragon*, paraît être le produit de plusieurs espèces de plantes, entre autres, du *draccena ferrea* et du *rotang*, originaires de Cochinchine.

L'industrie réclame encore divers végétaux, parmi lesquels nous remarquerons le *pimelia oleosa* qui donne une huile qui entre dans la composition du vernis de la Chine ; le *sumac* de Java, autre arbre à vernis ; le *croton lacciforum* sur lequel on recueille cette précieuse laque rouge, produit d'une espèce de fourmi qui y place son nid et en élabore la gomme, sa nourriture ordinaire ; enfin, l'*arbre à suif*, dont le fruit donne une huile dense et très blanche avec laquelle on fabrique des chandelles d'une très belle apparence, mais d'une odeur désagréable.

Ces contrées fournissent à la médecine le jalap, la scammonée, l'écorce de nerium antidyssentérique, appelée *codagapola*, celle du laurier-cutilaban, le fruit du strychnos vomique, la cassie, le tamarin, le jus épais de l'aloès, la résine du camphre, l'huile de ricin.

La canne à sucre, le bambou, le nard, trois plantes célèbres de la famille des graminées, se trouvent dans toutes ces contrées : les deux premières dans les marais fertiles, et la dernière sur les collines sèches.

La patate douce, la melongène et la tomate, les melons, les citrouilles, les melons d'eau et une grande quantité d'autres plantes nourrissantes enrichissent les plaines. Ce sont cependant le bananier, le cocotier, le palmier-sagou qui fournissent le plus abondamment aux habitants leur nourriture.

Ils possèdent une grande variété de fruits ; la vigne vient dans les forêts, mais la chaleur excessive et le défaut de culture rendent son fruit très inférieur à celui de l'Europe. Ils ont en compensation l'orange, le limon, le citron, la mangue délicieuse, l'ananas, le *litchi*, le mangoustan, et une multitude d'autres fruits savoureux.

On doit encore mentionner le *phyllodes placentaria*, avec les feuilles duquel on enveloppe les provisions pour leur donner plus de couleur et une saveur plus agréable, et que l'on mêle, ainsi que *l'amomum-galanga*, dans les liqueurs fermentées tirées du riz ou du sucre.

Les animaux les plus remarquables de cette région sont l'éléphant indien, le rhinocéros unicorne, le tigre, le léopard, l'ours, le maïba ou tapir bicolore, l'orang-outang, plusieurs autres espèces de singes; le gibbon aux longs bras, le magot, le pithèque et deux espèces encore mal connues; le grand singe de Malacca, de Forbin, et le singe blanc avec des yeux rouges mentionné par Compagnon. Dans les forêts errent encore le bubale, le cerf, plusieurs espèces d'antilopes, le zibeth, le porc-épic, etc.

La partie de l'empire des Birmans, qui répond, selon certains auteurs, à la *Chersonèse-d'Or* des anciens, est très riche en minéraux; la presqu'île de Malacca en produit aussi beaucoup et surtout de l'étain. Les rivières du Pégou continuent encore à charrier des paillettes d'or, et tout indique que, dans les temps anciens, leurs sables devaient produire une bien plus grande quantité de ce métal précieux. Un fait qui en fait foi est l'usage de dorer les planchers et les dômes des temples, usage qui remonte à la plus haute antiquité, puisque la tour de Choumadou, qui fut bâtie environ cinq cents ans avant l'ère chrétienne, est étincelante de dorure. Le riche aspect de cet édifice a pu à lui tout seul donner naissance à l'appellation classique de *Chersonèse-d'Or*. Toutefois c'est au Tonkin et en Cochinchine que l'or et l'argent abondent le plus.

II

Cette esquisse générale des qualités physiques de l'Indo-Chine nous conduit tout naturellement à nous occuper de ses habitants, des religions qu'ils professent, des langues qu'ils parlent.

A l'exception des Malais qui forment une race particulière principalement répandue dans l'Océanie, les autres nations indo-chinoises, par la taille, le visage carré, le teint jaunâtre, les cheveux raides, les yeux bridés, ressemblent à la race mongole et chinoise. En tirer la conclusion qu'ils ont une origine commune ne serait peut-être pas trop hasardé. Les Chinois se sont de tout temps répandus le long des côtes orientales et méridionales de l'Indo-Chine; ils y ont introduit leur écriture et, en partie, leur langue. Une tradition birmane affirme l'invasion, à une époque reculée, d'une colonie de 700,000 Mongols en état de porter les armes.

Toutefois, et ces traditions mêmes le prouvent, une race antérieure à ces invasions devait habiter la région, race dont on retrouve des traces dans les montagnes de la Cochinchine et du Laos et qui offre une grande analogie avec les nègres de la Cafrerie. On les appelle *Kemoys* ou *Moys*.

A l'exception du malais, qui a un caractère à part, les langues indo-chinoises ont toutes le caractère simple et imparfait des langues monosyllabiques de la Chine; elles se subdivisent actuellement en trois dialectes distincts : la langue birmane parlée dans l'Ava et l'Arakan; la langue siamoise qui domine dans le Siam et le Laos; enfin la langue annamite en usage dans le Tonkin, la Cochinchine et le Cambodge.

La religion de Bouddha, venue de l'Hindoustan, est répandue dans toute l'Indo-Chine, mais avec des modifications de formes qui proviennent probablement de l'influence exercée sur ce culte par les superstitions répandues dans les différents pays avant qu'il y fut introduit.

Les livres religieux du bouddhisme sont écrits dans un dialecte dérivé du sanskrit, dialecte riche, harmonieux, flexible, qui est devenu la langue sacrée, littéraire et scientifique de toute l'Indo-Chine, sauf dans le pays des Malais, d'où le mahométisme l'a exclue, et au Tonkin et en Cochinchine qui ont adopté la langue et la philosophie des Chinois, et où le bouddhisme règne sous une forme peu différente de celle qu'il a prise en Chine. Bouddha y est adoré sous le nom de *Foou*.

Ainsi que nous le verrons en parcourant les diverses parties de l'Indo-Chine, le gouvernement qui domine, ou plutôt qui règne à peu près exclusivement, est la monarchie despotique, et la principale loi nationale a pour objet l'éloignement de toute influence étrangère, non seulement l'influence européenne et chrétienne, mais celle des autres peuples voisins. L'isolement, un isolement aussi absolu que possible, a été jusqu'à ces derniers temps le mot d'ordre dans tout l'extrême Orient.

Telles sont les considérations générales auxquelles les pays et les peuples de la péninsule indo-chinoise peuvent donner lieu. Nous aurons occasion d'en développer quelques-unes en traçant le tableau de chacune des grandes divisions de cette partie du globe : l'empire Birman, le royaume de Siam, le royaume Malais, l'empire d'Annam et le royaume de Cambodge.

EMPIRE BIRMAN

I

« Situé en face de l'Hindoustan, de l'autre côté du golfe de Bengale,
le Birman s'étend sur l'ouest de la presqu'île indo-chinoise, dont le milieu
est formé par le royaume de Siam, tandis que l'est se partage entre
l'Annam et le Cambodge. »

L'empire Birman comprend de riches territoires; il compte huit millions d'habitants, mais il s'en faut que cette population forme une masse
homogène.

Aussi, et selon ce que nous apprend un contemporain qui a résidé
assez longtemps à la cour de Mandalay (1), les Pégouans ou Taleni ont
toujours eu un royaume à part; les habitants de la côte occidentale ou
pays d'Arakan sont une tribu sœur des Birmans qui a également su
garder son individualité entre l'Assam au nord-ouest et le Laos-Birman
au nord-est; les Kyen et les Yowa des montagnes de l'ouest entre Birman
et Arakan, les Schan des montagnes orientales du côté de Siam, les
Kares qui vivent dans les forêts méridionales, sont autant de peuplades
distinctes que caractérisent certaines particularités de religion, de coutumes, de langage.

« Au centre de toutes ces tribus sont les Birmans qui ont constamment
lutté pour maintenir une domination presque toujours contestée, et,
malgré des périodes brillantes, souvent compromise ou même tempo-
rairement anéantie.

» Ils se vantent de descendre des dieux du ciel de Brahma, et c'est
de ce mot qu'ils font dériver leur nom national. Cette prétention se
rattache aux légendes du bouddhisme.

» Les catastrophes abondent dans l'histoire des Birmans; elles s'y
croisent avec les succès, et les guerres qu'ils ont soutenues avec leurs
voisins immédiats et contre les Etats plus puissants de Siam et de Chine,
sont signalées par des revers désastreux autant que par d'éclatants
triomphes. Il y a cent ans, les Pégouans venaient de prendre Ava, la
capitale de Birma : l'indépendance nationale était détruite, mais un soldat de fortune, Alompra, releva le trône, rallia les forces dispersées de
Birma, et Ava fut repris presque aussitôt que perdu. Ensuite, et en
quelques années, les Birmans étendaient leur domination sur tous les pays

____

(1) M. Adolf Bastian, médecin de Brême.

voisins; ils faisaient même la conquête de Siam, et la ville de *Youthia*, qui en était alors la capitale, ne s'est pas relevée de l'état de ruine où ils l'ont mise en 1767.

» Une autre puissance cependant, l'empire anglais de l'Inde, se formait en même temps que l'empire Birman; les deux Etats s'agrandissaient ensemble, devenaient voisins, bientôt ennemis, et, en moins d'un demi-siècle, après deux guerres malheureuses, les Birmans étaient obligés de céder à l'Angleterre trois importantes conquêtes, l'Assam, l'Arakan et le Pégou; le territoire Birman proprement dit avait même été entamé par cette cession.

» Du reste, c'est bien moins la perte de plusieurs provinces que la proximité et la consolidation de la domination britannique qui constitue pour Birma un danger sérieux. Toute la côte maritime et la partie inférieure des cours d'eau sont aujourd'hui au pouvoir des Anglais; cette position seule leur donne une immense supériorité. Qui sait ce qui en résultera! Il suffira de légers dissentiments pour que, de cession en cession, ou, si l'on aime mieux, d'annexion en annexion, le peuple birman passe tout entier sous l'obéissance du gouvernement anglais, et les désordres dont le Birman est trop souvent le théâtre ne sont propres qu'à hâter ce changement. Constamment en proie, en effet, à la guerre civile, ce pays offre toute espèce de prétextes et de facilités à une conquête, d'autant plus justifiable qu'elle paraîtra se faire au nom des intérêts compromis de la population elle-même. »

Telle est la situation de l'Angleterre dans la partie orientale de la presqu'île indo-chinoise. N'y avait-il pas là une indication suffisante pour que la France profitât de l'occasion qui lui était offerte de faire flotter son drapeau et d'établir son influence dans la partie occidentale?

Les limites actuelles de l'empire Birman sont, au nord, d'une part, les possessions anglaises, comprenant le ci-devant royaume d'Assam, d'autre part, l'empire Chinois; à l'est, la Chine méridionale et le royaume de Siam; au sud, le golfe de Martaban et, à l'ouest, la mer ou le golfe de Bengale.

Ce pays, qui s'étend dans la zone torride, paraît devoir à son élévation un climat tempéré. La santé vigoureuse des Birmans atteste la salubrité de l'air qu'ils respirent. Les saisons y sont régulières; on n'y connaît pas l'extrême froid, et les chaleurs qui précèdent la saison pluvieuse sont de courte durée.

Presque toutes les variétés de sol et d'aspect se rencontrent dans cette contrée. Un delta plat et marécageux borde l'embouchure de l'Iraouaddy; derrière des collines douces et des ravins pittoresques s'élèvent de majestueuses montagnes. Le sol très fertile des provinces méridionales donne des récoltes de riz aussi abondantes que celles que l'on admire dans les plus riches parties du Bengale.

Vers le nord, le sol est plus irrégulier et plus montueux; les plaines et les vallées, particulièrement celles que baignent les grands fleuves, produisent de beau blé et les différentes espèces de graminées et de légumes que l'on cultive dans l'Hindoustan. Presque toutes les plantes, presque tous les fruits des tropiques sont produits par cette contrée heureuse.

La civilisation des Birmans est une des plus avancées de l'Asie; leur agriculture notamment est très perfectionnée. A peu près tous les animaux que nous avons montrés errants à l'aventure, ou vivant à l'état domestique dans l'Indo-Chine en général, s'y rencontrent; mais ils y trouvent un destructeur redoutable, le tigre, que l'on ne rencontre sur aucun autre point en aussi grand nombre.

Un autre fait curieux à noter est l'existence en ce pays d'une espèce de fourmi ailée dont la piqûre est très douloureuse et dont en revanche les Birmans se montrent très friands. Vers la saison des pluies, elles envahissent les maisons et y mettent toutes les provisions au pillage; c'est le moment favorable pour leur donner la chasse. On place autour d'une lumière de grands plats à demi pleins d'eau, dans lesquels les fourmis, attirées par la clarté et pressées par la soif, accourent se noyer : on les retire de l'eau, on les prépare en conserves et on en fait des régals réputés exquis.

L'oiseau de proie le plus vorace et le plus redouté au pays des Birmans, celui auquel on donne avec le plus d'acharnement la chasse sans parvenir à en diminuer la quantité, tant est grande sa faculté de reproduction, est une espèce de corneilles dont les déprédations sont inimaginables : elles enlèvent des couvées tout entières de poulets, et si on a négligé de fermer une porte, une fenêtre, elles s'introduisent dans l'intérieur des maisons où elles s'emparent du pain, des fruits destinés aux habitants, sans se laisser intimider par leur présence.

Des mines d'or, d'argent, de fer, de plomb, d'antimoine, d'arsenic, de souffre; des pierres précieuses, notamment des rubis et des saphirs d'une très belle eau, des améthystes, des grenats, de superbes chrysolithes, du jaspe, de l'aimant et de beaux marbres constituent les principales richesses minérales de la Birmanie.

L'empire Birman est partagé en grandes provinces ou vice-royautés dont le nombre varie non seulement à chaque modification dans l'étendue du territoire, mais même selon le caprice du souverain.

II

Bien que les Birmans ne soient séparés des Hindous que par une étroite chaîne de montagnes, une différence marquée existe entre les deux peuples.

Les Birmans, vifs, ouverts, actifs, portés à la colère, ne connaissent ni l'indolence ordinaire des Hindous, ni cette jalousie sombre qui engage la plupart des peuples de l'Orient à renfermer leurs femmes entre les murs d'un harem.

Leurs femmes et leurs filles ne sont point dérobées aux regards des hommes; elles sont même les seuls ouvriers du pays, et le travail est la sauvegarde de leur vertu. La loi, néanmoins, les considère comme d'une espèce inférieure à celle de l'homme : leur témoignage n'est admis en justice qu'en certains cas et avec certaines restrictions.

La langue birmane, composée de pali et de chinois, a des singularités qui lui sont propres : son alphabet renferme beaucoup de lettres qui n'expriment que des nuances du même son. Elle s'écrit de gauche à droite comme celles de l'Europe.

Les livres des Birmans sont exécutés avec plus de netteté que ceux des Hindous, et, dans chaque *kioul* ou monastère, il y a une bibliothèque ou dépôt de livres.... Ils sont quelquefois écrits sur des plaques de fer blanc doré.

L'année des Birmans se divise en douze mois de vingt-neuf et de trente jours, alternativement, plus un treizième mois intercalé tous les trois ans.

Les mois sont subdivisés d'une manière singulière : les jours sont comptés non seulement à partir de la nouvelle lune, mais aussi de la pleine lune, appelée par eux *lune décroissante*.

Passionnés pour la poésie et la musique, sachant presque tous lire et écrire, ils n'ont cependant pas de littérature proprement dite, et sont au fond aussi ignorants que superstitieux.

Le *hini*, instrument de musique tout primitif, formé de plusieurs roseaux artistement joints ensemble mais n'ayant qu'une seule embouchure, et assez semblable à l'antique flûte de Pan, joue un grand rôle dans leurs cérémonies publiques aussi bien que dans les divertissements de leur vie privée.

Ce que nous appelons les arts industriels a acquis chez eux un certain développement; ils excellent surtout dans les ouvrages de dorure. Les voyageurs qui ont pénétré chez eux parlent avec éloges de la manufacture d'idoles de Saisìgaing, où se travaille avec beaucoup de soin un marbre presque transparent.

Ava fait avec la province chinoise d'Yun-nan, un grand commerce d'exportation de coton, d'ambre, d'ivoire, de rubis, de saphirs, de noix, de bétel, et reçoit en retour de la soie écrue et ouvrée, des velours, des feuilles d'or, du papier, des confitures, diverses sortes d'ustensiles.

Les Européens et les Malais fournissent du drap, de la quincaillerie, de la porcelaine, des mousselines communes.

Les Birmans ignorant l'usage de l'argent monnayé, les lingots seuls ont cours dans les transactions commerciales.

Jusqu'au viiie siècle de notre ère, les Birmans avaient pour divinité un grand éléphant blanc dont les soi-disant oracles avaient pour eux force de loi. Aujourd'hui ils pratiquent avec une assez grande exactitude le culte de Bouddha. Leurs prêtres ou *talapoints* jouissent d'une grande considération. Gautama ou Gaudma, philosophe indien, qui, cinq cents ans avant Jésus-Christ, enseignait la doctrine de Bouddha, est considéré par eux comme une espèce de divinité, et ses livres de doctrine leur servent de règle. Ils admettent la transmigration des âmes et sont fermement persuadés que les âmes qui, après leurs diverses transformations, sont trouvées radicalement perverties, sont condamnées à une punition qui n'aura pas de fin, tandis que les âmes vertueuses entreront en possession d'un bonheur éternel.

Les lois qui régissent l'empire Birman sont étroitement unies à la religion.

Le *Derma-sastra* ou code national renferme, en langue pali, les vers sacrés de Menou, éclaircis par les nombreux commentaires des *Munis* ou anciens philosophes.

Ce code respire une morale saine et se distingue, suivant Symes, de tous les autres commentaires hindous par la clarté et le bon sens. Presque toutes les espèces de crimes qu'on peut commettre y sont prévues, un grand nombre de jugements précédemment rendus sont annexés à chaque article.

Les lois pénales d'ailleurs sont, dans leur ensemble, très sévères : l'emprisonnement, l'esclavage, le fouet, sont les châtiments les plus doux ; les condamnations à mort se renouvellent fréquemment et le genre de supplice varie selon le caprice du juge.

Dans quelques localités, les supplices les plus fréquemment employés sont le crucifiement et le plomb fondu versé dans la bouche ; dans d'autres, le condamné, transpercé d'un pieu, est cloué sur les bords de l'Iraouaddy, de manière à ce qu'il soit noyé à la marée montante.

Viennent ensuite la détroncation, l'exposition aux bêtes féroces, le bûcher, en un mot tous les genres de tortures que la cruauté la plus raffinée a pu inventer.

Les prisonniers de guerre subissent des traitements non moins rigoureux, et les soldats anglais qui furent pris pendant la dernière guerre ne furent pas épargnés.

Il est rare cependant que le courage et la fermeté des condamnés ne s'élève pas au niveau de l'atrocité des souffrances; on cite des hommes de tout âge qui sont morts en défiant leurs bourreaux, d'autres qui jusqu'au dernier moment ont conservé leur liberté d'esprit et se sont entretenus de leurs affaires, de leurs amis; on en voit d'autres manger tranquillement des bananes pendant que le bourreau leur déchire les entrailles.

Le stoïcisme en présence de la mort et au sein des tortures, est réputée parmi les Orientaux pour la première des vertus. Cette même vertu se retrouve, on le sait, chez tous les peuples sauvages de l'Amérique.

M. Huot, dans sa continuation de Malte-Brun, donne des détails intéressants sur le culte et les mœurs des Birmans.

« Leurs cérémonies religieuses, dit-il, participent comme leurs dogmes des formules hindoues et chinoises. Les funérailles donnent lieu à des apprêts particuliers. Le soin de brûler les corps est confié aux *Sandalas,* qui remplacent ici les parias de l'Inde.

» A la mort d'un *Poimghi* ou *Rahan* (prêtre), après avoir embaumé le corps, on le met dans un cercueil rempli de miel, et, le jour fixé pour la cérémonie, on prépare le bûcher sur un char que l'on conduit au milieu de la plaine. Les assistants se partagent alors en deux bandes ; l'une cherche à faire reculer, l'autre à faire avancer le corps, et le parti victorieux, maître du champ de bataille, met le feu au cercueil en poussant de grandes acclamations. Ce devoir rempli, le calme et le recueillement le plus profond succèdent aux clameurs bruyantes.

» L'une des fêtes les plus solennelles de l'empire Birman est celle de l'*Eau.* Elle commence toujours au mois d'avril, l'après-midi du jour où le soleil entre dans le signe du Bélier, c'est-à-dire le dernier jour de l'année birmane. Son origine se perd dans la nuit des temps.

» Les femmes ont coutume, ce jour-là, de jeter de l'eau sur tous les hommes qu'elles rencontrent ou qui passent sous les fenêtres de leurs maisons, et les hommes ne manquent pas de leur rendre la pareille.

» Selon la croyance générale, on lave par ce moyen toutes les souillures de l'année qui s'achève.

» Cette guerre se fait au milieu de cris joyeux ou effrayés, d'éclats de

rire interminables; c'est un tohu-bohu général, mais au milieu duquel,
selon le dire de tous les voyageurs, règne autant de décence que de
gaieté. Il est défendu de se servir d'eau qui ne soit très propre; un
homme n'a pas le droit de toucher une femme; il ne peut même l'asperger
le premier, mais il lui est permis de lui jeter autant d'eau qu'il lui plaît
une fois qu'elle l'a attaqué. »

La forme du gouvernement, qui est essentiellement despotique, n'admet
ni emplois ni dignités héréditaires. Toutes les charges, tous les honneurs
dépendent de la couronne. Le *tsaloé* ou chaîne est la marque de la
noblesse, et le nombre des cordes ou des divisions de cette chaîne indique
la supériorité du rang.

Ainsi que nous le disions tout à l'heure, le roi est tout dans l'Etat. C'est
dans sa personne que réside la souveraineté tout entière. Il a pour insigne
le parasol, et le parasol blanc ; nul autre que lui n'en peut porter de cette couleur; celui des princes est doré, les sujets se contentent du parasol rouge.

« Aux abords du palais tous les parasols doivent être fermés et abaissés,
car il n'est pas permis d'entrer avec un parasol dans la résidence royale.
Le parasol du roi est vénéré à l'égal du monarque lui-même, et les
annales birmanes racontent que souvent, en cas d'incertitude sur le droit
de succession, on a consulté le parasol pour la désignation d'un roi
nouveau.

» Ces cas d'incertitude sont fréquents, car il n'y a pas d'ordre de succession bien établi : le droit d'aînesse domine, mais sans qu'on soit tenu
d'observer l'ordre de descendance directe, d'où il suit que le frère du roi
défunt peut avoir plus de droits que le fils de ce même roi. Il en résulte
des compétitions et des usurpations presque continuelles. Le Birman vient
de traverser une de ces crises (1), et la lutte a été d'autant plus prompte à
naître entre les membres de la famille royale qu'il n'existe, à côté de
l'autorité souveraine, aucun pouvoir capable de mettre un frein à ces am-
bitions. L'aristocratie au Birman n'existe qu'en apparence, les titres de
noblesse n'étant entre les mains du monarque qu'un moyen de lever un
impôt fructueux sur la richesse vaniteuse. Quant aux fonctionnaires qui
sont tous à la nomination du roi et révocables à sa volonté, ils ne peuvent
avoir aucune initiative et doivent forcément se ranger du côté de celui
qui leur paraît le mieux disposé pour eux. Les princes royaux eux-mêmes,
ne devant la conservation de leur rang et de leurs privilèges qu'à la faveur
du souverain, n'ont qu'un souci, retarder le plus longtemps possible le
moment où leur descendance, toujours très nombreuse, ira se fondre fata-
lement dans la masse du peuple.

(1) 1865-1866.

» Toutes ces circonstances réunies concourent, on le conçoit aisément, à faire, de la couronne birmane, l'objet de la suprême ambition de quiconque a quelque droit à y prétendre. Une si ardente convoitise s'explique d'elle-même : c'est du roi que tout émane, à lui que tout aboutit, bien qu'il exerce le pouvoir avec le concours de quatre ministres, d'un conseil privé composé de quatre membres et d'un tribunal suprême qui compte quatre juges et quatre assesseurs.

» Depuis ce chef suprême jusqu'au plus petit chef de village, se développe toute une hiérarchie dont le gouverneur de province occupe le milieu.

» Ces gouverneurs de province, au nombre de vingt, ont chacun un conseil formé des inspecteurs des eaux, des impôts et des douanes, et au-dessous d'eux, un lieutenant, les chefs de districts et les magistrats locaux. Chaque maison est tenue de payer une contribution proportionnelle à son importance, et le produit des impôts est centralisé entre les mains du roi, qui remet aux princes la part qui leur en revient.

» La servilité et l'insolence, deux traits de caractère qui s'associent très bien, distinguent ce gouvernement. Quelques exemples en donneront la preuve :

» Un soir, un particulier donnait une représentation qui avait attiré une grande foule. Vient à passer un prince qui sortait d'une orgie et rentrait au palais. Sans dire gare, il pousse son cheval à travers cette multitude, et ses acolytes donnent des coups de bâton à droite et à gauche pour faire faire place à leur maître.... Chacun s'écarte avec empressement, personne ne se plaint, et la chose est estimée toute naturelle. »

Mais que le même personnage qui traite ainsi la foule soit condamné par le roi à recevoir des coups de rotin, toute son arrogance s'évanouira comme par magie, et il ne se montrera guère moins empressé à recevoir les coups de bâton donnés par ordre de son souverain, qu'il l'était tout à l'heure à faire bâtonner les autres. C'est que le bâton est l'argument le plus répandu de tous dans la société birmane, il s'applique du haut au bas de l'échelle sociale : un peu plus ou un peu moins d'apparat dans l'exécution, toute la différence est là. Les princes, les plus hauts dignitaires eux-mêmes sont exposés à cette correction, qu'on pourrait appeler nationale : le roi seul en est exempt de droit.

Il n'est pas difficile de se représenter l'état de misère profonde et de dégradation morale où ne peut manquer de tomber un peuple ainsi gouverné. Il souffre à la fois de l'incurie et de la rigueur de fonctionnaires ainsi traités, et dont tout le système administratif consiste à exploiter au plus vite une situation toujours menacée, c'est-à-dire à exécuter violemment les ordres. supérieurs, à se prêter avec empressement à toutes les exactions, sans s'inquiéter du reste. Aussi le pays est-il en proie à toutes espèces de brigandages.

M. Bastian rapporte « qu'il a vu des villages, des monastères mêmes abandonnés à la suite de spoliations répétées dont ils avaient été victimes.

» Dans plusieurs cantons, les *zayat* sont entourés d'un fossé et d'une palissade, tout y est disposé en un mot pour permettre de repousser une attaque, et M. Bastian rencontra un jour une caravane qui venait de soutenir un siège contre des bandits, dans un de ces *zayat*, pendant deux jours et deux nuits.

» La configuration du sol favorise, il est vrai, le brigandage : il est difficile de saisir les bandits dans les jungles où ils se réfugient. Le gouvernement anglais lui-même n'y parvient pas, et les provinces qui lui sont soumises souffrent de ce fléau. Le vol est provoqué par la misère, et la misère causée en grande partie par les exigences sans cesse renaissantes de l'autorité.

» M. Bastian allait partir d'un village quand arrive un ordre du gouverneur de la province à l'adresse du magistrat; celui-ci ne pouvant en prendre connaissance à cause de la faiblesse de sa vue, M. Bastian fait lire la lettre par son domestique : c'était un ordre de fournir dans un délai fixé une certaine quantité de bois de construction.

» L'infortuné magistrat était au désespoir; il venait d'avoir tout récemment à exécuter un ordre semblable; une coupe commencée avait été interrompue : les arbres étaient engagés dans la vase, le pays abandonné; il n'y avait ni bras, ni moyens de transport. »

Que faire, que devenir? Le voyageur européen ne vit pas la fin de l'aventure; il est probable qu'elle se termina par la ruine totale du malheureux chef.

En quittant le Birman pour passer dans le royaume de Siam, M. Bastian, qui s'était fait conduire à la frontière à dos d'éléphant, dut traiter avec le magistrat du lieu afin d'obtenir de nouvelles bêtes pour continuer sa route. Quand il eut achevé de parlementer, il revint vers ses porteurs qu'il n'avait pas encore payés et qui lui avaient promis de l'attendre. Il ne les trouva plus et fut obligé de remettre leur salaire au chef du poste, dont il obtint la promesse, plus que problématique, de le leur faire tenir.

Les malheureux conducteurs, ayant ouï dire qu'on manquait d'éléphants, s'étaient empressés de prendre la fuite avec les leurs, préférant perdre l'argent qu'ils avaient loyalement et péniblement gagné, plutôt que d'être contraints à fournir une nouvelle étape.

Tous ces abus d'autorité et l'incessante anxiété qu'ils entretiennent dans toutes les classes de la société, expliquent la dépopulation et la terreur auxquelles le pays est en proie : le pouvoir enlève souvent ce que les voleurs ont laissé, et ceux qui n'ont plus rien se livrent au brigandage ; aussi tout étranger est-il un objet de méfiance, de sorte que, pour sa sûreté autant que pour la sécurité des habitants, il est obligé de prendre une escorte à chaque village. Cette escorte est une sorte de laisser-passer ou de passeport vivant ; la difficulté est de se la procurer.

Un jour que M. Bastian quittait une station accompagné d'un bambin pour toute escorte, il le gourmanda de s'être présenté seul :

— Ah! gracieux maître, répliqua l'enfant en pleurant, il n'y a que deux maisons dans notre village ; tout le monde est absent... je suis resté seul.

Ailleurs on ne trouve dans les quatre maisons du village qu'une pauvre vieille femme, et c'est sous sa conduite que les voyageurs vont se mettre en route. M. Bastian commence par rire aux éclats et finit par congédier, en le payant au préalable, le singulier garde du corps qu'on lui a donné ; mais ce n'est pas l'affaire de ses compagnons à qui il faut une escorte quelle qu'elle soit et qui murmurent après lui....

III

Si du gouvernement en général et de l'influence funeste que son organisation exerce sur la population birmane, nous passons à la personne du roi qui occupait le trône lors du séjour de M. Bastian (de 1861 à 1865), nous trouvons un prince fort zélé pour le bouddhisme, un savant dont la jeunesse s'est écoulée tout entière dans les couvents les plus renommés du Birma. « Aussi *Mendim-Min* paraît-il plutôt fait pour le cloître que pour le trône, et est-ce malgré lui qu'il est devenu roi. Son frère aîné régnait, et son plus jeune frère, Tinké-Min, s'était formé un parti en rassemblant des bandits et toute espèce de gens condamnés pour crimes.

» Le roi prononça une sentence de mort contre ce prince rebelle et enveloppa dans la même condamnation son autre frère, tout inoffensif qu'il fût.

» Le plus jeune des deux condamnés engagea vivement son compagnon d'infortune à l'aider à détrôner leur ennemi commun, mais l'indolent disciple des moines était résigné à tout et se montrait plus disposé à mourir qu'à secouer son apathie et à engager la lutte. Enfin, après une scène émouvante, il se laissa entraîner. Tous deux sortent du palais malgré d'extrêmes défenses ; une sentinelle veut les arrêter à la porte.

» — Tu fais bien, lui dit Tinke-Min, car si tu nous laissais passer, ce tyran féroce te tuerait et exterminerait ta famille ; il vaut mieux que tu meures seul et de mes mains.

» Brandissant alors son épée à deux mains, il coupe le malheureux soldat en trois morceaux.

» Une fois dehors, il réunit ses partisans et revient à leur tête assiéger Amarapoura, alors capitale. Le pays était épuisé par la guerre contre les Anglais, la ville n'avait pas de garnison ; elle se rendit.

» Le vainqueur enleva la couronne à son frère aîné et la donna à son second frère, se contentant pour lui-même du titre de prince héritier. Quant au roi détrôné, il dut sans doute aux sentiments de douceur du nouveau souverain de n'être pas mis à mort. Il fut enfermé dans une tour du palais de Mandalay et consacra à des œuvres méritoires, à des constructions de ponts et de couvents, les sommes qui lui furent allouées pour son entretien.

» Ainsi porté au trône par une révolution de palais où il n'avait joué qu'un rôle passif, le nouveau roi met sa plus grande gloire à faire fleurir le bouddhisme. Il a fait construire, de l'autre côté de l'Iraouaddy, une pagode immense qui doit être la plus considérable de tout le Birma.

» Pour favoriser l'observation des cinq préceptes, il a prohibé la vente et même la fabrication de toute liqueur enivrante. Mais il paraît que les Birmans seuls se sont soumis à cette interdiction ; les Chinois qui habitent l'empire s'en sont affranchis, ou parviennent à l'éluder.

» Mais c'est surtout le précepte qui prescrit de ne pas tuer que ce pieux monarque s'applique à faire respecter. La colline de Mandalay possède toute une population de poules protégées par la loi. Pendant un certain temps il y a fait déposer chaque jour une centaine de ces volatiles, rachetées par lui de la mort, et ses sujets, entrant dans les sentiments de leur maître, ne cessent d'y apporter des corbeilles pleines de grains pour la nourriture de ces animaux, qui y prospèrent et pullulent ; l'excédent de leurs œufs fait le régal d'une colonie de chiens qui s'est établie à proximité. Et voilà comment un roi, fidèle disciple de Bouddha, sait travailler au bien de tous les êtres animés.

» Mendim-Min se préoccupe aussi d'inculquer à ses sujets les enseignements les plus élevés du bouddhisme, ou du moins de les leur rappeler et de leur en inspirer l'amour. Il a entrepris dans ce but de faire graver tout l'*Abhidhamma* (composé de sept ouvrages de métaphysique) sur des pierres destinées à être placées comme bornes milliaires le long des grandes routes de l'empire. M. Bastian a vu dans les cours du palais des centaines d'ouvriers occupés, les uns à équarrir des blocs de pierre destinés à servir de pilastres, les autres à y graver des inscriptions qu'on lui dit être le texte de l'*Abhidhamma* (1). »

LES POSSESSIONS ANGLAISES DANS L'INDO-CHINE

L'Angleterre possède dans l'Indo-Chine les royaumes d'*Assam* et d'*Arakan*, et les provinces de *Martaban*, de *Ye*, de *Tavay* et de *Tenasserim* qui lui ont été cédées par les Birmans, d'une partie de la presqu'île de *Malacca* et des îles *Poulo-Penang* et *Singapour*.

L'empire britannique a, en outre, pour tributaires les pays de *Katchar* et de *Kassay* qui payaient tribut aux Birmans, ainsi que le pays de *Djyntiah* et une partie du *Tipera*.

Le pays d'Assam occupe au sud-est du Boutan une grande vallée formée par la prolongation des montagnes du Thibet et de l'Hindoustan; le *Bramapoutre*, qui arrose et fertilise cette vallée, reçoit, dans le seul royaume d'Assam, le tribut de soixante rivières, dont trente-quatre descendent des montagnes du nord et vingt-six de celles du midi.

Pendant la saison des pluies, ce grand nombre de cours d'eau, venant à s'étendre, donne au centre du royaume l'aspect d'un vaste lac. Cette abondance d'eau, jointe à la chaleur du climat, rend l'Assam malsain, surtout pour les Européens; en revanche, elle donne au sol une fécondité qui permet de nourrir une population estimée à plus d'un million d'âmes.

On y cultive le riz, le poivre, le gingembre, le piment, le coton, le tabac, la canne à sucre, l'oranger, le bananier et plusieurs autres arbres à fruits. Les forêts renferment l'arbre à caoutchouc, appelé dans le pays *Borgath*. Cet arbre, qui croît généralement solitaire, atteint des dimensions considérables; on en rencontre assez souvent qui mesurent trente mètres de hauteur et vingt de circonférence. Il aime les lieux secs et croît surtout au pied des montagnes.

Les richesses métalliques de ce pays sont exploitées avantageusement; rien que pour recueillir l'or que charrient les rivières, plus de 12,000 indigènes sont occupés toute l'année.

Le mouvement industriel de l'Assam comprend, en outre du travail des mines et de l'exploitation de la poudre d'or, une fabrication très active d'étoffes de coton et de soie, la récolte du piment et du poivre, et, en

(1) M. Léon Feer; *Revue des Deux-Mondes.*

général, la fabrication de tous les objets et ustensiles nécessaires aux usages journaliers de la vie.

L'ivoire, fourni par les nombreux éléphants qui peuplent les forêts du pays, fournit à l'exportation un de ses éléments principaux.

Les pays avec lesquels les Assamis entretiennent des rapports commerciaux sont le Boutan, le Thibet, l'empire Birman et le Bengale.

L'espoir de voir l'arbre à thé réussir complètement dans le royaume d'Assam prend chaque jour plus de consistance. Déjà des essais relativement considérables ont réussi, et l'empire britannique en tire une quantité qui augmente chaque année.

L'Assam est divisé en trois provinces ; *Djorhat*, capitale du royaume, est une ville assez grande et peuplée, mais mal bâtie.

Ghergong, ancienne résidence royale aujourd'hui déchue, est entourée d'une espèce de fortification en bambous.

Rangpour, entre Ghergong et Djorhat, au milieu d'une île formée par le *Dikho*, est la plus grande et la plus forte ville du royaume.

Un peuple très curieux à étudier habite, au sud de l'Assam et à l'extrémité orientale du Bengale, la province de Garrow ou *Garraon*, d'une étendue de cent cinquante kilomètres de longueur sur soixante-quinze environ de largeur. Cette province, toute hérissée de montagnes, offre un sol très gras et très fertile; elle fournit du riz, du chanvre, de la graine de moutarde, de l'huile, d'excellents pâturages. Les fleuves y sont remplis de tortues et les lacs de poissons.

Les Garraons, vigoureux et bien faits, loin d'être beaux pour quiconque du moins juge de la beauté d'après nos idées européennes, ont le front ridé, les yeux petits, le nez applati, la bouche grande et les lèvres épaisses. Pour tout vêtement, ils portent une ceinture d'étoffe brune à laquelle sont attachés des plaques de cuivre jaune, des morceaux d'ivoire. Leurs *bonneahs* ou chefs portent des turbans en soie.

Ce peuple se nourrit de riz et de chair presque crue; les chiens, les grenouilles, les serpents leur fournissent leurs mets de prédilection, et aucune boisson n'a pour eux la saveur du sang d'un animal qu'on vient de tuer.

Doux, affables et, assure-t-on, doués d'une franchise et d'une témérité qu'on n'est pas accoutumé à rencontrer dans les régions qu'ils habitent, ils aiment passionément la danse, à laquelle les hommes mêlent quelquefois des exercices guerriers. Avant de brûler leurs morts, ils les déposent dans un canot et sacrifient un taureau dont ils leur offrent la tête. Si le mort est un de leurs chefs, ce n'est pas à un taureau mais à un de ses esclaves qu'ils tranchent la tête pour la brûler avec lui.

Les cases qu'ils habitent sont faites en treillis de bambous et recouvertes de nattes. Leur religion paraît se rapprocher du brahmanisme : ils adorent un génie destructeur et rendent des honneurs divins au soleil et à la lune. Ils ajoutent une foi aveugle aux remèdes secrets et aux charmes de leurs sorciers. Presque tous les crimes se rachètent par une amende fixée par le bonneah ; le montant accumulé de ces amendes se dépense à certaines époques en festins qui durent quelquefois plusieurs jours.

Leur chef-lieu paraît être *Kerribary* ou *Karribazy*, gros bourg qui a des maisons de bambous de dix à cinquante mètres de long sur six à douze de large.

Au nord et au nord-est, plusieurs peuplades indépendantes, qui vivent dans les montagnes, formant la ligne de démarcation entre le bassin du Bramapoutre et celui de l'Iraouaddy, séparent sur quelques points les possessions anglaises de l'empire de la Chine.

A l'ouest des monts Garraons s'étend le *Djyntiah* ou *Gentiah*, borné au nord par l'Assam et à l'est par le Bengale. Ce pays est très montagneux, mais les plus hauts sommets de ces montagnes n'excèdent pas 350 mètres de hauteur. Les indigènes, qui se donnent le nom de *Khassya*, sont, croit-on, d'origine tatare. On prétend qu'ils offrent à leurs dieux des sacrifices humains. Ils sont gouvernés par un grand nombre de petits radjahs, tous soumis au radjah principal qui réside à *Djyntiapour* et est tributaire des Anglais.

Le Djyntiah mesure trente-six lieues géographiques sur vingt-neuf dans sa plus grande largeur.

Le *Khatchar* ou l'*Hiroumba*, que le Brahmapoutre sépare au nord de l'Assam, a deux cents kilomètres de longueur sur cent quarante de largeur ; son climat est humide et malsain. Sa population est d'environ 500,000 habitants dont les mœurs se rapprochent de celles des habitants du Djyntiah.

Depuis 1812, le radjah de ce pays a abandonné *Khaspour*, l'ancienne capitale, pour résider à *Doudhpetti*.

Les montagnes de *Tiperah*, qui terminent le Bengale à l'est, nous sont peu connues. On sait cependant que les tigres et les éléphants s'y sont multipliés au point de nuire sérieusement à l'agriculture dans les vallées. Plusieurs populations très distinctes habitent ces régions. La principale est celle des *Koukis*, peuple barbare divisé en un grand nombre de tribus qui se font entre elles une guerre acharnée.

Les Koukis se nourrissent de riz, de chair d'éléphant, de daim et d'autres animaux. Ils attribuent la création du monde à un être suprême qu'ils appellent *Patigan*. Ils regardent comme des divinités non seulement le soleil et la lune, mais ils croient que chaque arbre est animé par une divinité. Ils sèchent leurs morts à petit feu, après les avoir percés d'une lance. La femme qui devient veuve est obligée de passer une année auprès du tombeau de son mari défunt.

Dans leurs guerres, les Koukis, pour surexciter leur courage, s'enivrent de boissons fermentées. Ils ne font pas de prisonniers, mais ils coupent la tête à tout ennemi dont ils peuvent s'emparer. Ces têtes sont mises dans des outres et rapportées en triomphe par les Koukis à leurs femmes.

Le retour, après chaque expédition, est célébré par de grands festins, à la suite desquels les têtes des ennemis, posées sur des piques de bambous, sont portées en grande pompe sur les tombeaux des parents, où elles restent jusqu'à ce que les oiseaux de proie et le temps en aient arraché les derniers vestiges.

Le *Kassay* ou *Kathé*, ancienne province de l'empire Birman, est placé entre le Khatchar au nord-ouest, l'Assam au nord, l'Ava à l'est, le royaume d'Arakan au sud et le Bengale à l'ouest. Ce pays, qui a du nord au sud environ 480 kilomètres et 200 à 220 de l'ouest à l'est, est à peine connu. Tout ce que l'on en sait, c'est qu'il est bien arrosé et fertile, que son territoire nourrit des éléphants et des chevaux très agiles et que le mûrier et les vers à soie y viennent à merveille. Il produit d'excellent riz et du coton de bonne qualité; la principale branche de son industrie consiste dans la fabrication d'armes blanches et de fusils, très estimés dans le Birma.

Sa capitale est *Mounipour* ou *Mounnapourah,* ville fortifiée qui, après avoir été détruite pendant la dernière guerre des Anglais contre les Birmans, n'a pas encore été complètement réédifiée.

L'*Arakan* occupe, entre le Bengale et l'Ava, une magnifique vallée arrosée par quatre cours d'eau d'un volume considérable et est abrité à l'est par une chaîne de hautes montagnes; un air pur, des terres bien cultivées n'ont pas été sans influence sur la civilisation relativement avancée de ce royaume, dont la capitale, *Arakan*, renferme, dit-on, six cents temples ou pagodes et a 30,000 habitants.

Toute la contrée qui, au sud du Pégou, borde le golfe de *Martaban*, porte ce même nom. C'est ce qui explique comment les Anglais ont, ainsi que les Birmans, leur province de Martaban. Une ville, bâtie en 1826, près de l'embouchure du Thalouen, et qui porte le nom d'*Amherst-Town*, en est le chef-lieu. C'est une place excellente sous le double rapport militaire et commercial. Son port est excellent; sa population qui était, un an après sa fondation, de 1,600 âmes, doit avoir au moins décuplé par suite du grand nombre de Pégouans qui, fuyant la tyrannie de leur gouvernement, vont y vivre sous la protection de la civilisation européenne.

La province d'*Yé*, bornée à l'ouest par le golfe de Martaban et à l'est par le royaume de Siam, a été cédée, en 1826, par les Birmans aux Anglais. Marécageuse, peu fertile, ne comptant qu'un petit nombre d'habitants, cette province n'offre à ses nouveaux possesseurs d'autres avantages que sa position géographique.

Il en est à peu près de même de la province de *Tavay* ou *Tavaï*, cédée à la même époque à l'empire britannique, sauf cependant que le sol, montueux et sillonné de cours d'eau, peut être plus généralement utilisé pour l'agriculture.

Tout ce que l'on sait des *Tavayens*, c'est qu'ils sont d'infatigables fumeurs. Nulle part ailleurs peut-être le tabac ne compte de sectateurs plus fervents. Dès l'âge de deux à trois ans, les enfants des deux sexes ont continuellement le cigare aux lèvres.

« La province de *Tenasserim*, au sud de la précédente, est d'autant plus importante pour les Anglais que l'archipel de *Merghi* ou *Mergui* en est une dépendance.

» Cet archipel, situé à quelques lieues de la côte de Tenasserim, occupe du nord au sud une étendue de 640 kilomètres. L'espace compris entre ces îles et le continent offre un bon ancrage; leur sol fertile est couvert d'une belle végétation.

» Une d'entre elles, l'île de *Djinkseglou*, appelée aussi *Salanga*, exporte annuellement cinq cents tonnes d'étain et nourrit 12,000 habitants, mélange de Chinois, de Malais, de Siamois et de Birmans.

» Dans toutes ces îles on recueille de l'écaille de tortue, de l'ambre gris, des perles et de ces nids d'oiseaux si recherchés sur les tables opulentes de la Chine.

» Sur le continent, *Merghi*, capitale de la province de Tenasserim, possède un des meilleurs ports de cette partie de l'Asie que les Anglais continuent à appeler les *Indes Orientales*.

» Les habitants des provinces de Tenasserim et de Merghi se tatouent comme les Birmans du royaume d'Ava. Ils sont braves, hospitaliers, honnêtes et pleins de franchise et d'hospitalité.

» La manière de saluer chez ces peuples est très singulière : elle consiste à appliquer le nez sur la joue en aspirant fortement. »

La province de *Malacca*, située dans la partie sud-ouest de la presqu'île du même nom, a pour chef-lieu la ville du même nom dont l'évêque est suffragant de celui de Goa.

« Fondée en 1252 par un prince malais, embellie par les Portugais qui s'en emparèrent en 1511, tombée au pouvoir des Anglais en 1795, elle fut jadis plus considérable. Les Portugais, les Hollandais et les Anglais se disputèrent tour à tour sa possession, mais les Hollandais la cédèrent à l'Angleterre en 1823. Sa population est d'environ 20,000 habitants, parmi lesquels 6,000 Chinois et 9,000 Malais ; le reste se compose de Maures, de Persans, de Bengaliens, d'Arméniens et d'Européens.... Les Anglais s'efforcent d'introduire à Malacca la civilisation européenne ; ils y ont fondé une imprimerie et un collège anglo-chinois. »

Sur les côtes du royaume de *Kedah*, un capitaine de la marine anglaise, en épousant la fille du roi, acquit la souveraineté de *Poulo-Penang* qu'il se hâta de céder à sa patrie. Les Anglais, qui l'appellent *île du prince de Galles*, y ont fondé un établissement important, soit au point de vue de la position du port qui domine le détroit de Malacca, soit à cause de la fertilité du sol couvert de forêts de teck, de cannes à sucre, de rizières et où réussissent fort bien le poivre et l'indigo.

Poulo-Penang dépend de la petite province de *Wellesley* sur le continent voisin, dans le royaume de Kedah. Elle renferme George's-Town, chef-lieu de la province, jolie ville, bien bâtie et défendue par de bonnes fortifications.

A l'extrémité de la péninsule, la petite île de Singapour renferme une ville du même nom, fondée en 1819 par sir Thomas Raffler, dans une position tellement favorable qu'elle est rapidement devenue un des centres les plus considérables du commerce de l'Europe, de l'Inde et de la Chine dans ces parages.

« On évalue le chiffre de son commerce à plus de 120 millions de francs, et elle compte au moins 20,000 âmes. Un collège chinois et malais y a été fondé et on y publie, sous le titre de *Singhapoor-Chronicle*, un recueil scientifique très utile à l'avancement de la géographie de l'Asie orientale et de l'Océanie. »

Les îles *Andaman* ou *Endamènes* étaient déjà connues des Arabes sous ce nom, dès le ixe siècle. On en compte six : la grande et la petite *Andamen*, *Barren*, *Coros*, *Narcoudam* et *Préparis*.

La *grande Andaman* est la plus importante du groupe ; découpée par des baies profondes qui forment d'excellents havres, et divisée par de vastes golfes, dont l'un, navigable pour de petits vaisseaux, la traverse presque entièrement, elle est recouverte d'une épaisse couche de terreau noir et fertile, que percent en de nombreux endroits les pointes blanches et quartzeuses du rocher qui forme sa charpente. De nombreuses sources fournissent une eau excellente aux navires qui y relâchent. Le point culminant de cette île ne mesure pas moins de 800 mètres de hauteur. On y trouve plusieurs métaux précieux, notamment du mercure.

Les forêts renferment quelques espèces précieuses; tels sont l'*arbre à pain* de Nicobar ou *mellori* et l'*ébénier*. La *fougère épineuse*, le *palétuvier* et une espèce de *rotang* sauvage couvrent les rivages.

Sous le rapport du règne animal, ces contrées sont moins bien partagées; on n'y trouve en quadrupèdes que des cochons sauvages, des rats et des singes; les reptiles en revanche y sont largement représentés ainsi que les poissons et les crustacés.

Les habitants de toutes ces îles sont très peu civilisés; on les croit cannibales. Dans tous les cas, leur antipathie naturelle pour toutes autres races que la leur est portée si loin qu'on les trouve toujours disposés à faire un mauvais parti à tout étranger qui s'aventure parmi eux.

Leur chevelure est laineuse et ils ressemblent beaucoup aux nègres dont ils ont le caractère féroce et astucieux. Leur langue, dure et barbare, diffère essentiellement de tous les idiomes connus de l'Inde et de l'Indo-Chine. Ils paraissent appartenir à cette grande race des nègres océaniens répandue à la Nouvelle-Guinée et jusqu'à la Terre de Diémen.

Ces caractères physiques ont engagé quelques géographes à détacher les îles Andaman et Nicobar de l'Asie orientale pour les placer dans l'Océanie.

« Ces insulaires, continue M. Huot, au nombre de 2 à 3,000, n'ont fait aucun pas appréciable vers la civilisation, malgré les rapports qu'ils ont eus avec d'autres peuples;! les Anglais établirent une colonie chez eux en 1790 ; deux ans après, ils étaient obligés de l'abandonner tant à cause de l'insalubrité du climat que des mœurs insociables des habitants. L'Endamène a un aspect sauvage et féroce ; sa stature est petite et sa taille mal prise. Au teint noir, à la chevelure frisée, aux lèvres épaisses, au nez applati, qui le rattachent à la grande famille océanienne, il joint quelques caractères particuliers : un ventre proéminent, des membres mal formés et décharnés, des pieds d'une longueur démesurée. Il est rusé, vindicatif, ingrat et très adroit, surtout à la pêche et à la chasse. Comme tous les peuples sauvages, il tient beaucoup à son indépendance et sacrifie sans hésiter sa vie pour la conserver.

» Malheur à l'étranger que quelque accident amène sur ses côtes ! S'il se trouve moins fort que lui, il devient sa proie.

» Tandis que, armé de flèches, l'Endamène tue les oiseaux et les bêtes sauvages dans les bois, ou que, monté sur la frêle pirogue qu'il a creusée dans le tronc d'un arbre, il longe la côte pour y prendre du poisson, son active compagne ramasse des coquillages sur les récifs.

» Pour se reposer la nuit et se mettre à l'abri des intempéries des saisons, il se fait avec des branches et des feuilles une espèce de tente soutenue par trois ou quatre piquets attachés les uns aux autres. »

ROYAUME DE SIAM

I

Un golfe large et profond sépare en deux la péninsule Indo-Chinoise.

Au fond de ce golfe nous voyons le célèbre *royaume de Siam* qui lui donne son nom.

Cependant le nom que les Siamois se donnent est celui de *Taï* ou *hommes libres*. Les Birmans les connaissent sous le nom de *Chan;* les Malais et les Chinois, sous celui de *Seam*.

Avant l'agrandissement de l'empire Birman, la riche et florissante monarchie de Siam était regardée comme le principal Etat de l'Inde au delà du Gange.

« Son étendue a éprouvé des variations nombreuses ; cependant, d'après des renseignements récents, ce royaume, qui comprend une partie de la presqu'île de Malacca, est borné au nord par la Chine, à l'est par l'empire d'Annam, à l'ouest par celui des Birmans et par les eaux du golfe de Martaban, au sud par la côte des Malais indépendants et par les eaux d'un grand golfe auquel il donne son nom.

» Des montagnes séparent à l'occident le royaume de Siam de l'empire Birman. D'autres montagnes, peu connues, le séparent aussi de l'empire d'Annam ; ainsi le territoire siamois peut être regardé comme une large vallée entre deux chaînes de montagnes.

» Cette vallée présente une suite de plaines immenses disposées en deux ou trois terrasses inclinées vers la mer et que sillonne un grand fleuve ; cependant plusieurs parties sont tellement plates que les eaux y forment des lacs marécageux. »

Le Nil siamois, le *Meinam*, appelé aussi *Meinam-Tachin*, est, à juste titre, célèbre parmi les fleuves de l'Orient. Il prend sa source dans les montagnes qui séparent le Haut-Siam du royaume d'Ava. Il ne commence à devenir navigable qu'à *Li-Yo-Thya* ou *Siam*, ancienne capitale.

Kœmpfer nous apprend qu'il est très profond, rapide, toujours à plein bord et plus considérable que l'Elbe. Il ajoute que ses habitants placent sa source dans les montagnes qui donnent naissance au Gange ; qu'il se divise et étend ses branches à travers le royaume de Cambodge et le Pégou, tradition rejetée comme fabuleuse, mais qui peut-être renferme des vérités défigurées.

L'inondation du Meinam a lieu en septembre.

En décembre, les eaux se retirent. Avant que le fleuve grossisse, les eaux des sources s'élèvent et celles des puits sont nitreuses.

L'eau du Meinam, quoique nitreuse, est agréable et salutaire. L'inondation est surtout sensible vers le centre du royaume ; elle l'est beaucoup moins près de la mer.

On fait en bateau la récolte du riz.

Les montagnes ont le sol aride et stérile ; mais le bord des rivières offre un terrain profond et extrêmement riche, dans lequel on aurait peine à rencontrer un caillou. C'est un dépôt de limon accumulé depuis les premiers âges du monde.

Les rives du Meinam sont basses et marécageuses, mais très peuplées depuis Siam jusqu'à Bangkok. Plus bas ce sont des déserts.

Les deux premiers mois de l'année siamoise, qui correspondent à nos mois de décembre et de janvier, forment l'hiver de ce pays.

Les troisième, quatrième et cinquième mois appartiennent à ce que les Siamois appellent le *petit été;* le *grand été* comprend les sept autres mois.

L'hiver, malgré le vent du nord qui règne alors, est presque aussi chaud que l'été l'est en France : il est sec; l'été, au contraire, est humide.

Pendant cette dernière période, la chaleur est grande ; on a de la peine à respirer à de certains moments. Une sueur abondante et continuelle affaisse tellement le corps qu'on n'a pas la force de faire le moindre mouvement. On ne commence à revivre que lorsque le soleil approche du zénith ; alors le ciel se couvre de nuages qui forment pendant plusieurs mois un immense parasol. Des pluies abondantes rafraîchissent l'atmosphère. Ces nuages accompagnent toujours le soleil du nord au sud, jusque vers le vingtième degré de latitude.

Le commencement et la fin de cette saison pluvieuse sont marqués par des orages effrayants. Quand la foudre est tombée, l'air devient plus calme.

Les immenses forêts qui bordent le Meinam renferment des bois précieux, mais que les Européens, qui ont visité jusqu'ici ce pays, ne désignent que vaguement.

Nous savons toutefois qu'il n'existe dans le royaume de Siam aucun arbre d'Europe, sauf l'oranger et le citronnier.

Vue de Bangkok.

Mais on y rencontre le palmier, le cocotier, le sagou, l'arêquier, le *toutan* sur les feuilles duquel les talapoins écrivent leurs livres de religion ; le tamarinier, le muscadier, le giroflier, le cacaoyer, le cafier, le cannelier, l'arbre à thé, le poivrier.

On trouve, dans les environs de Bangkok, une espèce de vigne sauvage qui produit un raisin acerbe qu'on fait fermenter avec du sucre et dont on obtient une liqueur qui a le goût du vin de Chypre ; il y a des grappes qui fournissent jusqu'à dix-huit bouteilles de vin. M. Duvaucel, naturaliste, en a porté des pépins en France.

Il y a, enfin, le cotonnier arbrisseau, le cassier qui est semblable à l'acacia, et l'oranger qui porte la pamplemousse, orange aussi grosse qu'un melon, le bois d'aigle odoriférant, etc.

Les arbres fruitiers sont en plus grand nombre qu'en Europe ; mais les fruits qu'ils donnent, à l'exception de quatre à cinq espèces, sont bien inférieurs aux nôtres en bonté. Ils ont, en général, un goût acerbe ou insipide.

Parmi les végétaux qui méritent quelque attention, on distingue le bananier, la canne à sucre, le bétel, une espèce de lierre rampant que les Indiens mâchent continuellement après l'avoir recouvert d'une légère couche de chaux ; ils y ajoutent souvent un morceau d'arec et une feuille de tabac à fumer. Rien de plus répugnant que de voir ces hommes ruminant sans cesse et laissant découler de leur bouche une salive couleur de sang.

Les légumes d'Europe ne réussissent pas dans ce pays ; mais il y en a beaucoup qui sont inconnus chez nous.

Il n'y a guère d'autre plante céréale que le riz, qu'on cultive comme dans le Japon. Les rizières des environs de Bangkok sont souvent inondées, mais la plante du riz s'élève toujours au-dessus de l'eau ; si le fleuve croît subitement d'un mètre, le riz croît d'autant dans l'espace de douze heures. Il forme la nourriture principale du Siamois.

Rien de plus simple que la manière dont il le prépare : il met le riz avec un peu d'eau dans un vase sur le feu. Dès que le grain est un peu gonflé, il le retire et le mange sans aucun autre apprêt.

On cultive aussi une espèce de millet qui est assez bon et le maïs que les Indiens cueillent en épi et qu'ils font rôtir pour le manger en guise de pain.

Le froment ne réussit pas ; les fourmis et les charançons le détruisent.

Si du règne végétal nous passons au règne animal, nous trouvons les bois remplis de gibier et d'oiseaux.

Les espèces les plus communes sont les paons, les kakatoès, les perroquets de toutes couleurs, le colibri rouge et blanc nuancé de vert, le coq et la poule sauvages, parfaitement semblables à ceux de nos basses-cours. Pour prendre les mâles, on place dans un lieu écarté un coq domestique au milieu d'un filet tendu, le coq sauvage accourt aussitôt pour se battre avec le nouveau venu. Le chasseur caché tire le filet et enveloppe les deux champions.

Il y a aussi des cygnes noirs.

Parmi les oiseaux remarquables par leur grosseur, nous citerons celui que les Siamois appellent *noc-ariam*. Lorsqu'il marche, sa tête s'élève au moins à 2 mètres 20 de hauteur ; il est gros à proportion, son plumage est d'un gris cendré ; quelques-uns ont le cou et le haut du dos rouges ; sa tête est aussi grosse que celle d'un homme ; son bec, qui a presque soixante centimètres de long, est de forme conique. Le noc-ariam s'élève quelquefois dans l'air à perte de vue; mais son cri aigu et perçant ne cesse de révéler sa présence ; il ne se nourrit que de graines et d'herbes ; ses œufs sont semblables à ceux de l'autruche ; il est fort commun à Siam et on le voit rôder autour des habitations sans que la présence de l'homme lui cause d'inquiétude.

L'oiseau de proie nommé *nocca-sam* a un talent particulier pour pourvoir à ses besoins : lorsque sa chasse n'a pas été heureuse, il attaque le vautour, le prend à la gorge et le force de rejeter une partie de sa nourriture pour la partager avec lui. Ce singulier combat se renouvelle souvent aux environs de Bangkok.

Les quadrupèdes les plus curieux qui peuplent les forêts sont les singes de toutes espèces, de toutes grandeurs, depuis le petit sapajou jusqu'à l'orang-outang. On trouve parfois une espèce de singe babouin très dangereux; s'il rencontre un homme, il le prend par un bras, se met à rire de toutes ses forces en fermant les yeux et finit par l'étrangler si on ne saisit ce moment pour le poignarder.

Depuis le commencement à peu près de notre siècle, il a paru à Siam un animal extraordinaire et inconnu jusqu'alors : c'est un quadrupède de la grosseur d'un taureau dont la tête ressemble à celle du singe. Sa queue est longue et grosse; il a le cou et les épaules rouges, le reste du corps est noir ; son cri ressemble au rugissement du lion. Tous les autres animaux féroces, le tigre même, s'enfuient en sa présence ; cet animal, croit-on, est originaire de la Chine.

On trouve encore, dans les bois du royaume de Siam, le bouc et le taureau sauvages, le buffle, l'ours d'Europe et l'ours noir du Canada. Il y a aussi des sangliers, des rhinocéros, des licornes ou unicornes, dont on a si longtemps contesté l'existence. Des chasseurs apportèrent une tête d'unicorne à Penang, pendant que s'y trouvait un missionnaire français. Cette tête était beaucoup plus grosse que celle d'un bœuf; la corne était placée au milieu du front et se dirigeait en haut.

L'unicorne court toujours en ligne droite; la raideur de ses vertèbres ne lui permet guère de se tourner de côté; il peut même difficilement s'arrêter quand il a pris son élan : il renverse avec sa corne ou coupe avec ses dents, quand ils sont de moyenne grosseur, les arbres qui gênent son passage.

Mais de tous les quadrupèdes que l'on voit à Siam, le plus digne d'attention, le plus utile est l'éléphant. Sa taille mesure depuis 3 jusqu'à 4 mètres 30 de hauteur. Ses dents sont énormes.

Les éléphants blancs, qu'on n'y trouve qu'en très petit nombre, sont fort recherchés et réservés pour l'empereur.

Le peuple les tient pour sacrés et ils sont considérés comme le palladium de l'empire. On en entretient un à la cour avec grand soin; il a son palais, ses gardes, un nombreux domestique; il prend rang immédiatement après les princes du sang. Sa tête est ornée d'une espèce de diadème, ses dents sont garnies de plusieurs anneaux d'or ; il est servi en vaisselle du même métal ; on le nourrit de cannes à sucre et de fruits choisis parmi les plus délicieux ; quand il sort, on étend sur sa tête un grand parasol de soie cramoisie ; tous les soirs on l'endort au son de la musique. Quand il meurt, on lui rend les mêmes honneurs funèbres qu'aux grands de l'empire. Sa mort est un deuil général, et on se hâte de lui trouver un successeur.

Le singe blanc jouit des mêmes privilèges à peu près que l'éléphant blanc; il a bouche à la cour et maison montée. Les Siamois le regardent comme une espèce d'homme extraordinaire.

Après les quadrupèdes, ce sont les sauriens qui sont les plus nombreux.

Les serpents viennent ensuite et presque tous sont venimeux. C'est surtout dans le temps de l'inondation qu'ils abondent. Quelques-uns d'entre eux grimpent aux arbres, et c'est un spectacle horrible que de voir un arbre dépouillé de ses feuilles et hérissé de ces reptiles.

Le règne minéral est, dans la région qui nous occupe, moins libéralement représenté que les autres règnes de la nature.

Les principales mines du royaume ne donnent que de l'étain et du cuivre, quelquefois mélangé d'un peu d'or. L'antimoine et le plomb constituent une branche assez importante du commerce. De beaux marbres, de l'aimant, des agates et des saphirs s'y rencontrent en assez grandes quantités.

II

L'histoire des Siamois offre des lacunes, mais ne présente point de chronologie fabuleuse.

Leur ère remonte à la disparition de leur dieu, Sommona-Kodam ou Bouddha.

Leur premier roi commença à régner l'an 1300 de leur ère, c'est-à-dire l'an 356 environ de l'ère chrétienne.

Des guerres avec le Pégou et des usurpations de trône constituent les tristes et uniformes époques de l'histoire siamoise, depuis la découverte que les Portugais ont faite de ce pays.

En 1568, le roi de Pégou leur déclara la guerre à cause de deux éléphants blancs que les Siamois refusaient de livrer, disent les historiens; mais ce fut plutôt pour reconquérir les côtes du golfe de Bengale, démembrées de son royaume par les Siamois. Qu'il nous soit permis à ce sujet de faire une observation qu'une foule de faits dans l'histoire des peuples de l'extrême Orient font naître et justifient; faute d'attention, on a jusqu'à ce jour présenté la politique des Asiatiques comme beaucoup plus absurde qu'elle ne l'est réellement. Peut-être faut-il chercher la cause de ces jugements erronés dans le soin que leurs souverains prennent de dissimuler soigneusement, sous un prétexte quelconque, les vrais mobiles qui les font agir. La ruse, les atermoiements forment la base de leur politique, et ils ne sont que conséquents avec eux-mêmes en ne laissant jamais, même leurs propres sujets, lire dans leur jeu.

Quoi qu'il en soit, la guerre dont nous parlons eut une importance très grande; après un carnage prodigieux des deux côtés, Siam devint tributaire du Pégou.

Cette servitude ne se prolongea pas longtemps; dès 1620, Radja-Hapé avait reconquis l'indépendance de sa couronne.

Cette date de 1620 nous amène à la veille d'un des plus grands événements de l'histoire qui nous occupe : le début des missions françaises dans le royaume de Siam.

En 1622, trois membres de cette institution héroïque et savante qui a nom *les missions étrangères,* et à laquelle la France doit un si juste tribut de reconnaissance, et la chrétienté tout entière un sentiment particulier d'admiration et de respect, arrivaient successivement à Siam : c'étaient les évêques Lamothe-Lambert, Pallu et Catolendi.

Le roi qui régnait alors, Tchaou-Naraya, était un de ces princes remarquables tels que les mœurs des cours asiatiques en produisent rarement.

Palais du roi de Siam à Bangkok.

Son esprit éclairé et novateur comprit sur-le-champ les avantages de notre civilisation.

La prévention instinctive et profonde des peuples orientaux contre toute ingérence étrangère demandait cependant certains ménagements, même à un souverain despotique, et Tchaou-Naraya était trop sage et trop prudent pour accueillir trop vite et trop ouvertement les apôtres de l'Evangile.

Cette circonspection eût peut-être entravé l'œuvre de nos missionnaires si une aide inattendue n'était venue leur prêter son secours.

Un aventurier du nom de Phalcon, Grec d'origine, qui avait été tour à tour commis, soldat, marchand, armateur et subrécargue, ayant fait naufrage sur les côtes de Perse, s'y rencontra avec l'ambassadeur siamois qui venait d'éprouver un accident du même genre.

Phalcon était industrieux, actif; accoutumé à lutter avec les difficultés, il avait amassé un fond de courage et de persévérance dont, en cette occasion, il fit usage non seulement pour lui, mais qu'il mit au service de l'indolent et fataliste mandarin.

Ce fut pour lui un véritable coup de fortune : moins oublieux que ne le sont d'ordinaire ses semblables, l'ambassadeur siamois se montra reconnaissant; il amena Phalcon avec lui à Siam, et en le présentant au roi, il fit ressortir avec enthousiasme les obligations qu'il lui avait.

Phalcon sut intéresser le roi ; bien plus il eut le talent de gagner son affection et sa confiance ; il devint son confident, son favori et fut bientôt revêtu du titre et des fonctions de premier ministre.

Phalcon avait été aidé par les missionnaires ; il voulut les aider à son tour, et il obtint du prince qu'il enverrait des ambassadeurs au roi Louis XIV.

Cette ambassade fit grand bruit, non seulement en France, mais dans toute l'Europe ; les mémoires du temps entrent à ce sujet dans de minutieux et curieux détails.

Louis XIV ne pouvait manquer de mettre à profit cette occasion de faire pénétrer le nom et l'influence de la France dans une de ces monarchies si mystérieusement fermées de l'antique Asie.

En 1687, une ambassade française, composée du chevalier de Chaumont, de Sarderet, de la Loubère, de cinq missionnaires et de quatorze jésuites, parut dans le Meinam. L'ambassade fut accueillie avec toute la solennité que comporte le cérémonial siamois.

Tchaou-Naraya protesta de ses sympathies pour la France, de son amitié pour Louis XIV, de son respect pour l'Evangile et ses ministres, mais son bon vouloir se borna à peu près à ces protestations.

Il consentit cependant à recevoir de France des troupes auxiliaires commandées par un gentilhomme du nom de Fargel, et il nomma grand amiral et généralissime des troupes siamoises le chef d'escadre, M. de Forbin; mais il éluda toutes les tentatives faites pour amener sa conversion au christianisme, tentatives que semblait devoir favoriser le mouvement de sa propre conscience.

Pendant ce temps la faveur dont jouissait Phalcon allait chaque jour en augmentant. Tout semblait donc favorable à l'influence européenne; malheureusement cette faveur ne tenait qu'à un fil fragile : la santé et la vie de Tchaou-Naraya.

En effet, la puissance même de Phalcon devait entraîner sa ruine au moment où se retirerait de lui la main qui le soutenait. En butte à la jalousie de la majeure partie des courtisans, par l'appui prêté aux missionnaires et par ses propres sentiments religieux, il s'était aliéné le corps influent des talapoins. Une brigue puissante s'était formée contre lui, et à la mort de Tchaou-Naraya, arrivée sur ces entrefaites, il tomba victime de la haine de ses adversaires; arrêté et condamné comme traître envers l'Etat, il périt misérablement, victime de ces tortures raffinées dont les Orientaux ont le secret.

Les Français, que leur courage héroïque rendait redoutables, même dans cette guerre d'extermination faite aux Européens, obtinrent une capitulation honorable qui leur permit de quitter sains et saufs la terre siamoise.

Seuls les missionnaires, que leur zèle avait entraînés hors de portée de l'épée de leurs vaillants compatriotes, échappèrent à cette modération forcée; ils payèrent pour tous : traînés ignominieusement de villes en villes, de rues en rues, ils expièrent dans les supplices le bien qu'ils avaient fait, celui surtout qu'ils avaient voulu faire au peuple siamois.

« A partir de ce moment, le royaume de Siam eut peu de rapports avec l'Europe et ne cessa d'être ravagé par les guerres civiles et par les invasions des Birmans.

» Après la prise de *Li-yo-thi-ya* ou *Siam*, en 1767, un prince chinois se fit proclamer roi sous le nom de *Phia-Tak*, et Bangkok devint la capitale de ses Etats.

» Le général en chef de ses armées ne tarda pas à le détrôner. Après une lutte pleine de péripéties contre les Birmans, celui-ci laissa (en 1809) la couronne à son fils qui régna sans obstacle jusqu'en 1824, et dont les successeurs règnent aujourd'hui sur les provinces siamoises.

» Le royaume de Siam ne figure que pour une somme assez minime dans la statistique commerciale de l'Asie : 32 millions à l'importation et 48 millions à l'exportation; soit un mouvement total de 80 millions.

» Le riz est le principal objet de ce commerce; il s'en exporte chaque année pour une valeur de 30 millions. Le trafic appartient en grande partie aux Anglais et aux Chinois.

» Là, comme partout ailleurs, les Chinois ont accaparé les cultures et le commerce de détail. Les renseignements fournis par les consuls ne permettent pas d'espérer un accroissement très sensible des opérations avec Siam, bien que le gouvernement de ce pays manifeste les dispositions les plus bienveillantes à l'égard des étrangers (1). »

LE CAMBODGE

I

Ce qui reste de l'ancien et puissant empire de *Cambodge* ou de *Khmer*, est aujourd'hui placé sous le double protectorat de la France et du Siam.

Borné au nord par ce dernier royaume, au sud par la Cochinchine française, à l'est par l'Annam et baigné à l'ouest par le golfe de Siam, le Cambodge est arrosé par un des plus puissants fleuves de l'Asie, le *Mé-Kong*, et par son affluent le Mé-Sap. Ce dernier cours d'eau met en communication le beau lac de Touli-Sap avec le fleuve.

Le climat du Cambodge est plus tempéré et plus sain que celui de la Cochinchine; toutefois, sa population ne dépasse guère 500,000 âmes.

Les Chinois ont, dans tout le pays, le monopole à peu près exclusif de l'industrie et du commerce.

Dans les parties les moins accessibles, c'est-à-dire dans les montagnes et au sein des magnifiques forêts qui les couvrent, vivent les tribus à demi-sauvages des Stiengs, qui paraissent être les anciens aborigènes du pays, et dont les mœurs, les habitudes, les traditions diffèrent entièrement de celles des autres habitants du Cambodge. M. Mouhot en a fait une peinture aussi curieuse qu'intéressante dans la relation de son voyage dans les royaumes de Cambodge, de Laos et de Siam.

Les villes principales du Cambodge, du moins celles que mentionnent les géographes européens, sont *Oudong*, poste militaire situé sur le Mé-Sap, dont la population est évaluée à 6,000 habitants. *Kampôt,* sur le

(1) M. C. Lavallée.

golfe de Siam, centre du commerce maritime du royaume; *Pnom-penh*, ou *Phnom-penh*, ville que sa position au confluent du Mé-Kong et du Mé-Sap, rend particulièrement importante; aussi est-elle devenue, depuis 1866, la capitale réelle du pays, au détriment de Oudong, qui elle-même avait assez récemment remplacé *Cambodge* ou *Ponteiphret*.

Nous devons mentionner encore *Phutissat-Kampong* et *Tom-rong-treng*, centres commerciaux importants.

« C'est par le 103° 03" de longitude du méridien de Paris, vers le 11° 37' de latitude nord et à dix ou douze kilomètres seulement de la frontière de la Cochinchine, que se trouve Pnom-Penh, le grand marché du Cambodge.

» C'est le point où le Mé-Kong se divise; le grand fleuve remonte au nord-est d'abord, puis au nord-ouest jusqu'en Chine et aux montagnes du Thibet, où il prend sa source. L'autre bras, qui ne porte aucun nom et qu'il serait bon, pour le distinguer, d'appeler *Mé-Sap*, du nom du lac *Touli-Sap*, remonte au nord-ouest. Vers le 12° 25' de latitude commence le grand lac qui s'étend jusqu'au 13° 53'; sa forme est celle d'un violon. Tout l'espace compris entre ce dernier et le Mé-Kong, est une plaine peu accidentée, tandis que le côté opposé est traversé par les hautes chaînes de Poursat et leurs ramifications.

» L'entrée du grand lac du Cambodge est belle et grandiose. Elle ressemble à celle d'un vaste détroit; la rive en est basse, couverte d'une épaisse forêt à demi-submergée, mais couronnée par une vaste chaîne de montagnes dont les dernières cimes bleuâtres se confondent avec l'azur du ciel ou se perdent dans les nuages; puis, quand, peu à peu, on se trouve entouré, de même qu'en pleine mer, d'un vaste cercle liquide, dont la surface au milieu du jour brille d'un éclat que l'œil peut à peine supporter, on reste frappé d'étonnement et d'admiration comme en présence de tous les beaux spectacles de la nature.

» Au centre de cette mer intérieure est planté un grand mât qui indique les limites communes du royaume de Siam et de Cambodge.

» .... L'état présent du Cambodge est déplorable, et son avenir chargé d'orage (1). Jadis cependant c'était un royaume puissant et très peuplé comme l'attestent les ruines splendides qui se trouvent dans les provinces de *Battambâng* et d'*Ongkor*; mais aujourd'hui cette population est excessivement réduite par les guerres incessantes que le pays a dû soutenir contre ses voisins, et il est peu probable qu'elle dépasse un million d'âmes.... On y compte trente mille hommes corvéables libres et en état

---

(1) M. Mouhot écrivait ces lignes en 1867, c'est-à-dire avant l'établissement du protectorat français au Cambodge.

Pagode à Bangkok.

de porter les armes, car au Cambodge comme à Siam, l'esclave n'est sujet ni à l'impôt ni à la corvée.

» Outre un nombre de Chinois relativement considérable, il s'y trouve quelques Malais établis depuis des siècles dans le pays, et une population flottante de deux à trois mille Annamites.

» La domination européenne, l'abolition de l'esclavage, des lois protectrices et sages, et des administrateurs fidèles, expérimentés et d'une honnêteté scrupuleuse, seraient seuls capables de régénérer cet Etat, qui alors deviendrait certainement un grenier d'abondance aussi fertile que la Basse-Cochinchine.

» Le tabac, le poivre, le gingembre, la canne à sucre, le café, le coton et la soie y réussissent parfaitement. Il y a lieu de noter particulièrement le coton, matière première précieuse qui constitue les trois quarts de celle employée dans la fabrication des étoffes, non seulement en France ou même en Europe, mais sur toute la surface du globe.

» .... Les forêts situées sur les terrains élevés donnent de beaux bois de construction célèbres à juste titre; on y trouve également des arbres à gomme et à résine très recherchés dans le commerce, tels que le bois d'aigle (1) et plusieurs bois de teinture.

» Les montagnes renferment des mines d'or, de plomb argentifère, de zinc, de cuivre et de fer. Ces dernières surtout sont très communes.

» La faune du Cambodge ne diffère pour ainsi dire pas de celle du royaume de Siam. Ainsi, sauf quelques belles coquilles terrestres, de beaux insectes, dont plusieurs spécimens nouveaux dans ces deux genres, et un très petit nombre d'oiseaux intéressants, on ne relève aucun animal qui ne soit commun aux deux pays. »

L'éléphant blanc et le singe blanc sont ici comme à Bangkok l'objet d'une vénération profonde. S'attaquer à un de ces animaux, le blesser, et par conséquent surtout le tuer, est considéré comme un crime de lèse

(1) « Le bois d'aigle est dur, moucheté et répand une forte odeur aromatique quand on le brûle. Il sert à brûler, après leur mort, le corps des princes et des hauts dignitaires, que l'on conserve préalablement pendant une année dans un cercueil. Les Siamois l'emploient également en médecine. Le bois de l'arbre qui le produit est blanc et très tendre, et il faut l'abattre et le fendre en entier pour trouver le bois d'aigle qui est répandu dans l'intérieur du tronc. »

Ce sont les Annamites qui, à Siam et au Cambodge, aussi bien que dans leur empire, ont le monopole de sa recherche et de son exploitation, ce qui explique pourquoi ils cachent soigneusement le secret des indices auxquels ils reconnaissent l'arbre qui en contient.

« Le peu de renseignements qu'ils ont consenti à me donner, continue M. Mouhot, m'ayant cependant mis sur la voie, je fis abattre plusieurs arbres que je jugeai devoir en contenir, et le résultat de mes observations est que ce bois se forme dans les cavités de l'arbre, si celui-ci rend, quand on le frappe, un son creux et laisse échapper par les nœuds une odeur plus ou moins forte de bois d'aigle, on est assuré qu'il en renferme. »

divinité, que le supplice immédiat de celui qui le commettrait semblerait à peine racheter.

Ce respect n'empêche pas que la chair du singe blanc soit un mets très recherché ; c'est plus qu'un régal pour le Cambodgien, c'est un antidote, une sorte de panacée dont les vertus préservatrices et curatives s'appliquent, affirment-ils, aux maux physiques aussi bien qu'aux maladies de l'âme.

Il résulte de cette croyance contradictoire que, tout en s'épouvantant de l'audace d'un Européen qui tue un singe blanc, et réprouvant son crime, les indigènes des deux pays n'ont rien de plus pressé que de solliciter leur part du régal auquel ce sacrilège odieux donne lieu.

Puisque nous venons de mentionner l'éléphant, il nous semble curieux de faire connaître au lecteur qu'au Cambodge, comme du reste au Tonkin, cet animal a été, de par la loi et l'usage, investi des fonctions d'exécuteur des hautes œuvres. Au Tonkin, le criminel condamné à la peine de mort est, selon la sentence portée contre lui, décapité ou jeté à un éléphant dressé aux fonctions de bourreau, « lequel, après l'avoir enlevé avec sa trompe, le serre avec tant de rage, puis le jette par terre avec tant de violence, qu'il l'étouffe et le fait mourir dans des tourments inconcevables ; s'il s'aperçoit que le malheureux donne encore quelques signes de vie, il le foule aux pieds jusqu'à ce qu'il soit écrasé et mis en pièces. »

Au Cambodge, l'éléphant est également employé comme bourreau ; M. de Carné, dans sa relation de l'exploration du Mékong, raconte en avoir monté un qui, peu de jours auparavant, venait de percer de ses défenses le corps d'un criminel d'Etat attaché à un arbre.

.... L'Européen qui se trouve au Cambodge en présence de la fertilité et des richesses naturelles dont nous venons d'esquisser le tableau, se demande non sans raison, semble-t-il, comment une terre si bien dotée peut ne jeter, non seulement dans le commerce, mais parmi les populations qui l'habitent, qu'une production insignifiante, et ne posséder qu'une industrie pour ainsi dire rudimentaire.

A ces questions M. Mouhot répond : « On s'étonne de ce triste état de choses parce qu'on ignore généralement que les rois et les mandarins s'enrichissent ici par tous les abus qui ruinent le travail et arrêtent le progrès.... Toutes les taxes pèsent sur le cultivateur, sur le producteur : plus il produit, plus il paie. Il en résulte que, porté à la paresse par l'influence du climat, il a une autre raison pour caresser ce vice : moins il produira, moins il payera, et par conséquent moins il aura à travailler. »

Et cependant qu'est ce travail, surtout si on le compare aux peines et aux sueurs au moyens desquelles nos paysans européens rendent leurs sillons féconds ! Ici la terre est à peine effleurée par la charrue, quelquefois même par une simple hachette emmanchée à une canne de bambou ; les grains de riz ou de maïs sont jetés par les femmes qui, à demi courbées, suivent l'espèce de sillon destinée à recevoir la semence.

.... En quelques heures tout un champ est ainsi cultivé.... La bonne mère nature ne tarde pas à envoyer quelques bonnes ondées qui, en lavant le terrain, couvrent les grains.... La moisson se fait à la fin d'octobre.... Généralement, deux mois avant les récoltes, la misère et la disette se font sentir.

Nous avons dit que cet état misérable n'a pas toujours pesé sur le Cambodge, et nous avons parlé des restes de la splendeur et de la richesse passées de ce pays.

La province de Battambâng, bien que soumise depuis plus d'un siècle au roi de Siam, est restée essentiellement cambodgienne dans ses usages, dans ses habitudes, dans ses mœurs. Plusieurs fois elle a cherché à se soulever et même à se donner aux Annamites, qui s'étaient emparés, il y a une quarantaine d'années, de tout le Cambodge, d'où les Siamois les repoussèrent. « Depuis ce temps le Cambodge n'a pas éprouvé d'autre attaque des Cochinchinois, mais il est resté tributaire de Siam.... Il est probable que, sans l'arrivée des Français en Basse-Cochinchine, le petit royaume de Cambodge aurait déjà eu depuis longtemps le même sort que la province de Battambâng.

Cette province est semée de ruines dont l'origine est inconnue. « Ces ruines forment, tout autour de l'extrémité septentrionale du grand lac, un demi-cercle immense commençant aux sources de la petite rivière de Battambâng ; il se prolonge et se perd dans les forêts désertes qui se déroulent à l'est entre le Touli-Sap et le Mékong.

» Sur tout ce parcours le voyageur aperçoit les vestiges irrécusables d'un empire écroulé et d'une civilisation disparue. »

La province d'Ongkor n'est pas moins riche en souvenirs du passé ; le chef-lieu de cette province, *Nokhor* ou *Ongkor*, est l'ancienne capitale du royaume de *Cambodge* ou de *Khmer*, à l'époque où ce puissant Etat tenait un des rangs principaux parmi les grandes monarchies de l'Indo-Chine.

Une tradition encore vivante dans le pays rapporte que son souverain « comptait cent vingt rois tributaires et commandait à une armée de cinq millions d'hommes. Les bâtiments du trésor royal couvraient à eux seuls un espace de plusieurs lieues.

» Les ruines du temple d'Ongkor égalent, si même elles ne les surpassent par leur beauté grandiose, tout ce que l'antiquité nous a légué de merveilles en ce genre. Leur merveilleuse magnificence s'impose d'autant plus fortement à l'admiration, qu'elles s'élèvent dans un des pays les plus reculés du monde, sauvage, inconnu, désert, où les traces des animaux sauvages ont effacé celles de l'homme, où ne retentissent guère que le rugissement des tigres, le cri rauque des éléphants et le brame des cerfs.

» .... A la vue de ce temple, l'esprit se sent écrasé, l'imagination surpassée; on regarde, on admire, et, saisi de respect, on reste silencieux; car où trouver des paroles pour louer une œuvre architecturale qui n'a peut-être pas, qui n'a peut-être jamais eu son équivalent sur le globe ?

» L'or, les couleurs ont presque entièrement disparu de l'édifice, il est vrai; il n'y reste que des pierres, mais que ces pierres parlent éloquemment! Comme elles proclament haut le génie, la force et la patience, le talent, la richesse et la puissance des « Khmerdôm » ou Çambodgiens d'autrefois ! »

II

Tout ce que l'on sait sur l'histoire de ce pays peut se résumer en quelques pages : « Vers le milieu du xvi⁰ siècle, des Portugais vinrent s'y fixer, et l'on reconnaît encore chez leurs descendants quelques traits de leur race ; ils avaient laissé des mémoires qui eussent été, au moins pour l'histoire de cette époque, une source précieuse d'informations; les Siamois les ont détruits. Ces Portugais, à leur arrivée, demandèrent au roi un coin de terre; celui-ci leur permit de déterminer eux-mêmes l'espace dont ils avaient besoin. Ils déclarèrent humblement qu'ils en voulaient grand comme la peau d'un buffle; puis, renouvelant l'escamotage des compagnons de Didon, ils s'approprièrent un terrain considérable.

» Depuis ce jour, les Cambodgiens disent volontiers d'un chrétien, qu'il appartient au village de la peau qui s'étire. »

Les historiens chinois mentionnent le Cambodge comme faisant partie des nombreux Etats tributaires du Céleste-Empire. « Ils le font même dépendre, antérieurement au vii⁰ siècle, de la province alors chinoise du Fou-nan ou Tonkin. »

Selon eux, « en l'année 616 de l'ère chrétienne, sous le règne de Yongh, de la dynastie des Soué, le pays de Cambodge, qu'ils appellent Tchinla, commence à payer un tribut et à envoyer des ambassadeurs au Fils du Ciel. »

Salle du trône à Bangkok.

Toujours d'après les mêmes témoignages, un des rois de Cambodge aurait secoué le joug du Tonkin dont il se serait même emparé, ainsi que du royaume de Thsan-pan, en l'année 625. Ce dernier pays pourrait être l'ancien Ciampa visité par Marco-Polo, compris aujourd'hui dans la province annamite de Binthuan.

« Sous les Ming, les armées de Tchinla auraient soumis la Cochinchine tout entière. L'empereur de la Chine, dans ses luttes contre le Tonkin, ne dédaigne pas lui-même, en 1076, de rechercher l'appui du roi de Tchinla. Les rapports paraissent donc avoir été fréquents entre le grand empire et le puissant royaume. A cette époque reculée, les habitants de Tchinla donnaient déjà à leur pays le nom de Kamphoutchi, devenu bientôt Kamphoutche. Les Cambodgiens d'aujourd'hui s'appellent eux-mêmes Khmers, et disent, en parlant de leur patrie, Sroc-Khmer, pays des Khmers. On ne peut s'empêcher néanmoins de reconnaître dans le Kambodia des Portugais, dont nous avons fait Cambodge, une corruption évidente du mot Kamphoutche. »

Malheureusement pour les voyageurs ou les savants curieux d'éclaircir le passé de ce pays, que les traditions birmanes appellent « le royaume des anges, » les Cambodgiens « ne savent rien de leurs origines, rien de leur histoire. Déchus comme ils le sont, ils n'imaginent pas que leurs pères aient été capables de construire les monuments dont les ruines couvrent le sol de leur pays. M. de Lagrée, qui les avait constamment interrogés sur ce point durant le long séjour qu'il fit parmi eux, finit par obtenir d'un bonze, réputé très savant, le nom du fondateur d'Angkor. Quand il voulut comparer ce nom avec ceux qu'il avait recueillis déjà, il s'aperçut qu'il n'avait d'autre valeur qu'une épithète de fantaisie, signifiant en français architecte du ciel. »

III

De toutes ces obscurités, de toutes ces incertitudes, non seulement sur le passé du Cambodge, mais même sur la situation actuelle du Cambodge, résulta pour nous, au moment de notre arrivée en Cochinchine, la crainte qui paraissait pleinement justifiée, « de trouver dans la nature des rapports de ce pays avec ses voisins un obstacle sérieux à la légitime extension de notre influence dans l'Indo-Chine. »

Ce n'est pas que ce petit Etat, moins peuplé que certains départements français, pût devenir pour nous un péril ou même une cause de souci; mais la cour de Bangkok et celle de Hué, convoitant toutes deux ce qui restait de ce royaume démembré, nous nous trouvions en présence de difficultés dont il convenait d'autant plus de tenir compte que nous ignorions au juste en quoi elles consistaient.

On sait comment, dès 1795, le roi de Siam, après avoir enlevé du Cambodge le jeune Ang-eng pour le soustraire aux violences de ses sujets révoltés, et l'avoir plus tard fait couronner à Oudong, s'était payé de ses services en se faisant céder les provinces de Battambâng et d'Ongkor.

L'empereur d'Annam, de son côté, ne déploya pas une activité moins grande, et sous prétexte, en 1810, de secourir Ang-Chan contre les Siamois, il s'empara des six provinces qui forment la Basse-Cochinchine. Dès lors, et « non contents de tenir sous leur joug ces infortunés Cambodgiens, les Annamites essayèrent encore de leur imposer leurs usages et leurs mœurs.... L'antipathie qui a toujours séparé ces deux races se changea dès lors d'un côté en haine inextinguible, de l'autre en mépris profond... Une loi cochinchinoise alla jusqu'à punir de la strangulation tout Annamite qui épouserait une Cambodgienne.

Après une longue lutte entre les royaumes de Siam et d'Annam au sujet du Cambodge, la paix fut signée entre les deux monarques ; le partage définitif fut ajourné, mais chacun garda ce dont il s'était emparé.

Le prince Ong-Duong, s'étant engagé en outre à payer à ses deux terribles voisins un tribut périodique, fut placé par eux sur le trône du Cambodge.

A la mort de Ong-Duong, son fils Norodom lui succéda, grâce à l'appui du roi de Siam. Un de ses frères, Si-Vata, se révolta aussitôt, sous prétexte qu'il était fils d'un roi couronné, tandis que Norodom était né avant que leur père eut ceint la couronne dans la cérémonie solennelle considérée au Cambodge comme le sceau et la consécration du pouvoir souverain.

« Un oncle des princes soutint Si-Vata, agita la province de Baphnum voisine de Pnom-Penh, et le roi s'enfuit à Bangkok sans essayer de résister. Au mois de février 1862, il fut ramené dans ses Etats par les soldats du roi de Siam et rétabli à Oudong, à la condition qu'il inaugurerait son règne par l'abandon des provinces de Campong-Soaï et de Pursat, comme son père avait signalé le sien en se laissant dépouiller, au profit du Laos, de deux provinces limitrophes de ce pays, sur une partie duquel Siam exerce une souveraineté absolue. Pressé de posséder le pouvoir, Norodom souscrivit à tout. A Bangkok, on prit acte de sa promesse en déclarant toutefois qu'on n'en exigerait l'exécution que si le roi de Cambodge cessait de se montrer docile aux conseils de ses amis. Norodom se trouva ainsi forcément astreint au rôle de roi vassal..... Telle était la situation au moment de la prise de Saïgon par les Français.

» Le moment était décisif. Les Anglais, qui ne sont cependant pas à l'étroit dans les Indes, paraissaient voir leurs desseins contrariés par notre présence dans l'empire d'Annam. La peur qu'ils inspiraient à la cour de Siam avait longtemps empêché celle-ci d'accorder aux puissances européennes le droit d'avoir un consul à Bangkok. Au moment dont nous parlons ils avaient gagné du terrain et ils jouissaient dans les conseils du gouvernement siamois d'une influence considérable; or, ils ne dissimulaient pas qu'ils considéreraient comme un vrai succès politique d'amener le roi Phra-Maha-Mongkut à s'annexer purement et simplement le Cambodge.... En attendant le moment de se substituer au royal allié qu'elle poussait ainsi en avant, la Grande-Bretagne non seulement se ménageait la facilité de nous entourer d'ennemis dans notre nouvel établissement, mais elle se rendait maîtresse des cours du Mékong dont le Cambodge commande la vallée inférieure. »

D'autre part, dans l'état de faiblesse où se trouvait réduit ce royaume, son indépendance ne pouvait être assurée que par un protectorat. Cette nécessité admise, notre conduite était toute tracée : « les droits de suzeraineté de la France, substituée à Tu-Duc, étant dès le principe au moins égaux à ceux de Siam, nous pouvions les déclarer les uns et les autres éteints par compensation et nous créer par un traité des droits nouveaux et exclusifs; les efforts des officiers français, transformés par la force des choses en diplomates, se tournèrent de ce côté.

Une circonstance toute fortuite, l'entrée sur notre territoire d'un oncle du roi de Cambodge, Senong-Sôo, qui, poursuivi par les Siamois, y venait chercher un refuge, nous fournit l'occasion d'agir.

Les Siamois demandèrent l'extradition du prince; les autorités françaises refusèrent de faire droit à cette demande; la lutte allait s'engager : en attendant, notre aviso à vapeur *le Gyadink* entra dans les eaux du Cambodge, et M. de Lagrée, son commandant, fut parfaitement bien accueilli par le roi qui lui accorda avec empressement, pour y établir un dépôt de charbon, l'emplacement que nous avons toujours occupé depuis vis-à-vis Pnom-Penh.

L'arrogance des Siamois à l'égard des Cambodgiens acheva de nous applanir les voies : « Cette façon d'agir, très blessante pour un peuple si déchu qu'on le suppose, faillit amener une révolution en faveur de Phra-Keo-Fea, jeune frère du roi, à qui sa haine contre les Siamois faisait une sorte de popularité. Notre présence seule empêcha la révolte. Le représentant siamois à la cour du roi le sentit, et ne voulant pas assister plus longtemps au spectacle si pénible pour son orgueil du progrès de notre influence, il prétexta des ordres à aller prendre auprès de son souverain et quitta la cour de Cambodge. »

Averti de ces faits, l'amiral de la Grandière se rendit à Oudong (août 1863) et aborda nettement la question du protectorat français. « Le roi, ne comprenant peut-être pas bien tout d'abord le sens du mot protectorat, encore plus difficile à définir en cambodgien qu'en français, n'en consentit pas moins sans difficulté à revêtir de son sceau un traité en dix-neuf articles, dans lequel le protectorat de la France sur le Cambodge, solennellement déclaré, était entouré de toutes les garanties que nous désirions obtenir...... A peine cette nouvelle fut-elle parvenue à Siam qu'elle y souleva des colères dont le retentissement effraya notre nouveau protégé au point de lui faire oublier sa parole et de nous créer de véritables embarras. »

Des négociations fort difficultueuses et embrouillées du côté du gouvernement siamois furent engagées; d'autre part, des démarches très actives étaient faites, en France même, auprès du gouvernement, pour empêcher la ratification du traité obtenu par l'amiral de La Grandière. Cependant, comme on croyait généralement dans toute l'Indo-Chine que cette ratification serait refusée, le roi Norodom crut prudent de se tourner décidément du côté de l'alliance siamoise; abandonnant le gouvernement à ses ministres, il partit pour Bangkok.

En apprenant ce départ par la rumeur publique, M. de Lagrée « obéit à une de ces inspirations subites qui relèvent les causes jugées perdues. La présence d'une petite garnison siamoise dans la capitale du Cambodge semblant, en l'état des choses, nous autoriser à agir de même, les autorités cambodgiennes n'osèrent s'opposer au débarquement de quelques soldats, qui furent logés assez près de la troupe siamoise pour observer tous ses mouvements. Aussitôt que ses hommes eurent pris possession de leurs logements, le commandant du détachement d'infanterie de marine, qui composait cette petite garnison, arbora le pavillon français que l'artillerie de l'aviso salua de vingt et un coups de canon. Ce fut là ce qui nous ramena la fortune.

« Le roi n'était pas loin sur la route de Kompot. Effrayé du bruit de l'artillerie et s'imaginant que nous allions profiter de son absence pour nous emparer du Cambodge, il fit halte brusquement, puis rétrograda d'une étape.... Le ministre siamois qui l'accompagnait hésita lui-même : le beau succès de tenir le roi et de perdre le royaume! »

Mieux valait négocier. Les négociations, en dépit des ruses et des atermoiements de l'habile Siamois, ne trompèrent ni arrêtèrent un seul instant la franche politique de M. de Lagrée. Sur ces entrefaites arriva la ratification par le gouvernement français du traité de protectorat; toutes les indécisions du roi cessèrent aussitôt; il rentra dans sa capitale où le pavillon siamois fit définitivement place au drapeau français.

Lorsque le roi de Siam, après cet échec, vit revenir Phnea-rat, son mandarin favori et le plus habile, le plus heureux jusque-là de ses diplomates, il comprit que toutes ses espérances étaient perdues et il eut l'esprit de s'exécuter de bonne grâce : il restitua la couronne du Cambodge qu'il détenait et faute de laquelle Norodom ne pouvait être mis en possession solennelle de son trône.

Cette cérémonie du couronnement faillit amener de nouvelles complications. Phnea-rat avait accompagné le mandarin siamois Phya-Montrey-Suriwan, son successeur, dont la courtoisie, l'esprit fin et conciliant contrastaient heureusement avec son arrogante astuce. A son instigation, Phya-Montrey-Suriwan demanda à placer lui-même la couronne qu'il avait apportée, sur la tête de Norodom; le chef d'état-major de l'amiral de la Grandière n'y voulut point consentir; l'envoyé siamois offrit alors de la prendre chacun d'un côté; M. Dumoulin déclina encore cette proposition et fit adopter le cérémonial suivant : il recevrait la couronne des mains du mandarin siamois et la présenterait au roi qui s'en ornerait le chef lui-même, tout comme Napoléon à Notre-Dame.

« Quand il sentit enfin bien fixée sur sa tête cette couronne qui s'était évanouie si souvent au moment où il croyait la tenir, Norodom, oppressé par le bonheur, exprima le désir de saluer son puissant protecteur, l'empereur des Français. Il fit quelques pas vers l'Occident et, portant la main à sa couronne pour imiter M. Dumoulin qui ôtait son chapeau, il répéta les inclinations profondes qu'il voyait faire devant lui. Alors Phnéa, qui, perdu dans la foule, dévorait son humiliation en mâchant silencieusement son bétel, fendit les rangs des spectateurs, réclama des saluts à l'adresse du roi de Siam, et, se précipitant la face contre terre, frappa trois fois le sol du front. Norodom l'imita par courtoisie, et chacun sourit du sentiment qui inspirait cette démarche au malheureux général dont elle fut la dernière exigence. »

Notre protectorat, bien que non officiellement reconnu par le gouvernement de Siam, après s'être établi paisiblement, s'est exercé jusqu'à présent sans conteste.

Norodom et les Cambodgiens eux-mêmes en ont reconnu et béni les résultats lorsqu'en 1866, une révolution sérieuse a menacé le trône du premier et le repos du pays. Ce n'est pas que l'impopularité de Norodom ne fut justifiée par le débordement de ses mœurs, mais si les Cambodgiens ont quelque raison de demander un changement de régime, ils n'auraient rien gagné à un changement de personne. On ne peut espérer que la raison politique fasse entendre sa voix dans le conseil des princes asiatiques tant que celle des passions parlera si haut dans leur cœur....

Quoi qu'il en soit, notre situation au Cambodge est excellente ; notre influence sur l'esprit du roi et les actes du gouvernement, au lieu d'être amoindrie, ou du moins ébranlée par les événements récents du Tonkin et l'attitude belliqueuse affectée à cette occasion par la Chine, ne s'est jamais exercée avec plus de témoignages de respect et de confiance, ainsi qu'en fait foi le télégramme suivant adressé de Saïgon, le 18 mars dernier, par le gouverneur de la Cochinchine au ministre de la marine :

« Je suis revenu hier du Cambodge avec la flottille de Cochinchine.

» J'ai reçu un accueil très cordial du roi, qui a protesté, à chaque entrevue, de son dévouement à la France.

» Les réceptions et les fêtes ont été magnifiques. J'ai remis au roi les cadeaux de la colonie de Cochinchine.

» Toutes les affaires sont réglées. Nous sommes tombés d'accord sur la création d'un tribunal mixte spécial, auquel sera attribuée la connaissance des délits et contraventions en matière de contributions indirectes et qui sera composé de dix fonctionnaires français, dont le président avec voix prépondérante, et de deux mandarins.

» Cette convention, signée le 13 mars, détermine également, en quatre-vingt-dix-neuf articles, les règles de procédure à suivre devant le tribunal.

» Cet arrangement complétera heureusement le traité de 1883, qui protège insuffisamment nos nationaux et les Européens dans leurs différends avec les Asiatiques et ne donne à l'administration française aucune action sur les sujets cambodgiens.

» A la nouvelle de la prise de Bac-Ninh, arrivée le 13 à Pnom-Penh, toutes les maisons ont été pavoisées et illuminées. Trois salves d'artillerie ont été tirées par la flottille de Cochinchine ; l'artillerie cambodgienne leur a répondu. Le roi Norodom a exprimé sa joie profonde et ses vœux sincères pour le succès définitif de nos armes au Tonkin. »

MALACCA

La *presqu'île de Malacca* ou *Malakka*, longue d'un peu plus de 1000 kilomètres sur 130 kilomètres dans sa plus grande largeur, est trop imparfaitement connue pour que nous puissions entrer dans de grands détails sur ce qu'elle peut offrir de remarquable.

Chemin creux à Penang, côtes de Malacca.

Son intérieur est occupé par d'immenses forêts dont aucun œil humain n'a jamais pénétré les sauvages et grandioses profondeurs, mais qui, en revanche, offrent un asile sûr et redoutable à d'innombrables bêtes féroces et à des reptiles venimeux.

Les terres qui bordent la côte sont fertiles et présentent tout le luxe de la végétation tropicale.

Mais ce qui serait de nature à constituer une richesse importante si le pays était habité par un peuple industrieux, ce sont les dépôts d'alluvions aurifères et stannifères que les siècles y ont amassés.

L'or se rencontre en quantité dans le sable des rivières, et l'étain est disséminé presque à la surface du sol dans un sable très fin.

Dès l'an 1644, le gouverneur Van Vilet, à qui nous devons une bonne relation de Siam, essaya de faire pénétrer des détachements dans l'intérieur de la péninsule malaise.

On y rencontre, dans la plaine, des taillis de buissons où il faut s'ouvrir une route la hache à la main, et des marais où les indigènes seuls savent marcher sur des troncs d'arbres abattus.

Arrivé à une certaine hauteur, de beaux arbres flattent la vue, mais entre ces arbres, des ronces, des épines, des plantes sarmenteuses s'enlacent de manière à fermer absolument le chemin.

Les moustiques voltigent en nuées dans ces forêts.

A chaque pas on court risque de fouler un serpent venimeux.

Les léopards, les tigres, les rhinocéros, troublés dans leur asile héréditaire, dévoreraient tout voyageur qui ne serait pas accompagné d'une forte escorte et qui n'entretiendrait pas du feu toute la nuit.

Mais comment avoir une escorte ?

Les Malais, cent fois plus dangereux que les tigres et les serpents, ne suivent qu'à regret et à contre cœur un Européen ; et même ceux qui étaient sujets des Hollandais, saisissaient souvent l'occasion de trahir les voyageurs qu'on les avait chargés de conduire.

En 1745, un M. Van der Puttus, grand amateur de voyages, entreprit, avec un détachement que lui avait fourni le gouverneur Albinus, de pénétrer jusqu'au mont Ophir, nommé en malais *Gounong-Lelang*, situé vers les sources de la rivière de Moar, au sud-est de Malacca, mais dès qu'il eut quitté le bateau, son escorte prit peu à peu la fuite, et il ne put achever son entreprise.

Les parties les mieux connues produisent du poivre et d'autres épices, ainsi que quelques espèces de gommes. Une verdure éternelle orne les forêts où croissent des bois précieux, tels que le bois d'aloès, le bois d'aigle, de sandal et le *cassia-odorata*, espèce de cannelier.

On y respire un air embaumé par une quantité innombrable de fleurs, qui poussent continuellement à côté des fleurs mourantes. Mais l'état inculte du pays fait naître en beaucoup d'endroits un air pestilentiel, et rend, en général, les vivres peu abondants. Néanmoins les poissons, les légumes et les fruits ne manquent pas à Malacca même.

Le règne animal de ce pays est peu connu.

Parmi les oiseaux qui paraissent très nombreux, on cite l'*oiseau de Junon*, espèce de poule.

Nous avons occasion de parler ailleurs de la race d'hommes qui habite ce pays et de la langue qui y est parlée.

CORÉE

I

Entre les îles du Japon et la Mandchourie s'étend la grande péninsule de Corée, baignée à l'est par la mer du Japon et à l'ouest par la mer Jaune.

La Corée a environ 900 kilomètres de long, mais un tiers de cette longueur se trouve en dehors de la péninsule proprement dite ; sa largeur est au nord de plus de 400 kilomètres, mais au point où la péninsule prend son véritable commencement, cette largeur n'est que de 140 à 160 kilomètres ; elle prend bientôt et elle conserve jusqu'à la fin la largeur à peu près régulière de 240 kilomètres. On voit que la Corée ne le cède guère, sous le rapport de sa configuration, à l'Italie à laquelle nous aurons à la comparer sous d'autres rapports.

Le seul trait bien connu de la géographie physique de la Corée, c'est l'existence d'une haute chaîne de montagnes se dirigeant du nord au sud après s'être détachée du groupe méridional de la Mandchourie. En pénétrant dans la péninsule, cette chaîne longe de fort près la mer du Japon. Il en sort un grand nombre de sources et de rivières ; la pente générale du terrain est vers la mer Jaune. Les côtes et les îles qui la bordent sont très rocailleuses et d'un accès difficile.

On connaît trois grandes rivières, le *Ya-lou*, le *Tou-men* et le *Han*. La première, qui a environ 840 kilomètres de cours, s'écoule dans la mer occidentale ; la seconde, qui n'en a que 320, se jette dans la mer orientale ; toutes deux sont au nord et hors de la presqu'île proprement dite ; elles prennent leur source dans une même montagne qui est très haute ; les Chinois l'appellent *Chang-pe-chan*, et les Mandchoux *Chen-atia*, ou montagne toujours blanche ; la troisième prend sa source dans la longue chaîne qui traverse la Corée et se jette, après un cours de 280 à 320 kilomètres, dans le bras de mer appelé détroit de Corée.

Quoique sous la même latitude que l'Italie méridionale, la Corée a le climat très froid à cause des montagnes qu'elle renferme. Dans sa partie septentrionale la neige tombe en si grande quantité qu'on est obligé de creuser par dessous des espèces de tunnels pour aller d'une maison à l'autre.

Le sol néanmoins est fertile et admirablement cultivé. Quelque abondantes toutefois que puissent être ces récoltes, c'est surtout des entrailles de la terre que la Corée tire ses principales richesses. Parmi les minéraux que recèlent en abondance les flancs de ses montagnes, les principaux sont : l'or, l'argent, le plomb, le fer ; on y trouve aussi des topazes et du sel gemme.

Les animaux les plus communs sont les sangliers, les ours, les zibelines (au nord), les martes, les castors et les cerfs.

Les fleuves abondent en poisson, et selon Hamel qui prétend avoir séjourné en Corée, on y trouve des caïmans (espèce de crocodile), dont quelques-uns atteignent une longueur de dix à treize mètres. On signale encore une espèce de poulet à longue queue (probablement des faisans), et de petits chevaux hauts seulement d'un mètre.

Couvertes de vastes et sombres forêts, les régions montagneuses du nord de la Corée ne produisent, dans les parties cultivées, que de l'orge et de la racine de *ginseng,* si estimée par les Chinois. Les provinces méridionales, mieux traitées par la nature, abondent en riz, millet et *panis,* espèce de blé duquel on extrait une boisson fermentée très estimée ; en chanvre, tabac, citrons et soie ; d'un arbre qui ressemble au palmier, découle une gomme qui donne au vernis la couleur et le brillant de l'or.

Les Coréens appelaient autrefois leur pays *Kao-li*, nom qui est resté dans le langage populaire, mais qui a été remplacé dans la langue officielle par celui de *Tchao-sien* ou *Tio-san*. Les Mandchoux l'appellent *Solhho*, et les Japonais *Koréï* dont les Européens ont fait *Corée.*

La Corée est divisée en huit provinces ou *Tao*, nom qui en chinois signifie *route*. Celle de *King-hi*, à peu près au centre, a pour chef-lieu *Han-yang*, appelée aussi *King-szu*, qui est la capitale de tout le royaume.

La province contiguë au sud-est est celle de *Tchou-sin* ou ancien territoire du *Ma-han*. Sa capitale s'appelle *Tchoung-tcheou*. Les habitants de cette province, qui est une des plus fertiles et des mieux cultivées, élèvent beaucoup de vers à soie et fabriquent des étoffes brodées, très belles et très recherchées.

Thsinan-lo, à l'ouest de la précédente, a 300 kilomètres de longueur sur 145 de largeur ; son chef-lieu est *Thsinan-tcheou*.

Vient ensuite la province de *Kiang-yuan* ou des *Sources du fleuve*, dont les habitants se rapprochent beaucoup comme types physiques des Japonais. *Kiang-lui-fou* en est le chef-lieu.

Celle de *Khing-chan*, dont le chef-lieu est *King-tcheou*, borde le détroit de Corée.

Celle de *Hoang-haï*, chef-lieu *Hoang-tcheou*, doit son nom à la mer Jaune qui la borde. Fertile et bien cultivée sur le littoral, cette province est très montagneuse et très boisée à l'intérieur.

La province la plus septentrionale, celle de *Phing-ngan*, chef-lieu *Phung-jung*, est la partie la plus abrupte, la moins peuplée et aussi la moins connue de la Corée.

La huitième et dernière province coréenne, la *Hiang-khing*, ne serait guère plus favorisée de la nature si elle n'était traversée par le *Tou-men*, sur les rives duquel s'élèvent quelques villes assez importantes dont la principale est *Hian-hian*.

Duhalde et les auteurs chinois nous apprennent que ces provinces, qui sont divisées en départements et en districts, renferment quarante et une principautés, trente-trois *fou* ou villes de premier ordre, trente-huit *tcheou* ou villes de second ordre, et soixante-dix *hian* ou villes de troisième ordre. On ne connaît pas la population de ce royaume, mais, d'après certaines données, on peut l'évaluer à environ 8,000,000 d'âmes.

Les îles qui dépendent de la Corée sont nombreuses ; les plus occidentales ont reçu des Anglais le nom d'îles Amherst ; ce sont les plus considérables ; ce ne sont guère cependant que des roches granitiques émergeant de l'eau. Celles qui ont des arbres et des habitants sont peu considérables.

L'aspect des villes coréennes est le même que celui des villes chinoises, avec cette différence cependant que les maisons sont ici construites en terre, sans art, sans souci d'aucune espèce de commodité et de bien-être. Dans quelques localités elles sont élevées sur pilotis. Il faut une permission spéciale du roi ou des gouverneurs de provinces pour pouvoir les couvrir en tuiles, aussi n'ont-elles pour la plupart qu'un toit de paille ou de roseaux. Les habitations des hauts personnages sont seules situées au milieu de vastes jardins ; elles ont un aspect gai et agréable.

A l'exemple des Chinois et pour se garantir des incursions des Mandchoux, les Coréens avaient, au temps de leur indépendance, construit une grande muraille que, depuis qu'ils subissent la domination chinoise, ils laissent tomber en ruines.

Bien que ressemblant aux Chinois sous le rapport physique, les Coréens cependant ont des traits distinctifs qui les font reconnaître à première vue : robustes, d'une taille moyenne et bien prise, avec leur teint basané, leurs cheveux noirs, ils ont l'air martial; leurs mœurs toutefois sont douces et polies. On admire en eux une grande sobriété et un respect profond des parents.

Mais là s'arrête l'éloge : courbés depuis des siècles sous un joug étranger, ils ont pris tous les vices que fait naître la servitude et que développe le despotisme : adonnés aux plaisirs, grands menteurs, fort lâches bien que très fanfarons, ils sont si habiles à tromper et à voler, que les Chinois, malgré leur finesse et leur prudence, s'y laissent souvent prendre.

L'égoïsme, qui fait le fond de leur caractère, est si profond que dans l'épouvante que leur inspirent les maladies épidémiques, au lieu de soigner les membres de leurs familles qui en sont atteints, ils s'empressent de les porter en plein champ et de les y abandonner sans secours.

Les mariages entre parents sont défendus jusqu'au quatrième degré ; la polygamie est admise, mais la première femme seule a le titre d'épouse légitime.

Les femmes de qualité ne sont pas, comme en Chine, soumises à la mutilation des pieds ; on ne les relègue pas dans des appartements particuliers ; les hommes, même étrangers à la famille, ne sont point exclus de leur société.

Le corps des personnages distingués est gardé d'un an à trois ans dans un cercueil avant d'être enterré. Les tombeaux sont toujours placés sur des hauteurs, et l'on pose à côté les armes, les ustensiles dont se servait le défunt, ainsi que les objets précieux qui lui appartenaient.

Les enfants d'un homme libre portent pendant trois ans le deuil de leur père, et se privent pendant ce temps, non seulement de tout plaisir bruyant, mais de tous les raffinements que comportent les mœurs coréennes.

La majeure partie de l'héritage du chef de famille est dévolue à son fils aîné.

Les Chinois, qui n'ont pu modifier en une foule de points le caractère et les usages des Coréens, leur ont imposé cependant leurs arts, leurs sciences et leur langue. Un grand nombre de collèges sont ouverts aux enfants des familles libres. Les lettrés coréens forment un ordre d'Etat à part, et se distinguent par deux plumes attachées à leur bonnet. Ils subissent, comme en Chine, plusieurs examens. Le savoir des plus habiles, toutefois, se borne à la morale de *Khoung-tsu* (*Confucius*); ils se servent de la langue et de l'alphabet chinois. Mais cet emprunt constitue seulement ce qu'on peut appeler le langage littéraire et scientifique; dans la pratique de la vie, dans l'usage journalier, les Coréens se servent de leur langue et de leur alphabet propres, lesquels sont tout à fait différents. Ils écrivent avec des pinceaux faits en poils de loup et impriment leurs livres au moyen de figures en bois.

La langue coréenne est trop peu connue pour être appréciée ; on sait cependant par les missionnaires qui sont parvenus à forcer les barrières de ce pays si hermétiquement fermé à tout ce qui vient de l'Europe, qu'à côté de quelques mots mandchoux et chinois qui s'y sont évidemment mêlés bien après sa formation, la langue coréenne a des radicaux et un génie tout à fait différents de ceux de ces deux langues. « Serait-elle un dialecte voisin de celui des îles Yéso et des Kouriles? Ou la Corée et le Japon auraient-ils possédé une langue et une nation indigènes avant de recevoir des colonies de la Chine et de la Mandchourie? Il appartient aux voyageurs futurs de jeter quelque jour sur ces questions! »

Le costume coréen ressemble beaucoup au costume chinois, sauf pour les hommes l'usage de conserver la barbe et de raser les cheveux, et pour les femmes, le libre exercice, ainsi que nous l'avons dit, des membres inférieurs, et par suite une tournure aisée et gracieuse que les Chinoises ne connaissent pas. Elles portent les cheveux relevés à la chinoise, mais au lieu de la longue tresse tombant par derrière, elles les roulent sur la nuque en une épaisse torsade.

La philosophie de Confucius est ici comme en Chine la doctrine dominante parmi les grands et les lettrés; mais le bouddhisme y a beaucoup d'adhérents dans le peuple. Ce qui n'empêche pas que les bonzes y soient tenus dans un tel état d'abjection qu'il ne leur est pas permis de construire leurs temples dans l'enceinte des villes.

Cet état de sujétion n'est pas étranger peut-être au développement, parmi les bonzes coréens, d'une espèce de ferveur religieuse que leurs confrères de Chine ne connaissent pas. Il s'est formé parmi eux de nombreux ordres monastiques ou associations religieuses dont les membres mènent une vie austère, souffrent avec patience des humiliations très dures, observent une foule de cérémonies et ne recueillent pour fruit de tant d'efforts que le mépris général. Parmi ces moines, il y en a qui, d'après leurs règles, doivent porter la tête et le menton rasés, s'abstenir de viande et fuir jusqu'à la vue des femmes. Ce dernier point est tellement rigoureux que le moine qui l'enfreint est condamné à la bastonnade et chassé ensuite ignominieusement du couvent. Quelques-uns de ces monastères comptent jusqu'à cinq cents moines. « A l'époque où on les y admet, on leur imprime au bras une marque ineffaçable qui servirait à les faire reconnaître s'ils osaient quitter la vie monastique pour embrasser la vie civile. La plupart travaillent pour subvenir à leur subsistance; les uns instruisent les enfants, les autres exercent quelque petite industrie, et ceux qui sont trop âgés pour travailler font la quête ou demandent l'aumône.

» L'agriculture, beaucoup plus avancée chez les Coréens que chez les Mandchoux, n'y est pas arrivée cependant au degré de perfectionnement qu'elle a acquis en Chine. Il est vrai que les obstacles que rencontre la culture dans ce pays montagneux sont plus nombreux et plus considérables que dans les plaines fertiles de la plupart des provinces chinoises. La méthode de disposer les montagnes en gradins que l'on fertilise d'autant plus aisément que l'on y trouve partout de la terre végétale, ce qui permet de les cultiver jusqu'à leur sommet, est pratiquée en Corée avec beaucoup d'art et de succès. La culture la plus répandue est celle du riz, base principale de la nourriture des habitants. »

L'industrie coréenne fournit à l'exportation un papier très blanc et très fort fabriqué avec du coton, des éventails très artistement décorés, des papiers peints très estimés en Chine, des toiles de lin d'une grande finesse, des étoffes de soie et de coton, de la faïence et de la porcelaine, des fusils et d'autres armes supérieures à celles fabriquées en Chine, des canons qui ne valent guère mieux que ceux qui se font dans ce dernier pays. Les Coréennes sont particulièrement habiles à fabriquer avec des roseaux et les tiges de certaines graminées des nattes, des chapeaux, des sandales, des cordages et des voiles d'une admirable perfection de travail. Les pinceaux en poils de queues de loups fabriqués en Corée, sont très estimés dans tout l'extrême Orient.

Les Chinois et les Japonais sont les acheteurs attitrés de ces divers produits, c'est à King-Chan que les bâtiments japonais apportent les marchandises qu'ils fournissent en échange, et qui consistent principalement en poivre, bois odoriférants, alun et cornes de buffles. La Chine envoie son thé et ses soieries.

Les payements réciproques se font en petits lingots d'argent, la seule monnaie du pays consistant en piécettes de cuivre d'une valeur infime.

II

Originairement divisée en plusieurs petits Etats, la Corée fut subjuguée un millier d'années avant l'ère chrétienne et civilisée par des aventuriers

28

chinois, dont le chef Khi-tsu inaugura, par la douceur et la sagesse de son gouvernement, une période de prospérité que l'on peut appeler l'âge d'or de ce pays.

Les Mandchoux, les Japonais firent ensuite des incursions dans la péninsule coréenne, mais sans jamais parvenir à y fonder un établissement, sinon fixe, du moins d'une certaine durée; aussi l'élément chinois s'y est-il seul mêlé, pour la dominer et presque pour l'absorber, à la population primitive.

« Le royaume de Corée est gouverné par un monarque héréditaire, tributaire du Céleste-Empire, et qui, lors de son avènement au trône, reçoit à genoux l'investiture de ses Etats et le titre de *Koué-ouang* (roi) de deux mandarins envoyés à cet effet par l'empereur.

» Après cette cérémonie, un ambassadeur du nouveau souverain va porter à Pékin les humbles hommages de son maître et, ce qui est bien plus prisé à la cour, le tribut dû par lui.

» L'épouse légitime du roi de Corée ne peut prendre le titre de reine qu'avec l'assentiment de l'empereur de Chine. »

Chez lui, cependant, ce roi exerce un despotisme sans contrôle. « Une cour nombreuse, un sérail bien fourni, augmentent l'éclat de son trône. Tous ses sujets sont tenus de travailler pour lui pendant trois mois chaque année; encore au produit de ce travail, aux revenus de ses immenses domaines, le prince ajoute-t-il le produit de la dîme royale, levée en nature sur toutes les productions agricoles ou manufacturées du royaume.

A l'inverse de ce qui se pratique en Chine, la Corée est gouvernée, sous l'autorité du roi, par une aristocratie héréditaire, très puissante et très oppressive. Dans cette organisation féodale, le seigneur est tout, il a droit de vie et de mort sur ses serfs, et bien que toutes les terres soient censées appartenir au roi, c'est lui qui en est le vrai possesseur et le maître absolu.

Il existe cependant, à côté des seigneurs et des paysans, une classe moyenne, dont les membres jouissent, sauf le travail à fournir et la dîme à payer au souverain, de franchises communales assez étendues. C'est à cette classe qu'appartiennent les marchands et les divers corps de métier.

Le souverain a un conseil d'Etat composé des ministres et des principaux officiers de terre et de mer. Les fonctionnaires publics de tous rangs ne peuvent occuper plus de trois ans le même emploi.

On ne connaît pas en Corée de fonctionnaires civils, l'organisation administrative et sociale est essentiellement militaire. Chaque province est administrée par un officier dont le grade correspond à celui de général chez nous; chaque département par un colonel; chaque district par un capitaine, et chaque commune par un caporal.

Tous les ans chaque subalterne envoie à son supérieur un état présentant le nombre d'hommes placés sous sa dépendance ; par ces états qui, après avoir été transmis hiérarchiquement du caporal au général, sont envoyés au roi, celui-ci est toujours renseigné sur le nombre exact d'hommes qu'il peut au besoin mettre sur pied.

L'esprit militaire est tellement ancré dans les mœurs coréennes que, d'après certains auteurs, les habitants mêmes des monastères font partie intégrante de l'armée; tout le privilège qui leur est accordé, c'est de former des corps particuliers destinés à tenir garnison dans les forteresses qui occupent les défilés des montagnes et d'être commandés par des officiers choisis dans leur ordre.

Les soldats de toute arme s'équipent à leurs frais.

Cette organisation, toute redoutable qu'elle puisse paraître aux pacifiques Chinois, ne constitue en réalité qu'une force très médiocre ; toute l'armée coréenne ne suffirait pas à arrêter un nombre cent fois moindre de troupes européennes. Cette infériorité n'a rien, du reste, qui puisse amoindrir la réputation de courage des Coréens; elle tient à l'armement de ces troupes, armement défectueux sous le rapport des armes mêmes, et plus défectueux encore par la manière dont le Coréen s'en sert. Quant aux bâtiments de guerre, bien qu'ils soient incomparablement mieux construits, mieux armés et mieux manœuvrés que ceux des Chinois, on ne saurait établir la plus lointaine comparaison entre le plus fort d'entre eux et le plus petit bâtiment de guerre de l'Europe.

La vraie force de la Corée, ce qui la défendra longtemps peut-être contre toute ingérence européenne, c'est son climat, ce sont ses âpres montagnes et l'accès difficile de ses côtes.

ROYAUME DE LIEOU-KHIEOU

I

Les deux chaînes de montagnes qui traversent la Corée et le Japon, semblent se rapprocher et se continuer sous la surface de la mer, en s'élevant çà et là, de manière à former la suite de petits archipels qui s'étendent du Japon jusque vers l'île de Formose.

Dans cette région maritime peu connue, nous trouvons le royaume de *Lieou-Khieou*, Etat assez florissant et digne de nous intéresser, dont on doit la première connaissance à un ambassadeur chinois nommé Soupa-Kouang, qui y fut envoyé en 1719.

D'après sa relation, ces îles forment, depuis l'île de *Kiousiou*, la plus méridionale des grandes îles du Japon, une espèce de chaîne, ou plutôt une suite de petits archipels qui aboutit, ainsi que nous l'avons dit tout à l'heure, à l'île Formose.

Il y en a en tout trente-six, sans compter celles qui relèvent du Japon.

Au sud de Kiousiou sont sept petites îles et une grande appelée *Tanaxima*, elles dépendent de l'empire du Japon.

Au sud de ces sept îles on en rencontre huit autres qui appartiennent au roi de Lieou-Khieou. On les nomme *Oufou-Chima*, c'est-à-dire *îles d'Oufou*. La principale s'appelle *Oufou* dans le pays, et *Tatao* chez les Chinois, c'est-à-dire *Grande île*. Ces îles sont fertiles et peuplées, à l'exception de Kikiaï, qui cependant partage avec Oufou des forêts de beaux et grands arbres.

Au sud-ouest de ces îles est la grande île de *Lieou-Khieou*. Sa grandeur du sud au nord serait de 240 kilomètres environ selon les Chinois, et de 96 seulement d'après les voyageurs anglais. Le roi demeure dans la partie méridionale, près de la ville royale qui a un port nommé *Napakiang*.

A l'ouest de cette grande île, il y en a dix autres bien peuplées et abondantes en produits du sol, à l'exception toutefois de l'île *Lung-houng-chan*, ou île du *soufre*, ainsi nommée parce que toute sa surface en est couverte.

A l'est de Formose dix-sept autres îles dépendent encore du roi de Lieou-Khieou.

La grande île était partagée, il y a quatre à cinq siècles, en trois Etats indépendants les uns des autres, ce qui l'avait fait surnommer l'île des Trois-Rois. Découvertes par les Chinois au VIIe siècle de notre ère, ces îles n'ont été subjuguées par eux qu'au XIVe siècle.

L'île de Lieou-Khieou produit en abondance du riz, du blé, des légumes, des melons, des ananas, des oranges, des citrons, des limons, du thé, des gingembres, du poivre, du camphre, du bois de teinture et de chauffage, de la soie, de la cire, du sel; on y trouve aussi du corail et des perles.

Le règne animal y est représenté par des bœufs, des moutons, des chevaux, des cerfs et de la volaille.

Les habitants sont fort polis et très hospitaliers; ils ont pour prêtres des bonzes, généralement élevés et instruits au Japon. Les livres de religion, de morale et de sciences sont écrits en caractères chinois; mais dans l'usage ordinaire, on se sert de l'écriture japonaise.

La langue est différente de celle des Chinois et des Japonais, bien que contenant beaucoup de mots appartenant à l'une et à l'autre des deux nations.

L'empereur Kiang-hi y établit, en 1720, une bibliothèque, et fit élever dans l'île principale un temple à Confucius.

On trouve dans ces îles des manufactures de papier, de soie et d'armes. Elles possèdent d'excellents ouvriers en métaux, or, argent, fer, etc. Les jonques qui sortent de leurs nombreux chantiers sont très recherchées en Chine et au Japon.

Le roi de Lieou-Khieou paye chaque année à l'empereur de Chine un tribut qui consiste en soufre, cuivre, étain, corail et nacre de perle. Le prince ne peut choisir une épouse que dans l'une des trois principales familles de son royaume.

D'après les historiens chinois, les insulaires de Lieou-Khieou rivaliseraient avec la Chine elle-même dans leurs prétentions touchant l'antiquité de leur origine. Vingt-six dynasties auraient successivement occupé le trône pendant une durée de dix-huit mille ans !

Quoi qu'il en soit de ces prétentions qu'aucun document ne permet de contrôler, mais dont l'exagération est évidente, la dynastie actuelle date de l'an 1165 de notre ère, et l'avènement du trentième de ses princes fut confirmé en 1815 par la cour de Pékin.

Toutefois, et « bien que le gouvernement chinois, dit Klaproth, s'arroge la suzeraineté sur le royaume de Lieou-Khieou, et que, suivant l'usage et l'opinion des Asiatiques orientaux, cette suzeraineté soit constatée par les ambassadeurs qui, tous les deux ans, portent des présents à Pékin, et par un sceau en Chinois et en Mandchoux envoyé au roi, cependant ce pays, par sa position entre la Chine et le Japon, est obligé aussi de se reconnaître vassal de ce dernier empire, et d'envoyer de temps à autre à son souverain des ambassadeurs chargés de présents. Ces présents consistent en sabres, en chevaux dressés, en *cheou-tai-kiang*, espèce de parfum, en ambre gris, en cassolettes à parfum, en plusieurs étoffes de prix, en divers objets de laque, et enfin en une sorte de vin mousseux, très estimé par les Japonais.

L'empereur du Japon envoie, en échange au roi de Lieou-Khieou, cinq cents pièces de monnaie d'argent et cinq cents paquets de pièces d'ouate de soie. Le chef de l'ambassade reçoit deux cents pièces d'argent et dix habillements complets. Les autres personnes qui en font partie ont à partager entre elles trois cents pièces d'argent.

II

Les habitants de Lieou-Khieou honorent la divinité en brûlant en plein air des parfums sur des pierres qui lui sont consacrées. Comme les Chinois, ils ont un respect profond pour les morts, mais au lieu, comme ceux-ci, de confier leurs restes à la terre, ils les font brûler et en recueillent les cendres que chaque famille conserve avec soin.

La doctrine de Fo ou de Bouddha, introduite dans ces îles il y a une dizaine de siècles, y est devenue la religion dominante.

Par une singularité dont nous n'avons vu aucun autre exemple dans l'extrême Orient, les femmes ont part au sacerdoce religieux. De même que les antiques prêtresses de l'île de Sein, elles se vouent exclusivement au service de la divinité ; le peuple, convaincu qu'elles possèdent le don de prophétie, vénère et redoute en même temps celles d'entre elles qui prétendent pénétrer les secrets de l'avenir ; mais il bénit celles qui, en plus grand nombre, s'adonnent au traitement et à la guérison des malades. Bien que ces dernières s'efforcent de faire croire que les cures qu'elles opèrent sont dues à leurs prières et à leurs incantations mystérieuses, elles paraissent posséder en réalité une connaissance assez complète de la vertu des simples de leurs îles, et le secret de certaines compositions médicales d'une véritable efficacité.

La langue chinoise et la langue japonaise ont concouru toutes deux pour former le dialecte du Lieou-Khieou. Les caractères chinois y ont été introduits en même temps que le culte de Bouddha et y sont seuls en usage.

La polygamie y est permise, les femmes y vivent dans une complète liberté ; elles évitent toutefois très soigneusement de se laisser voir par les étrangers qui débarquent dans leurs îles ; elles ne se mutilent pas les pieds et ne se fardent point le visage ; sauf ces différences, elles ressemblent, par le type physique et par le costume, aux femmes chinoises.

Le roi est le plus riche propriétaire de ses Etats. Indépendamment de ce que ses domaines lui rapportent, il a le monopole de l'exploitation des mines de soufre, de cuivre, d'étain et des salines ; enfin, le montant d'impôts, équivalant au dixième environ du revenu de tout genre de ses sujets, entre chaque année dans son trésor.

La population se partage en neuf classes, divisées chacune en trois branches.

Tel est à peu près tout ce que les Chinois eux-mêmes savent de ce royaume tributaire de leur empire.

ROYAUME DE LAOS

I

Malte-Brun écrivait au commencement de ce siècle : Un voyageur auquel son courage et son adresse ouvriraient un passage à travers les États Birmaniens, ferait d'intéressantes découvertes en dirigeant ses pas vers l'est pour pénétrer dans la contrée presque inconnue qu'on nomme royaume de *Laos*.

Ce pays est au nord-est du royaume de Siam et au nord du Cambodge. Selon une opinion reçue, un grand fleuve l'arrose, c'est le *May-Kong (Mékong)*.

L'envoyé hollandais Wusthof le remonta en bateau ; il rencontra plusieurs cataractes épouvantables. Un voyageur portugais arriva de la Chine au Laos en descendant ce fleuve et en traversant un lac.

Le Laos est séparé de tous les États voisins par de hautes montagnes et d'épaisses forêts. Les relations de ses rares visiteurs contiennent des assertions très différentes sur sa fertilité. D'après la Bissachère, la dixième partie seulement des terres est cultivée et on n'y récolte que du riz. Wusthof et Marini, au contraire, vantent l'abondance de denrées qu'y fournissent les règnes animal et végétal. D'autres écrivains parlent de l'excellence du riz qui y est récolté et qui passe pour le meilleur de l'Indo-Chine ; ils ajoutent qu'on y cultive toutes sortes de légumes et en quantité. Les buffles, selon ces derniers, y sont presque innombrables.

Tous s'accordent à reconnaître, avec les auteurs chinois, que le Laos fournit aux caprices du luxe du benjoin, du musc, de l'or, des pierres précieuses, particulièrement des rubis, des topazes et des perles. La gomme laque, dite de *Lalon*, est surtout si estimée que les marchands cambodgiens la recherchent et la paient fort cher, bien que leur pays en produise de très bonne.

Les éléphants sont, dit-on, si communs dans les forêts du Laos, qu'on assure que le pays en a tiré son nom.

Les Tonkinois et les Chinois ont actuellement la part principale au commerce. Mais autrefois les Siamois y allaient en caravanes de plusieurs centaines de chariots attelés de buffles ; ils restaient deux mois en route et se montraient très sobres de détails sur le pays et ses habitants, de peur, sans doute, de se susciter à eux-mêmes une concurrence qui eût diminué leurs profits. Les marchandises qu'ils importaient au Laos consistaient surtout en soieries et en sel. On assure que cette dernière denrée s'y est échangée longtemps, poids pour poids, contre de l'or.

Les habitants du Laos paraissent avoir de la ressemblance avec les Chinois méridionaux. Leur teint est olivâtre; ils sont, en général, bien constitués, de bonne mine, robustes, doux, sincères, mais portés à la superstition et à l'excès des plaisirs.

La chasse et la pêche constituent à peu près leurs seules occupations.

Le pays est divisé en plusieurs petits États. Les chefs de famille sont revêtus d'une grande autorité. Les talapoins ou prêtres vivent dans une extrême licence et oppriment horriblement non seulement le peuple, mais même la noblesse.

Le plus puissant de ces États est celui dit du *Laos-Moyen*, qui a ou plutôt qui avait *Vien-Chan* pour capitale. Marini, dans son *Histoire du Laos*, donne à cette ville le nom de *Langione*; il la dit située sur le 18° de latitude. Il ne commet, en en fixant ainsi la place, qu'une légère erreur, et c'est dans son livre que se rencontrent les données les plus précises sur l'état de ce royaume qu'il s'efforça d'évangéliser.

Il a vu les lieux, les hommes et les choses, et il les a bien vus, ainsi que l'a prouvé en 1867-1869 le voyage d'exploration entrepris, par ordre du gouvernement français, sur le *Mékong*, appelé jusqu'en ces derniers temps le *May-Kong*.

A la même époque que le voyage du père Marini, eut lieu l'ambassade hollandaise qui essaya de nouer des relations avec le plus grand roi du Laos; depuis lors, et jusqu'à l'arrivée de M. de Lagrée et de ses compagnons, aucun Européen n'avait pénétré jusque-là.

Les Hollandais mirent onze semaines à remonter le Mékong, depuis la frontière du Cambodge jusqu'à Vien-Chan qu'ils appellent Winkyan. Ils se servirent, disent-ils, d'étroites pirogues et eurent à franchir des obstacles qu'en Europe et avec les moyens de navigation qui y sont en usage, il serait impossible de surmonter.

Arrivés enfin à la capitale, Gérard van Wusthof et ses compagnons trouvèrent une ville riche et florissante, et ils y reçurent un accueil dont la relation qu'ils donnèrent de leur voyage n'omet aucun détail.

Nous ne rapporterons que ce qui, dans ce récit, a trait à la réception que leur fit le roi.

Aux approches de la capitale, quelques officiers vinrent demander au chef de l'ambassade communication particulière de ses lettres de créance. Ces lettres ayant été examinées et trouvées en bonne forme, trois grandes pirogues, montées chacune par quarante rameurs, furent envoyées pour prendre l'ambassadeur et son cortège. On mit les lettres dans la principale sur un vase d'or placé sous un dais magnifique (1); les Hollandais se placèrent derrière. Un mandarin était chargé de les conduire au logement que le roi leur avait fait préparer. Ils y furent reçus et complimentés par un autre mandarin au nom de ce prince qui leur fit offrir des rafraîchissements et quelques présents. On ne tarda pas à fixer le jour de l'audience à laquelle l'ambassadeur fut conduit avec beaucoup de pompe. Un éléphant portait la lettre du gouverneur général sur un bassin d'or. Cinq autres éléphants étaient montés par l'ambassadeur et ses gens. On passa devant le palais du roi au milieu d'une double haie de soldats, et l'on arriva enfin auprès d'une des portes de la ville, dont les murailles de pierres rouges étaient environnées d'un large fossé sans eau, mais tout rempli de broussailles.

Après avoir marché encore un quart de lieue, les Hollandais descendirent de leurs éléphants et entrèrent dans les tentes qu'on leur avait fait dresser en attendant les ordres du roi. La plaine était couverte d'officiers et de soldats qui montaient des éléphants ou des chevaux et qui tous campaient aussi sous la toile.

Au bout d'une heure le roi parut, porté aussi par un éléphant; il sortait de la ville avec une escorte de trois mille soldats, les uns armés de mousquets, les autres de piques. Après eux venait un train de plusieurs éléphants, tous montés par des officiers armés et suivis d'une troupe de joueurs d'instruments et de quelques centaines de soldats.

Le roi, que les Hollandais saluèrent lorsqu'il passa devant leurs tentes, ne leur parut pas âgé de plus de vingt-deux ans. Peu après les femmes du roi défilèrent aussi sur seize éléphants.

Dès que les deux cortèges furent hors de la vue du camp, chacun rentra dans sa tente où le roi fit porter à dîner aux Hollandais.

A quatre heures après-midi, l'ambassadeur fut invité à l'audience et conduit à travers une grande place dans une cour carrée environnée de murailles, avec quantité d'embrasures ; au milieu, on voyait une grande pyramide dont le haut était couvert de lames d'or du poids environ de mille livres. Ce monument était regardé comme une divinité, et tous les Laotiens venaient lui rendre leurs adorations.

Les présents des Hollandais furent apportés et placés à quinze pas du trône du prince. On conduisit alors l'ambassadeur dans un temple où le roi se trouvait avec tous les grands personnages de sa cour. C'est là qu'il lui fit la révérence exigée par l'usage du pays, tenant un cierge de chaque main et frappant trois fois la terre du front.

(1) Il est encore d'usage, à Siam et au Cambodge, de rendre aux lettres officielles les honneurs dus aux personnes qui les ont écrites.

Après les compliments usités en pareilles occasions, le roi fit présent à l'ambassadeur d'un bassin d'or et de plusieurs habits. Les personnes de sa suite ne furent pas oubliées. On leur donna ensuite le spectacle d'un combat simulé et d'une espèce de bal qui fut terminé par un feu d'artifice. Ils passèrent cette nuit-là hors de la ville, ce qui était sans exemple, et le matin on les ramena à leurs logements avec quatre éléphants.

Depuis ce jour, l'ambassadeur fut encore plusieurs fois traité à la cour, et l'on s'efforça de lui procurer tous les amusements imaginables. Après s'être arrêté deux mois à Winkyan, il en partit pour retourner à Cambodge où il n'arriva qu'au bout de quinze semaines, fort satisfait du succès de sa mission.

Il avait constaté que « si les finances du royaume permettaient au souverain de déployer autant de pompe dans les circonstances solennelles, son armée paraissait capable de tenir en respect des voisins ambitieux. Le pays était si peuplé que, dans un dénombrement de gens propres au service militaire, qui venait d'être fait récemment, on avait compté 500,000 hommes en état de porter les armes, à l'exclusion des vieillards qui y étaient en si grand nombre que, même de ceux qui étaient âgés de cent ans, on aurait pu former à l'occasion une armée considérable. »

Ces chiffres prouvent, malgré leur évidente exagération, que la population du royaume avait alors une grande densité.

Tels étaient les seuls renseignements que l'on possédait en Europe, il y a une quinzaine d'années, sur le Laos. En admettant même leur parfaite exactitude, c'est-à-dire en ne tenant aucun compte des efforts faits par les Loatiens pour en imposer à leurs visiteurs en leur montrant leur organisation sociale sous ses plus beaux aspects, et en leur cachant avec soin tout ce qui eût pu diminuer à leurs yeux l'importance de leur pays, on devrait tenir compte des modifications que plus de deux siècles apportent nécessairement chez un peuple placé, comme le Laos, entre plusieurs États puissants et envahisseurs.

Des doutes, d'ailleurs, s'étaient élevés sur l'exactitude des détails fournis par les ambassadeurs hollandais et par le père Marini. On allait jusqu'à se demander s'ils avaient seulement pénétré jusqu'à Vien-Chan. Il n'était pas jusqu'au cours du Mékong à travers du Laos, qui ne fut devenu l'objet de controverses très vives. Tandis, en effet, que les uns niaient que ce fleuve, au cours puissant, qu'on admirait dans le Cambodge, ne se séparât point dans les montagnes du Laos en branches insignifiantes, d'autres, s'appuyant sur le récit du voyageur antérieur à l'époque de Marini et de Van Wustof dont nous avons parlé, qui prétendait être arrivé jusque dans les provinces occidentales de la Chine en remontant le Mékong, soutenaient qu'il devait être possible d'ouvrir par la même voie des communications sûres et faciles entre notre colonie de Saïgon et le Céleste-Empire.

La question valait la peine d'être élucidée. L'exploration du Mékong fut donc décidée, et la direction en fut confiée à M. de Lagrée que de précédentes recherches sur les bornes actuelles de l'empire annamite et la reconnaissance du bassin d'un affluent du Mékong, le Se-Banghien, désignaient au choix du gouvernement colonial de la Basse-Cochinchine, et rendaient particulièrement propre à mener à bien cette nouvelle entreprise.

II

Cette exploration, qui a coûté la vie à son chef et qui a duré plus de deux années, a jeté une vive lumière sur ce pays ; elle a été féconde en résultats précieux de tout genre, mais elle n'a malheureusement pas réalisé les espérances que l'on avait conçues au sujet du Mékong considéré comme *route qui marche*.

Il résulte, en effet, du beau travail que M. de Carné, un des membres de l'exploration, a publié en 1870, que l'espoir d'utiliser le grand fleuve comme voie commerciale doit être complètement abandonné : « les difficultés qu'il oppose aux voyageurs commencent à la frontière cambodgienne, difficultés sérieuses pour ne pas dire insurmontables. Si l'on essayait jamais d'appliquer la vapeur à la navigation dans cette partie du Mékong, le voyage de retour serait certainement plein de périls. A *Khon* s'élève une barrière absolument infranchissable dans l'état actuel des lieux. Entre Khon et Bassai les eaux sont libres et profondes, mais le lit de la rivière s'obstrue de nouveau à une courte distance de ce dernier point.

» Depuis l'embouchure de la rivière d'Ubône que nous avons remontée jusqu'à Khemarat, c'est-à-dire sur un espace qui comprend les deux tiers du 1er degré de latitude, le Mékong n'est plus qu'un impétueux torrent dont les eaux se précipitent par un canal profond de plus de cent mètres et à peine large de soixante. La vérité commençait donc à s'imposer aux plus optimistes : des steamers ne sillonneraient jamais le Mékong comme ils sillonnent les Amazones et le Mississipi ; Saïgon ne serait jamais reliée aux provinces occidentales de la Chine par cette immense voie fluviale que le volume de ses eaux rend si puissante, mais qui semble n'être qu'un magnifique ouvrage inachevé.

» A d'autres points de vue, nos recherches avaient été moins stériles : si les grandes perspectives se fermaient, s'il n'était pas vraisemblable que les produits du Setchuen et du Yunnan vinssent jamais s'entreposer sur les places de la Basse-Cochinchine, il devenait certain du moins que le commerce du Bas-Laos tendait à se diriger vers Pnom-Penh, et qu'il n'existait, comme on paraissait le craindre à Saïgon, aucune dérivation vers Bangkok.

» De grands radeaux formés de bambous rassemblés, même des pirogues dirigées d'une main sûre par des marins hardis, tels sont les véhicules employés déjà pour transporter des balles de coton et de soie, des chargements de riz et des troupeaux d'esclaves. Un certain courant d'échange existe donc dès à présent, et il ne s'agit plus que de le développer.

» Des Annamites, des Chinois et des Européens concourraient utilement à cette œuvre de propagande commerciale qui profiterait à notre colonie. Arracher les Laotiens à leur torpeur, les amener à produire par la perspective de débouchés certains, susciter en eux des désirs, leur créer des besoins, forcer les autorités locales au respect de nos négociants et leur inspirer par là quelque modération dans leurs exigences envers ceux de leurs administrés qui traiteraient avec des sujets français : ce serait une méthode excellente et dont le gouvernement colonial pourrait tenter l'application.

» Certains objets de fabrication européenne s'imposeraient bientôt à la masse des habitants. Déjà les rigueurs relatives de la saison froide forcent les Laotiens à recourir aux tissus de laine, dont la plupart, sortis des manufactures anglaises, sont introduits par Bangkok. Le goût des étoffes brillantes est assez répandu, et c'est là peut-être le seul luxe qui soit un peu général. Les montres, les armes sont recherchées des gens riches ; en échange d'un présent de cette nature, on obtient des autorités tous les services possibles. Les mandarins laotiens se plaisent à transformer leurs demeures en musée, et ils étalent avec orgueil les rebuts de nos plus grossières fabrications. »

Si, de ces considérations qui se rattachent aux intérêts de la géographie commerciale et en particulier à ceux de notre colonisation indo-chinoise, nous passons à des questions plus générales, nous trouvons dans le travail de M. de Carné des lumières précieuses sur le Laos et ses habitants.

Défendue contre la curiosité ou l'ambition de ses voisins par les roches dont son fleuve est hérissé et surtout par les miasmes que le sol exhale, cette région est divisée en Bas-Laos, Moyen-Laos et Haut-Laos. Les populations des deux premières parties joignent à une excessive douceur une grande timidité ; dans les hautes régions, les mœurs sont très différentes, et le voyageur qui s'y engage doit s'attendre à trouver sa route hérissée d'embûches et de périls.

Mais c'est moins de cette partie du pays que des deux premières que nous avons à nous occuper, puisque c'est avec celles-ci surtout que nous avons la perspective d'établir dans un temps donné des rapports suivis. L'opposition que nous devons nous attendre à y rencontrer lorsque l'heure sera venue d'y introduire notre commerce, sera une opposition toute d'inertie.

Ainsi lorsque M. de Lagrée, voulant que la Commission commençât à se suffire à elle-même, au lieu de continuer comme dans le Cambodge à faire faire le service de sa petite caravane par des corvéables fournis par les mandarins, fit appel aux indigènes, ceux-ci « refusèrent de louer leurs épaules aussi bien que le dos de leurs animaux. » On crut d'abord à un mauvais vouloir personnel aux Européens, mais il fut bientôt démontré que, si le préjugé général chez tous les Indo-Chinois contre les Occidentaux entrait pour quelque chose dans ce refus, la paresse des Laotiens y avait une part bien plus large. Nos voyageurs ne purent plus en douter lorsque des négociants chinois leur eurent dit que le plus souvent ils ne parvenaient eux-mêmes à louer des porteurs qu'en intéressant largement les gouverneurs de province. Ceux-ci usent alors des moyens de contrainte dont ils disposent, et le commerce vit ainsi aux dépens de la liberté individuelle. Ce simple fait ne jette-t-il pas un jour éclatant sur toute cette civilisation rudimentaire ?

« Il fallut bien, continue M. de Carné, finir par recourir au roi, et celui-ci, au grand profit de notre caisse, nous tira facilement d'embarras. Nous avions fait de vains efforts pour former des contrats de louage; sur un mot de Sa Majesté quinze chars à buffles et à bœufs, cinquante hommes et six éléphants se groupèrent un matin comme par enchantement autour de notre case. Le despotisme a du bon, quand on est bien avec le despote (1)! »

A cet endroit de son récit, M. de Carné dément sans y songer peut-être le fait rapporté par les anciens voyageurs de la rareté du sel dans le Laos.

« En quittant Ubône, dit-il, nous suivons un chemin sablonneux comme les rues de la ville elle-même. Les chars enfoncent jusqu'à l'essieu dans cette poussière brûlante, et nous n'avons pour nous désaltérer aux heures de halte qu'une eau nauséabonde et saumâtre. Partout dans la campagne on fait la récolte du sel; *il est très abondant dans le pays et plusieurs sources en sont chargées.* Dans des bassins de terre glaise

----

(1) Les Laotiens, auxquels M. de Lagrée offrait vainement un salaire élevé pour le transport des bagages de la Commission d'exploration, étaient, paraît-il, si surpris de l'étrangeté de sa demande, qu'ils craignaient que, sous sa promesse, ne se cachât quelque piège : « Des gens qui se disaient grands mandarins et qui offraient de l'argent! cela leur paraissait contraire à la nature des choses. » Telles sont les mœurs indo-chinoises que le peuple n'y peut admettre que les classes élevées n'aient pas le privilège absolu de l'exploiter à leur gré.

enduits de résine, l'eau s'évapore et le sel se dépose. Pour mesurer le degré de saturation du liquide, les indigènes ont imaginé une petite boule faite de terre et de résine qui va au fond en eau douce et flotte dans l'eau salée. Bien qu'il n'existe aucune graduation sur cet instrument primitif, leur œil ne se trompe guère. »

Tout est triste et rabougri sur ce sol imprégné de sel; « les racines qui vont chercher dans la terre des sucs vivifiants subissent dans toute cette zone l'action corrosive du sel; les troncs des arbres sont chétifs, les branches noueuses; il n'y a plus d'ailleurs trace de verdure; tout est aride, desséché, brûlé; une couche épaisse de poussière blanche recouvre jusqu'aux feuilles des arbres; les éléphants, qui d'ordinaire se nourrissent tout en marchant, ne glanent plus que de loin en loin quelque liane encore verdoyante ou quelque racine enfoncée qu'ils déterrrent avec le pied. C'est un temps d'abstinence pour la nature entière qui semble regretter les pluies. Quelques arbres clairsemés, véritables buissons ardents, se couvrent de fleurs flamboyantes comme les feuilles d'un métal rougi au feu; les branches sont convulsivement tordues. »

Encore un trait à relever dans le récit de l'exploration du Mékong qui donnera une plus juste idée des mœurs et du gouvernement du Laos que ne le ferait la transcription ici du répertoire entier des lois et règlements de ce pays.

« En sortant du territoire d'Ubône, nous donnâmes congé aux corvéables du roi. M. de Lagrée, qui nous avait fait partout une grande réputation de générosité, la consolida en cette circonstance par une abondante distribution de fil de laiton. Les petits mandarins nous prièrent de leur remettre en bloc notre cadeau, qu'ils s'engageaient à distribuer euxmêmes ou à faire distribuer par le roi. La foule des malheureux porteurs parut très satisfaite de voir M. de Lagrée repousser ce conseil perfide. Tout en tenant compte du grade de chacun, nous opérâmes un partage démocratique. Les mandarins dévoraient leur rage : c'était environ cent francs qu'ils perdaient d'illégitime profit. Quant au petit personnage qui avait pour mission spéciale de veiller pendant la route à nos besoins personnels, il se tira d'affaire autrement. Il mit tout simplement dans sa poche l'argent que nous lui avions donné pour acheter des vivres dans les différents villages où nous nous étions arrêtés. Les vivres nous ayant été fournis, nous avions dû ignorer qu'il les exigeait gratis sous forme de cadeaux. D'ailleurs c'est l'usage, toujours l'usage; que répondre à cela ? Le métier de réformateur devient vite fatigant.

» Ailleurs les coutumes tempèrent les rigueurs de la loi ; ici, au Laos, il faudrait des lois pour atténuer la barbarie des coutumes! »

L'état politique et social du Laos est peint d'un seul trait par ces dernières lignes.

Les moyens de communication, qui sont dans les autres Etats de l'Indo-Chine l'objet de la sollicitude des gouvernants, sont laissés ici dans un déplorable abandon ; les chemins assez larges pour que des chars y puissent passer sont fort rares, encore ne s'étendent-ils que sur une faible distance des centres principaux ; ailleurs, on fait comme on peut, c'est-à-dire qu'abandonnant les chars, on a recours à des porteurs « qui, n'acceptant pas de charge supérieure à six ou sept kilogrammes, » nécessitent la population de tout un village pour le transport du matériel et des bagages de la moindre caravane.

Cependant, « en approchant du fleuve, le pays prend un aspect moins désolé. La grande forêt reparaît enfin, rarement touffue, mais verte encore. Les incendies ont bien fait çà et là comme de larges taches d'encre, mais les fraîches couleurs des jeunes bambous épargnés par le feu n'en ressortent que plus vivement.

» Les éléphants se donnent un véritable régal; les voyageurs couchent sous des huttes de feuillage élevées chaque soir près d'une flaque d'eau croupissante à la surface visqueuse et irisée, trop heureux de rencontrer une de ces mares saumâtres; c'est la grande affaire en cette saison, et plus tard, après que le soleil aura pompé tout ce qui reste d'humidité sur la terre, elle sera plus grave encore. Etre inondé la moitié de l'année, mourir de soif pendant l'autre moitié, voilà le sort des habitants de ce triste pays, du moins quand ils voyagent. »

Les membres de la commission sont enfin réunis à Khemarat (1), chef-lieu de la province du même nom, une des moins étendues du Laos moyen.

« Les habitants de cette ville, naïfs et crédules, s'imaginent que les observations faites pour déterminer la position géographique du village, n'ont d'autre but que de lire dans le soleil. Ils consultent les explorateurs sur l'avenir, et le gouverneur de la province, qui est sur le point de partir pour Bangkok, leur demande avec insistance à quelle heure il convient de se mettre en route pour avoir toutes les bonnes chances de son côté. On lui conseille de bien déjeuner et de partir après. »

La bienveillance des habitants de Khemarat permit aux explorateurs du Mékong de recueillir les renseignements les plus précis et les plus exacts que l'on possède sur l'organisation du Laos siamois. Cette organi-

(1) M. Delaporte, un des membres de la Commission, attendait ses collègues à Khemarat. Il avait, en dépit des obstacles et des périls, suivi jusqu'à cette ville le Mékong, pour en dresser la carte.

sation étant la même dans toutes les provinces, l'esquisse que nous allons en donner pour le Khemarat fera connaître celle du pays entier.

« La province de Khemarat ne compte guère que 2,000 habitants inscrits. Elle est gouvernée par six fonctionnaires principaux, résidant au chef-lieu et prenant rang au-dessus du gouverneur nommé comme eux par le roi de Siam. Ces gros personnages ne reçoivent pas d'appointements; ils n'ont droit qu'aux services gratuits d'un certain nombre de corvéables; mais ils ont cent moyens extra-légaux de faire venir l'argent à leurs caisses et ils n'en négligent aucun.

» Sur les derniers échelons se placent les petits mandarins, chefs de villages; ceux-ci rendent la justice en premier ressort, et leur compétence en matière civile au moins est illimitée.

» Le premier magistrat de la province a seul le droit de condamner à mort; encore doit-il, avant l'exécution, prévenir le gouvernement central. On ne peut nier qu'il ne résulte de cet ensemble de formes protectrices certaines garanties pour les accusés. Par malheur l'abaissement des caractères, ici comme dans tout l'extrême Orient, détruit l'effet des meilleures institutions. La vénalité des fonctionnaires laotiens dépasse tout ce qu'une imagination européenne peut supposer : non contents de trouver dans les amendes qu'ils infligent une source légale sinon légitime de revenus, ils ne connaissent pas de meilleurs arguments que les présents reçus d'avance.

» .... La propriété territoriale n'existe pas au Laos; quant à la propriété mobilière, si elle peut souvent subir des atteintes de la part des fonctionnaires tout-puissants, le principe n'en est pas moins consacré. »

La polygamie, qui est interdite de droit puisque la loi ne reconnaît qu'une femme légitime, existe en fait; rien en effet n'est d'un meilleur goût et d'un luxe plus apprécié que de posséder une sorte de sérail. « De même, dit à ce sujet un ancien voyageur, de même qu'en Europe les uns se plaisent à nourrir des chiens, d'autres des chevaux, et d'autres enfin des bêtes farouches, de même les Laotiens, par une certaine espèce de grandeur affectée, ont une troupe de femmes, les uns plus, les autres moins, chacun selon son pouvoir. »

La loi n'intervient en rien de ce qui concerne « ce troupeau de femmes, » mais elle se préoccupe avec un soin que l'on ne retrouve pas chez la plupart des nations civilisées, du sort de l'épouse légitime. « Le mari et la femme ont des biens distincts, des troupeaux, des pirogues, des filets dont ils peuvent disposer librement; toutefois, vis-à-vis de la société, ils sont solidairement responsables. Si le mari s'enfuit pour se soustraire à l'une de ses obligations, comme l'impôt ou la corvée, la justice peut se saisir des biens et même de la personne de sa femme.

» L'impôt, que chaque habitant inscrit doit payer à Siam, n'est d'ailleurs qu'un impôt personnel assez léger qui s'acquitte souvent en nature. Ainsi la province d'*Attopée* envoie chaque année à Bangkok une certaine quantité d'or recueilli dans les sables de la rivière. »

La religion du Laos est le bouddhisme surchargé d'une foule de superstitions et de pratiques particulières au pays. Quelques-unes de ces pratiques, celle par exemple qui consiste pour les dévots pèlerins des pagodes en renom à offrir à Bouddha tout ou partie de la phalange supérieure de l'index, surprennent d'autant plus le voyageur, qu'elles semblent en opposition avec le caractère doux et craintif des Laotiens. Cette espèce de mutilation est cependant si fréquente que les desservants des pagodes sont devenus experts dans l'art de la pratiquer. « Ils l'exécutent fort adroitement à l'aide d'un couperet et d'une règle; ils mesurent le zèle du pèlerin sur l'importance du sacrifice. »

Les montagnes du Laos sont riches en pierres calcaires que plusieurs provinces ont le monopole de transformer en chaux. Les fours qui servent à cette industrie sont construits à peu près comme les nôtres. La chaux joue un grand rôle, non seulement dans l'industrie, mais dans la consommation privée du Laos. « Outre, en effet, que les pagodes en absorbent beaucoup, elle est pour les habitants un objet de nécessité première. C'est avec la feuille de bétel et la noix d'arec un élément essentiel de cette abominable chique qui ensanglante la bouche, épate les lèvres, déchausse et noircit les dents et rend les femmes hideuses. A cela les indigènes ajoutent souvent du tabac et l'écorce d'un certain arbre qui fait l'objet d'un grand commerce. »

L'exploration du Mékong, qui a jeté une vive lumière sur l'état actuel du Laos, n'a pu éclairer également le passé de ce pays.

C'est à Marini que M. de Carné a recours quand il s'agit de dépeindre l'ancienne puissance du roi de Laos et la splendeur de Vien-Chan, sa capitale. Quant à l'état présent de cette ville, voici comment il le dépeint :

Le 2 avril, à un endroit où le Mékong dessine un éventail immense, la petite flottille de l'expédition de M. de Lagrée s'arrête : on est arrivé à Vien-Chan. « Etonnés, dit M. de Carné, car nous n'apercevions sur les rives que d'épaisses forêts, nous mîmes pied à terre. Parmi tous les noms étrangers dont je m'étais chargé la mémoire avant de partir, Vien-Chan était celui qui jetait le plus d'éclat. Il est souvent revenu sous ma plume pendant le cours de ce récit. On trouve, en effet, dispersés dans tout le Laos les descendants de la famille souveraine qui régna jadis dans la capitale dont nous nous préparons à explorer les ruines. Je vais dire ce qui reste de cette ville, autrefois célèbre, qui fut le centre d'un royaume assez important pour que Van-Diemen, gouverneur général des Indes néerlandaises, jugea utile d'y envoyer une ambassade dans la première moitié du XVII⁰ siècle.

» Après avoir escaladé la haute berge à l'aide d'une échelle de bambous, nous nous trouvons en face de ces broussailles piquantes qui poussent toujours plus épaisses dans les ruines, voile jeté par la nature sur l'impuissance de l'homme et la vanité de ses œuvres. Un guide, courbé vers la terre par le poids de ses souvenirs et par celui des années, dirige avec émotion notre marche impatiente ; il a vu Vien-Chan, sa patrie, au temps de sa splendeur !... »

Le sol est partout jonché de briques..... Le mur d'enceinte est assez bien conservé ; il est élevé, très large et surmonté d'ornements en forme de cœur, assez rapprochés pour servir de créneaux. Des pagodes, des bibliothèques destinées à renfermer les livres sacrés, sont avec le palais du souverain les seuls édifices dont il reste des traces ; mais ces édifices étaient nombreux, et ce que la destruction en a respecté en atteste la magnificence. D'innombrables pyramides se cachent dans la forêt qui a envahi et remplacé l'œuvre des hommes ; après les avoir à demi renversées, les arbres les maintiennent, et la végétation naturelle s'allie admirablement à cette végétation de pierre, les tons gris du ciment lui donnent l'aspect du granit assombri par l'air humide. Des milliers de kilogrammes de cuivre et de bronze coulés dans un moule à Bouddha, des monceaux de briques, des pagodes à l'infini et au milieu de tout cela les vestiges d'une seule habitation profane ; le palais du roi, voilà ce que l'on voit à Vien-Chan. Les habitants logeaient dans des cabanes, comme faisaient les Khmers.

Longtemps le Laos sut se tenir affranchi de toute vassalité étrangère. Les Chinois eux-mêmes furent forcés de respecter son territoire. Les Birmans, qui parvinrent à l'envahir et à l'occuper, en furent chassés. A une époque qui n'est pas exactement déterminée, mais qu'on a tout lieu de croire s'être produite à la suite de la guerre de 1777, le roi de Siam fut plus heureux : le roi du Laos se soumit à lui payer tribut.

Vers ce moment aussi les Annamites se répandirent dans la vallée du Mékong, et au commencement de ce siècle, « la rive gauche du fleuve leur appartenait sans conteste depuis le 16⁰ de latitude nord jusqu'au delà du 17⁰, de telle sorte que, dans ces limites, les provinces situées entre le Mékong et la grande chaîne de montagnes qui finit au cap Saint-Jacques étaient soumises à l'empire d'Annam et payaient tribut à son souverain.

» Quoi qu'il en soit, ce n'était pas contre ces voisins de l'est que le roi de Laos était appelé à se prémunir; c'était au sud-ouest que grossissait le nuage d'où sortit pour ce malheureux prince et pour ses sujets un désastre dont les ruines de Vien-Chan attestent l'étendue et l'effroyable caractère.

» A la fin de 1827, des dissentiments dont on ne connaît pas bien la cause provoquèrent entre le Laos et la cour de Bangkok une rupture suivie d'une guerre d'extermination.... Les Laotiens furent massacrés ou déportés en masse et leur capitale rasée. Chan-Koun, un général dont le nom remplit encore ces contrées, mit par cette horrible exécution le sceau à une renommée militaire déjà conquise aux dépens du Cambodge.

» Le roi de Vien-Chan et plusieurs membres de sa famille parvinrent à échapper à cette boucherie et se réfugièrent à Hué; mais le farouche Minh-Man, qui régnait alors sur l'Annam, loin de protéger les fugitifs comme ils l'avaient espéré, les fit conduire à Bangkok. Là, le malheureux roi déchu fut, assure-t-on, enfermé dans une cage de fer contenant des instruments de torture au moyens desquels on le suppliciait chaque jour. Il ne résista pas longtemps à cette agonie barbare; il mourut laissant les derniers survivants de sa race dans une situation tellement abaissée que le vainqueur, ne pouvant désormais en prendre aucun ombrage, dédaigna de les poursuivre de sa vengeance.

» Ainsi de nos jours une capitale florissante a été anéantie, un peuple tout entier a en quelque sorte disparu sans que l'Europe ait rien soupçonné de ces scènes de désolation, sans qu'il soit arrivé jusqu'à elle un seul écho de ce long cri de désespoir, sans qu'aucun germe d'avenir ait survécu à cet immense désastre! Les calamités qui éprouvent les populations de l'Asie bouddhiste et musulmane restent toujours ainsi pour elles des douleurs stériles et des désastres sans compensation. Rien ne germe dans ces torrents de sang, car pour ces peuples infortunés les conquérants sont des anges exterminateurs et les armées des nuées de sauterelles qui épuisent pour une longue suite de générations les contrées sur lesquelles elles s'abattent. »

EMPIRE D'ANNAM

COCHINCHINE

I

La Cochinchine formait anciennement un seul État avec le Tonkin ; un gouverneur révolté y établit une souveraineté indépendante.

Ses successeurs subjuguèrent le Tsiampa et le Cambodge ; mais, amollis par les jouissances du despotisme, les princes de la dynastie de N'guien laissèrent des favoris et des ministres opprimer le peuple ; bientôt, devenus eux-mêmes le jouet de ces esclaves courtisans, ils ne tinrent le sceptre que d'une main incertaine ; les Tonkinois se mêlèrent des troubles qui agitaient la Cochinchine. Dans l'indignation qu'ils éprouvaient à se sentir courbés sous un joug étranger, les trois frères Tay-Son s'efforcèrent de ranimer dans tous les cœurs le sentiment du patriotisme et de l'indépendance ; ils employèrent leur crédit à lever une armée ; mais bientôt, de libérateurs devenant usurpateurs, ils s'emparèrent du trône en 1744.

La famille des Tay-Son continua à régner sans rencontrer de grands obstacles ; mais le pays que le fléau de la guerre avait ravagé et épuisé éprouva, en 1781, une famine si cruelle, que de la chair humaine fut exposée publiquement en vente à Hué.

La race dépossédée crut le moment favorable pour revendiquer ses droits. Gya-Long, prince prétendant, ayant engagé dans son parti quelques bâtiments portugais mouillés à Saïgon, profita de la mousson favorable pour aller surprendre la flotte ennemie dans le port de Quinhoue ; mais, battu et mis en fuite, il n'eut que le temps de se réfugier, avec sa famille et l'évêque d'Adran, chez le roi de Siam, qui était alors en guerre et qu'il aida de ses services.

Cependant, son caractère entreprenant, sa valeur bien connue et l'empire qu'il commençait à prendre sur l'esprit du roi de Siam, ayant attiré sur lui la jalousie et la haine des courtisans, Gya-Long comprit bientôt qu'il ne pouvait demeurer plus longtemps dans un pays où autour de lui tout était embûches et menaces.

Ayant appris que sa mort était décidée, il quitta à la hâte Bangkok et, à la tête d'un millier d'hommes dévoués, il parvint à se frayer un chemin jusqu'à l'île de Phonkok, dans le golfe de Siam, où des fortifications improvisées lui permirent de faire face au danger.

Ce fut alors que l'évêque d'Adran, désespérant du succès avec un si

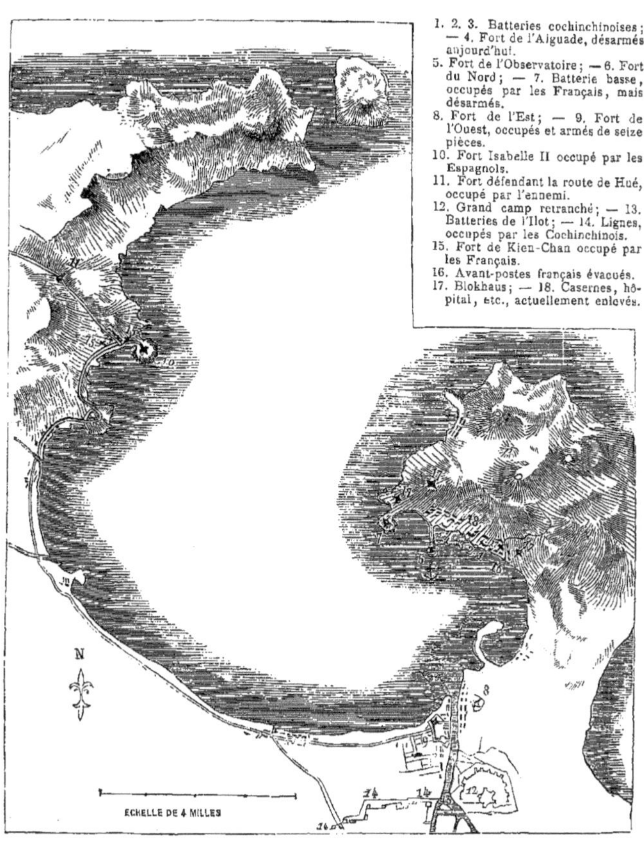

Plan de la baie de Tourane.

petit nombre de partisans, vint demander du secours à la France; il y conduisit même l'héritier de la couronne qu'il avait converti en secret, sans avoir cependant osé le baptiser.

Il arriva à Paris vers 1787. La France saisit avec empressement cette occasion d'établir son influence et son commerce dans un des pays les plus riches de l'Indo-Chine ; elle s'engagea à fournir à son nouvel allié vingt vaisseaux de guerre, sept régiments et un million de piastres, dont moitié en numéraire et moitié en munitions de guerre.

Elle devait recevoir en échange le territoire arrosé par le Han, la baie de Tourane, les îles de Kiam et de Faï-Fo au midi, et celle de Haï-Win au nord.

La flotte expéditionnaire, arrivée à Pondichéry, y fut retenue sous de faux prétextes par le gouverneur anglais.

Pendant ces délais, la révolution française éclata et, de cette grande expédition, une vingtaine d'officiers français, ainsi que quelques Anglais et Danois, arrivèrent seuls avec l'évêque d'Adran à leur destination.

Durant l'absence de l'évêque et de l'héritier présomptif de sa couronne, Gya-Long était parvenu à rentrer dans ses États et à en reprendre en partie possession. Pendant que les frères Tay-Son se disputaient les débris du Tonkin, il avait quitté son île et était venu débarquer dans la fidèle province de Tsiampa, où chaque jour voyait grossir les forces de sa petite armée.

Sa marche jusqu'à Saïgon, où il alla recevoir son fils et les Français qui l'accompagnaient, fut une marche triomphale. Partout le peuple l'acclamait et saluait le retour de l'évêque d'Adran comme la venue d'un libérateur.

Cet enthousiasme était de bon augure ; il n'eut pas suffi cependant à faire illusion aux Européens sur l'issue de l'entreprise à laquelle ils apportaient un concours beaucoup trop restreint par les circonstances, si « les officiers français, hommes d'instruction et de courage, n'avaient reconnu dans le monarque cochinchinois un prince capable de comprendre et de seconder leurs vues. Sans perdre de temps, ils se divisèrent en deux groupes : un corps d'ingénieurs chargés de fortifier Saïgon, et un corps d'officiers instructeurs ayant mission de former les troupes à la discipline et à la tactique européennes, et en même temps à établir et diriger des fabriques d'armes.

» Grâce à ces efforts combinés, Gya-Long fut bientôt en état de reprendre les hostilités.

» Un des premiers incidents favorables à sa cause fut la mort de Quang-Tuong, le troisième et le plus capable des Tay-Son, qui laissa la couronne à son fils. »

Dès lors, les événements se succédèrent rapidement.

En 1792, c'est le blocus et la destruction de la flotte ennemie, mouillée dans le havre de Quinhoue.

En 1796, après quatre années de combats presque toujours heureux, c'est la ville de Quinhoue, défendue par cinquante mille hommes, qui tombe en son pouvoir.

En 1801, Hué lui ouvre ses portes, et l'année suivante est marquée par la conquête du royaume de Tonkin.

L'empire d'Annam ainsi reconstitué à son profit, Gya-Long se préoccupa d'y introduire les améliorations que lui avaient fait apprécier ses relations avec nos missionnaires et nos officiers.

« L'armée était déjà sur un excellent pied, et MM. Dayat, Chaigneau et Vannier, qui en avaient été les principaux organisateurs, furent, en récompense de leurs services, faits mandarins de première classe. Hué, fortifiée par les ingénieurs français, devint la capitale de l'empire ; des canaux furent ouverts, des routes percées, et la culture de la canne à sucre, négligée jusque-là, prit un assez rapide et considérable essor pour attirer sur les marchés annamites les marchands chinois et européens. »

L'évêque d'Adran, promoteur zélé de cette œuvre de puissante organisation, et voyant d'autre part fructifier le grain précieux de la parole évangélique qui, coulant de son cœur et de ses lèvres comme un baume onctueux, amenait chaque jour à l'église naissante de nouveaux néophytes, n'eût eu que des actions de grâces à rendre au ciel, s'il lui eût été permis de renouer les relations interrompues avec la France, relations auxquelles nos guerres continentales qui réclamaient toutes les forces et toutes les préoccupations du gouvernement français, ne permettaient même pas de penser.

Sous le règne de Louis XVIII seulement, l'attention de la France put se tourner vers ces plages lointaines et presque oubliées.

Encore le roi se borna-t-il d'abord à envoyer, par l'entremise d'un navire marchand, une lettre et quelques présents au souverain annamite.

En 1817 cependant et par suite des instances de l'évêque d'Adran, *la Cybèle*, commandée par M. Achille de Kergariou, fut envoyée à Tourane.

Quand elle y arriva, l'évêque d'Adran venait de mourir ; Gya-Long lui-même approchait de sa fin, et soit que sa rare énergie de caractère commençât à faiblir, soit que ses sympathies pour la France eussent disparu avec celui qui les lui avait inspirées, et dont la main avait été en quelque sorte le pivot de sa fortune, il accueillit froidement la demande que lui transmit M. de Kergariou de la part du roi, au sujet de la cession faite précédemment à la France de Tourane et d'une partie du littoral, cession qui, n'ayant pas encore été ratifiée officiellement, ne nous donnait aucun droit réel.

Avec cette habileté orientale dans laquelle tout ce qui touche à la race chinoise excelle, il ne refusait ni ne promettait, s'attachant à gagner du temps et employant ce temps à se mettre en état de rompre ouvertement, quand il ne serait plus possible d'éluder une explication définitive.

Sur ces entrefaites, il mourut, laissant le trône non à cet héritier direct qui, disciple de Mgr d'Adran et hôte de la France, nous avait voué ses sympathies les plus sincères, mais à un fils naturel qu'il chérissait et à qui le dernier acte de son gouvernement eut pour objet d'assurer sa succession.

Mignes-Man, ce nouveau monarque, touchait à sa trentième année; c'était un érudit que de patientes études et une longue pratique avaient initié aux sciences et aux lettres chinoises.

Un goût particulier, une admiration très vive pour tout ce qui émanait du Céleste-Empire, ne pouvaient évidemment qu'éloigner ce prince de l'alliance de la France.

Cet éloignement ne tarda pas à prendre un caractère si agressif, que les mandarins français comprirent que le prestige des services qu'ils avaient rendus au pays ne les sauvegarderait plus longtemps contre la malveillance du monarque et l'injustice de la nation.

La tendance de Mignes-Man à se mettre sous la dépendance de la Chine, non seulement en matière de littérature, d'art, de mœurs, mais encore au point de vue politique, s'accentuait chaque jour davantage; dès 1821, on le vit se rendre en personne au Tonkin pour y recevoir l'investiture qui le mettait au rang de simple vice-roi de l'empereur de la Chine, et jusqu'aux formes mêmes du cérémonial, tout sembla concourir sciemment à faire de cette investiture une série d'humiliations pour l'Annam et les Annamites.

« Ce système nouveau porta bientôt tous les fruits auxquels on pouvait s'attendre. La méfiance, qui avait succédé à la froideur témoignée par le roi aux mandarins français, se changea en mauvais procédés, et enfin les chrétiens, protégés jusqu'à ce jour et dotés de plusieurs établissements, se trouvèrent en butte à des avanies continuelles.

» Les Anglais ne furent pas plus heureux, car à la fin de cette même année 1821, M. Crawford, chef d'une ambassade envoyée par le gouverneur général du Bengale, se heurta à tant de lenteurs et de formalités, qu'après plusieurs semaines de démarches inutiles, il dut se rembarquer avec sa suite, sans avoir pu faire ses présents, ni même parvenir jusqu'au roi. »

Cependant les tracasseries qu'éprouvaient MM. Chaigneau et Vannier étaient devenues si peu supportables, qu'en dépit de cet attachement naturel que provoque dans les âmes généreuses le sentiment des services rendus, ils se décidèrent à donner leur démission et à quitter un pays qui leur devait sa prospérité et sa grandeur présentes.

Ils s'embarquèrent en 1833 pour rentrer en France, et toutes les démarches tentées après leur retour et à leur instigation n'aboutirent qu'à prouver aux Européens que l'empereur de l'Annam avait pris la résolution formelle d'interdire l'accès de ses États aux étrangers.

II

La forme du gouvernement annamite est et a toujours été despotique. Le souverain s'intitule le *Roi des Cieux;* son armée régulière et permanente a son mode légal de recrutement; il a, en outre, des milices locales qui se lèvent dans les provinces, selon l'état de guerre ou de paix dans lequel se trouve le pays.

Le système financier repose sur des impôts de diverses formes, portant les uns sur les personnes, les autres sur les produits de la terre, d'autres encore sur certaines professions. La perception de ces taxes se fait en argent ou en nature; elle est confiée aux autorités locales qui sont intéressées à lui faire produire le plus possible, attendu que l'excédent de la quotité de recettes due au trésor royal reste à leur disposition, non cependant pour leur propre usage, mais pour être adaptée aux besoins de la localité.

La division territoriale de chaque province comprend des centres de population de diverse importance, correspondant à nos départements, à nos arrondissements, à nos cantons et à nos communes.

Chacune de ces circonscriptions a à sa tête un fonctionnaire d'un grade proportionné à son importance et qui est chargé de l'administrer civilement et judiciairement.

Le système communal est surtout fortement constitué. La commune est régie par trois fonctionnaires, dont deux, élus par les notables, sont de simples conseillers, n'ayant aucune responsabilité personnelle. Le troisième reçoit son investiture du roi, et exerce des fonctions à peu près analogues à celles de nos maires : il fait exécuter les ordres des mandarins, s'occupe de la rentrée de l'impôt, concourt au recrutement de l'armée et répond de la tranquillité publique.

Dans chaque commune, il existe une sorte de registre cadastral, qui contient les divisions du territoire, le nom des propriétaires avec la désignation de l'espèce de terre et du genre de culture que possède chacun. Ce régistre est tenu soigneusement à jour ; toute nouvelle culture, tout changement d'appropriation de la terre doit être déclaré, et des inspecteurs *ad hoc* veillent à ce qu'aucun champ ne soit laissé en jachère.

Les terres non cultivées, celles destinées aux usages publics, telles que cimetières, pagodes, etc., sont soigneusement indiquées.

III

De grands espaces encore incultes n'attendent que le travail de l'homme pour donner d'immenses richesses : la canne à sucre, les arachides, les épices, le tabac, l'indigo ne demandent qu'à être confiés au sol pour payer au centuple la peine que donnera leur culture.

Le tabac qu'on y récolte est semblable à celui de Manille. La guerre a fait négliger la culture du mûrier, mais dans ce sol privilégié cet arbre se couvre si rapidement de feuilles qu'il produit chaque année plusieurs récoltes successives. Dans les provinces que nous occupons, de nombreuses magnaneries témoignaient, avant la guerre, de l'importance que les Annamites attachaient à l'industrie séricicole. Toutes les maisons de la classe moyenne ou de la classe riche possédaient des métiers ; le tissage de la soie était la principale occupation des femmes. Le tisserand de soie était très en faveur et jouissait de certains privilèges. Les ouvriers étaient organisés en corporations sous la direction de chefs habiles qui, par ordre du gouvernement, avaient passé quelques années à Hué à se perfectionner dans leur état.

Le coton que produit la Basse-Cochinchine est de l'espèce dite à courte soie ; doux et soyeux, fin au toucher, il soutient la comparaison avec celui de la Louisane.

Parmi les nombreuses et riches essences forestières de ces contrées, nous devons citer le teck, si recherché par les constructeurs de navires et dont le prix est si élevé sur les marchés européens.

IV

Hué ou *Hué-Fo* en dialecte populaire, *Fou-tchouang* dans la langue des mandarins, est située dans la province de Hué, province qui n'est séparée du Tonkin que par un défilé étroit fermé d'une muraille.

Cette antique cité, fortifiée au commencement de notre siècle par le colonel Olivier, est aujourd'hui la capitale de l'empire Annamite ; elle se dresse sur la rive gauche du Thruong-Thien, à vingt kilomètres de la mer, où Thouan-An, petit village d'un millier d'habitants, lui sert de port.

« Les abords de la rivière sont défendus, à treize cents mètres environ de son embouchure, par un énorme amoncellement de sables charriés par le fleuve, sans cesse repoussé, déplacé, renversé et reconstruit par les courants de marée. C'est une sorte de chapelet de bancs inégaux sur lesquels le flot se brise furieusement pendant toute l'année.

» Cette barre n'offre jamais une profondeur dépassant 3 mètres 50 ; elle devient impraticable dès qu'il y a un peu de vent et de mer et se confond alors dans la ligne continue des brisants. Des faisceaux de bambous, disposés à la limite des divers bancs, indiquent les passes.

» Quatre forts en assez mauvais état défendent cette embouchure large de trois cent cinquante mètres..... Un peu plus haut deux barrages successifs, composés chacun de deux rectangles, présentant respectivement une double ligne de solides pilotis, s'avancent en formant un angle de 60° et ne laissant entre eux qu'un passage d'une vingtaine de mètres ; six fortins flanqués de *miradors* (postes de veille) complètent sur les deux rives ce système de défense que les Annamites, abandonnés à leurs seules inspirations, n'eussent jamais inventé.

» En continuant à remonter le fleuve, on rencontre, au village de Thoui-ten, situé à neuf kilomètres en amont, le confluent de la rivière de Ba-true. Jusque-là la plaine est cultivée en rizières, ce qui rend le paysage singulièrement triste et monotone. Mais à partir de la jonction des deux cours d'eau, se développe de tous côtés une végétation puissante et variée au milieu de laquelle se dérobent de nombreux jardins et de jolies habitations.

» La physionomie générale du pays s'anime ; tout prend un air gai et vivant. Barques et campans chargés de denrées s'entrecroisent dans toutes les directions. De distance en distance de petites pagodes votives témoignent de la superstitieuse piété des riches notables. L'emplacement en est toujours gracieusement choisi.

» On arrive ainsi à *Mang-Ca*, le port intérieur de Hué, où d'innombrables jonques annamites et chinoises encombrent le fleuve qui mesure alors cent cinquante mètres de largeur et de quatre à huit mètres de profondeur. Le chargement de ces bateaux, en dépit de leur extérieur misérable, représente des valeurs énormes : sous les nattes et les feuilles à couvrir les cases, marchandises à la portée du vulgaire, se cachent des ballots de soie, du poivre, de l'ivoire, du sucre, de la cannelle, du curcuma, de l'indigo, du tabac, du thé, de l'opium (introduit en contrebande), des étoffes de luxe, des porcelaines, des objets d'art en ivoire, en argent et en bronze, des armes, des meubles en bois sculpté ou incrusté de nacre, etc., etc.

» Au bout du village on aperçoit enfin *Thang-Hué, la ville*, c'est-à-dire deux lignes de bastions qui fuient à angle droit ; de distance en distance des portes de style chinois, et, sur les murs, de petites huttes de paille protégeant l'artillerie contre l'intempérie des saisons.

» A droite, un canal d'environ quarante mètres de largeur se prolonge tout d'un trait à perte de vue, tandis que le fleuve s'éloigne à gauche en laissant une grande île boisée entre lui et un second canal. Suivons celui-ci, longeons un petit ouvrage avancé et quelques cales sèches sur lesquelles sont halées de grandes pirogues; tournons à droite, puis, au bout de trois cents mètres, prenons un nouveau coude à gauche; cette fois le canal se continue en droite ligne, sur une longueur de dix-huit cents mètres, baignant presque le pied de la légation française.

» C'est un véritable palais de briques et de fer, ayant environ trente-cinq mètres de façade, un rez-de-chaussée et un étage, et qui n'a pas coûté moins d'un million de francs.

» A l'extrémité du canal, le fleuve, partagé encore par une seconde île, reprend une largeur de quatre cents mètres. C'est à ce point qu'il se subdivise, à une distance de quelques kilomètres de la place, en deux branches, le *Vian-Deuong* et la rivière de *Fou-Came*, qui sont les deux bras occidentaux de son delta et vont se jeter l'un et l'autre dans la vaste lagune de Gao-Haï. Toute cette voie fluviale est des plus animées.

» Au débarcadère de la légation française vient aboutir la seule grande route du royaume, celle de Tourane à Hué, se prolongeant jusqu'à Hanoï, ce qui forme à notre établissement une tête de ligne importante.

» En face se trouve le front sud de la citadelle. Le glacis n'a que cent mètres de large et les bastions sont entourés d'un fossé qui, large de quarante mètres, n'offre plus guère aujourd'hui, par suite de son mauvais entretien, qu'une profondeur variant entre un mètre cinquante et deux mètres. La partie des remparts élevée un mètre au-dessus des fossés est en briques, les fondements sont en pierres. Ce côté, comme les trois autres, présente une ligne de six bastions dont chaque face est armée de cinq pièces et chaque flanc de trois pièces, soit seize pièces par bastion. En comptant celles de l'ouvrage à cornes au sud-est et de l'ouvrage pentagonal au sud, on peut évaluer le chiffre total de cette artillerie à quatre cents pièces.

» Dix portes et autant de ponts de pierres jetés sur les fossés donnent accès dans la citadelle.

» A l'angle sud-ouest de la place s'aligne un troisième canal, artificiel comme les deux précédents; on remarque en face une somptueuse habitation dont le roi fit cadeau au bourreau de la cour en 1873.

» Un peu au delà, à quinze cents mètres environ, on arrive au village catholique de *Kim-Long*, résidence centrale des missionnaires français auxquels l'Annam doit l'introduction de la culture, devenue fructueuse, du caféier. Les diverses plantations entreprises par ces religieux sont toutes admirablement tenues; mais ils sont à peine quatre-

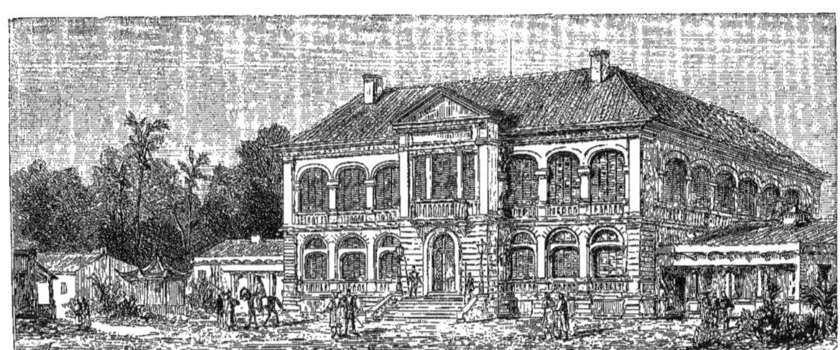

Légation française à Hué.

vingts dans les dix provinces pour suffire aux besoins tant spirituels que matériels ; les voyageurs doivent regretter leur petit nombre, car les indigènes catholiques sont les seuls qui témoignent de la déférence aux étrangers. La résidence de l'évêque est située dans le voisinage.

» L'enceinte que nous venons de décrire en renferme une autre également carrée, mais non fortifiée, de sept cents mètres de côté et dans laquelle se trouvent les cases royales entourées de jardins. La ville proprement dite est donc comprise entre ces deux enceintes. Elle possède des promenades ombreuses, des places larges et régulières, des voies amplement tracées. Ses maisons respirent un air d'aisance auquel on n'est point accoutumé en ce pays.

» Outre ses nombreuses cases de mandarins, de bourgeois et d'ouvriers, elle présente des édifices publics qui méritent d'être cités. Ce sont au nord la préfecture, les collèges, les magasins de riz et les magasins d'argent ; à l'est et à l'ouest, les ministères et les casernes ; au sud, des magasins et des arsenaux contenant, d'après les assertions officielles, quatre mille pièces, engins plus curieux à coup sûr que redoutables.

» Quant à l'enceinte royale, jusqu'à présent nul Européen n'a été assez heureux pour être admis à l'honneur de la franchir. On doit donc se borner à supposer que les impénétrables palais de Tu-Duc contiennent d'assez belles collections d'objets d'art, surtout de provenance chinoise, et même quelque trésor d'un total respectable ; mais il est impossible de déterminer rien de précis sur ce curieux sujet.

» Somme toute, une capitale ne saurait être placée dans une position plus avantageuse et, bien que ses défenses artificielles aient aujourd'hui bien perdu de leur valeur, elles n'en témoignent pas moins de l'intelligence et du savoir de celui qui les a tracées et édifiées. »

Il ne faut pas que le lecteur se figure, d'après cette description et malgré la réserve faite pour l'inviolabilité de l'enceinte royale, que la capitale de l'Annam soit facilement abordable par le simple voyageur. Bien loin de là : l'Européen qu'aucun titre officiel n'amène dans l'empire ne peut, et ne pourra de longtemps encore peut-être, visiter que les faubourgs de Kien-Deuoc, de Kien-Dingh et de Mang-Ca, tant la défiance des mandarins s'ingénie à fermer à tout étranger les portes de la ville proprement dite. Dans ces localités, les habitations groupées autour du marché sont entourées de jardins, ce qui leur donne un aspect pittoresque et riant, mais n'ont aucun caractère architectural remarquable. Les seuls édifices qui méritent quelque attention sont les pagodes, encore sont-elles généralement fort simples et assez mal entretenues.

M. Dutreuil de Rhins estime que la population de Hué ne doit pas dépasser 30,000 habitants, et que celle des faubourgs groupés dans un rayon de quatre kilomètres est à peu près la même, ce qui donnerait un chiffre de 60,000 âmes à peu près pour l'agglomération totale.

Quant au commerce de la ville, le même voyageur l'estime de la façon suivante : En comptant, dit-il, ce qui est compter largement, un voyage pour les sept corvettes (d'un tonnage de cent tonneaux), trois voyages pour les cent cinquante jonques annamites (d'une moyenne de vingt tonneaux) et quatre voyages pour les seize jonques chinoises (d'un tonnage moyen de quatre-vingt-dix tonneaux) qui fréquentent Thouan-An, on arrive à un total de quinze mille tonneaux de riz qui arrivent chaque année dans le port de Hué, sur lesquels dix mille viennent des ports du nord, principalement de Nam-Dinh (Tonkin).

Quant aux exportations, elles doivent être peu considérables; mais les autres marchandises d'importation sur lesquelles on n'a point de chiffres suffisamment exacts pour être cités, les mandarins s'efforçant d'atténuer autant que possible les ressources de leur pays de peur d'attirer sur lui l'attention des étrangers et particulièrement la nôtre, les marchandises d'importation sont nombreuses ; elles consistent surtout en beaux bois de construction et d'ébénisterie, en soie, en coton, en tabac, en thé, en épices, en drogues, en ivoire, généralement en tous produits étrangers quelconques et aussi en opium de contrebande, denrée rigoureusement prohibée dans tout le royaume. M. Dutreuil de Rhins n'hésite pas à estimer à trois millions de francs, et plutôt au-dessus qu'au-dessous de ce chiffre, la valeur réelle des importations et exportations.

La route de Hué à Tourane comprend une distance de quatre-vingt-dix-sept kilomètres entre les deux villes et de cent quatre kilomètres si l'on part du mouillage de cette dernière en faisant le tour de sa baie.

Cet espace, divisé en huit *trams* ou relais de poste, est franchi par les courriers en vingt-sept heures. Par mer la distance est de trente-sept milles exigeant une moyenne de sept heures de traversée.

BASSE-COCHINCHINE OU COCHINCHINE FRANÇAISE

I

Cinq grands fleuves traversent la Basse-Cochinchine et vont se jeter à la mer par un des plus vastes estuaires du monde.

Ce sont le *Don-naï*, le *Don-trang*, le *Soi-rap*, le *Vaïco* et le Cambodge.

« Les côtes sont basses, couvertes d'une végétation verdoyante et uniforme; aucun arbre ne se détache au milieu des manguiers et des palétuviers et ne peut servir de point de repère. »

Des canaux perpendiculaires à la direction des fleuves mettent en communication ces cinq grands cours d'eau et font de la Cochinchine un des pays les mieux arrosés et les plus régulièrement sillonnés de *ces routes qui marchent,* que les habitants de l'extrême Orient tiennent en si grande faveur et qu'ils savent créer avec tant d'art et de patience, quand la nature n'en a pas pris le soin.

Ces canaux appelés arroyos, se déversant dans deux fleuves, ont deux embouchures; « leur lit est en dos d'âne; l'endroit le moins profond est celui où les deux courants se rencontrent et amoncellent la vase. Les bords sont couverts d'une végétation douce et molle, gracieuse et agréable, mais où l'on cherche vainement la splendeur des tropiques. Ce sont des manguiers, des palétuviers, des palmiers nains, des arbres à jasmin blanc et beaucoup d'autres qui ont souvent un feuillage d'aspect européen et qui étalent la gamme de tous les verts, depuis le vert pâle et maladif du saule pleureur jusqu'au vert sombre et métallique du cannelier. A une petite distance du bord s'élèvent des cocotiers et le plus gracieux des arbres de la terre, le palmier arac. De hautes herbes, des lianes, des aloès, des cactus très épineux forment des fourrés impénétrables pour les Européens, mais où les Annamites savent se glisser, ramper et guetter.

» Quelques découpures, pratiquées naturellement sur le bord des arroyos, rendent encore les surprises plus faciles ; ce sont de petites anses qui s'enfoncent dans la terre parallèlement au cours de l'eau et dont l'entrée est masquée par des plantes grimpantes et tombantes. Ces réduits naturels abritent, sans qu'on puisse s'en douter, un homme, une barque, une petite troupe; il n'y a pas de lieu plus propice et plus sûr pour une embuscade. Aussi les arroyos donnent-ils à la guerre en Cochinchine une figure particulière.

» Quand on les voit pour la première fois, qu'on essaie de rompre leur bordure d'épines et de fange, qu'on se sent disparaître dans la vase, qu'on est déchiré au visage, réduit à l'impuissance par des herbes molles et fortes qui s'enroulent et se nouent d'elles-mêmes, on se demande comment on pourra éviter les surprises d'un ennemi accoutumé à se jouer de tous ces obstacles. »

De là l'immense utilité des petites canonnières en fer, dont nous parlons ailleurs, qui, en permettant de pénétrer dans les arroyos, d'en visiter tous les abris, ont été l'âme de nos premières campagnes en Cochinchine.

Si les arroyos qui dépendent des cinq fleuves de la Basse-Cochinchine, sont pour elle un puissant élément de prospérité commerciale, ils sont, il faut bien le dire aussi, très propres à faciliter le brigandage. Avant notre occupation une sorte de piraterie permanente y était organisée avec autant d'audace que d'impunité.

Il importait donc avant toutes choses, autant pour le succès immédiat de nos armes que pour le succès à venir de notre occupation, de se rendre maître d'un point qui fut à la fois un centre militaire et commercial.

Par malheur, Saïgon n'offrait que le premier avantage; et nous ne devions obtenir le second que par la possession de Mytho, dont « les habitudes de plusieurs siècles, le faible tirant d'eau des jonques japonaises, chinoises, annamites et siamoises, la proximité des provinces les plus abondantes en riz, la concentration de tous les arroyos sur le Cambodge avaient fait le premier centre commercial de la Basse-Cochinchine, tandis que Saïgon, par sa forteresse, sa position à cheval sur les routes qui mènent à Hué et au Cambodge et surtout la domination du Don-naï, était le centre militaire et administratif des six provinces. »

Saïgon néanmoins était loin, lors de notre arrivée en Cochinchine, de répondre sous aucun rapport à cette haute importance. « Ce n'était plus une place forte étendant au loin son influence : de ses chantiers où se trouvaient, avant l'invasion des Cambodgiens (1837), deux frégates à l'européenne et cent quatre-vingt-dix galères, de son arsenal maritime, de son vaste palais impérial, il ne restait rien.... Une sorte de rue aux côtés interrompus de distance en distance par de grands espaces vides; des maisons en bois et recouvertes de feuilles de palmier pour la plupart; quelques-unes — un très petit nombre — en pierres, à toits de tuiles rouges; sur le second plan des groupes de palmiers aracs s'harmonisant merveilleusement avec le ciel de l'Inde, » tel était l'aspect que Saïgon présentait aux regards du voyageur lorsque l'expédition de 1860 vint y secourir la petite garnison franco-espagnole qui y était bloquée. Aujourd'hui Saïgon offre un tout autre aspect, bien que cependant la ville n'ait pas pris ce développement rapide et brillant auquel nous ont habitués les grandes cités des colonies fondées en Amérique et en Australie.

Mais avant d'en tracer le tableau, remontons d'un siècle à peu près en arrière dans l'histoire de la cité annamite.

Fortifiée en 1791 par le colonel Olivier, un des vingt Français, seuls restés de la flotte de vingt vaisseaux et des sept régiments envoyés de France et retenus par le gouverneur de Pondichéry, qui parvinrent avec l'évêque d'Adran à gagner la Cochinchine, cette citadelle, de forme triangulaire avec deux fronts sur chaque face, fut complètement rasée en 1835 par les Cambodgiens qui en faisaient le siège depuis deux ans. La ville fut détruite, et tous ceux de ses habitants qui ne parvinrent pas à prendre la fuite furent emmenés comme esclaves au Cambodge.

Dès 1837, les Annamites élevèrent une nouvelle forteresse à l'angle nord de la première ; la population dispersée revint se grouper à l'abri de ce grand carré bastionné, recouvert de maçonnerie, qui commandait le pays et pouvait certainement arrêter longtemps une armée indo-chinoise, mais dont la destruction ne devait être qu'un jeu d'enfant pour des forces européennes. L'amiral Rigault de Genouilly s'en empara, en effet, sans coup férir le 17 février 1859. Après l'avoir ruinée ou plutôt détruite de fond en comble, « il se retira dans un petit poste, organisé sur l'emplacement d'un ancien poste annamite nommé *henon-bigue*, le *fort du sud* ; quelques familles vinrent se réfugier à l'abri de ce petit fort français et y fondèrent le village de l'*Evêque*. »

Les Annamites cependant avaient abandonné la ville ; mais, au lieu de s'enfuir dans l'intérieur, ils s'étaient retirés, à quatre kilomètres environ de Saïgon, dans une plaine immense couverte de tombeaux, où ils se fortifièrent à la hâte. Une tentative faite par le capitaine de frégate Jauréguiberry pour les déloger ayant échoué, on jugea prudent de ne pas engager le très petit effectif de troupes dont on disposait dans une entreprise aussi hasardeuse. Les Annamites purent, dès lors, achever leurs retranchements.

Dix mois plus tard, en décembre 1859, le contre-amiral Page, qui succédait au contre-amiral Rigault de Genouilly, vint à Saïgon, le reprit, et avant de retourner à Tourane qu'il avait reçu l'ordre d'évacuer, « il désigna le terrain sur lequel les Français devaient rester établis. Il traça les lignes de défense, prescrivit la construction d'un hôpital, de logements, de magasins. Enfin, le 22 février 1860, il ouvrait le port au commerce ;

soixante-six navires et cent jonques y chargèrent en quatre mois soixante mille tonnes de riz, et réalisèrent des bénéfices énormes sur les places de Hong-Kong et de Singapour. »

Quelques villages commencèrent à descendre, attirés par les bénéfices jusqu'alors inconnus que les Français leur procuraient.

Suivant leur politique traditionnelle, les Chinois établis dans le pays, ménageaient les chefs annamites et français afin d'assurer leur commerce.

Une année se passa ainsi pendant laquelle les Annamites, sans oser nous attaquer dans Saïgon, firent tous leurs efforts pour amoindrir notre influence et couper toutes nos relations avec les populations voisines ; leur principal objectif était d'empêcher une communication avec l'établissement chinois de Cho-Leun. Il importait de ne pas se laisser couper de ce côté, et par conséquent de conserver à tout prix la redoute de Caï-Maï qui commandait le marché chinois.

Or, les besoins de la guerre de Chine n'avaient permis de laisser à Saïgon qu'une garnison à peine suffisante, semblait-il, même pour conserver la ville ; « mais cette petite poignée d'hommes énergiques sut s'élever à la hauteur de ces temps héroïques où l'on brûlait ses vaisseaux pour s'interdire jusqu'à la pensée de revenir en arrière. Deux autres pagodes furent choisies entre Saïgon et Caï-Maï ; on s'occupa immédiatement de les fortifier. La pagode des *Mares* avait une cour entourée d'un mur de briques qui formait une défense passable ; l'autre, celle des *Clochetons*, était complètement à découvert ; on lui fit un rempart en terre. Comme il fallait aller chercher cette terre assez loin, le remblai était lent, pénible, et se faisait à découvert. Dans la nuit du 3 au 4 juillet, au nombre de deux mille au moins, les Annamites sortirent en silence de leurs lignes, et entourant la pagode que l'on travaillait à fortifier, ils se lancèrent franchement sur elle avec de grands cris. L'artillerie annamité se mit à tirer sur les *Clochetons,* dont la garnison se composait de cent Espagnols et de soixante Français, mitraillant Français, Espagnols et Annamites. On s'entre-tua pendant une heure ; un renfort qui arriva de Saïgon fit cesser la lutte ; les ennemis, qui comptaient déjà plus de cent hommes tués, ne renouvelèrent pas l'attaque des *Clochetons;* mais, reprenant les travaux d'investissement qu'ils avaient commencés, ils renfermèrent la garnison franco-espagnole dans ses lignes, lui interdisant ainsi l'accès de la plaine. »

Telle était la situation respective des Annamites et des Européens lorsque la fin de la guerre de Chine permit de diriger sur Saïgon le corps expéditionnaire commandé par l'amiral Charner.

Des dispositions furent prises aussitôt pour une attaque prochaine ; les troupes étaient remplies d'ardeur ; les imaginations étaient surexcitées ;

« l'immensité des lignes silencieuses des Annamites dont le développement atteignait vingt kilomètres, l'existence de cette armée qu'on disait de trente mille hommes, dont on n'était séparé que de quelques centaines de mètres et que l'on ne voyait pas, ces réduits mystérieux dont on parlait, l'opiniâtreté de la race, le souvenir d'une attaque désastreuse et de l'état de défensive qui venait de durer un an, tout donnait à l'ennemi une importance particulière.

» La nouveauté et la beauté des sites, qui dans cette partie de la province de Saïgon sont doux et gracieux, formaient un cadre d'autant plus attachant qu'on savait devoir s'en éloigner bientôt. L'arroyo chinois et la route qui le prolonge par terre étaient animés par un grand mouvement d'hommes, de vivres et de munitions de guerre. »

Par le seul fait de ce mouvement dont il était le centre, Saïgon avait repris soudain une vie nouvelle.

Il n'était pas jusqu'aux quatre pagodes transformées en redoutes de manière à couvrir la ville, qui n'ajoutassent un trait saisissant au tableau.

Parmi nos soldats, ceux qui venaient de Chine reconnaissaient la fidèle copie de ce qui les avait frappés au palais de Yen-Minh-Yuen, près de Pékin, dans ces dragons symboliques, ces poissons perchés sur leurs queues, ces chiens aux yeux d'hommes qui semblaient avoir été placés sur toutes les faces de ces monuments pour les garder et les défendre, et qui pas plus là que dans la capitale du Céleste-Empire, n'avaient su nous empêcher d'approcher.

Quelques mots sur chacune de ces pagodes-redoutes nous semblent devoir intéresser nos lecteurs.

Le nom de la pagode Barbet est celui du capitaine d'infanterie de marine qui le premier en eut le commandement. Ce brave officier partit un soir à cheval pour faire sa ronde accoutumée. « Les assassins le guettaient cachés dans un bosquet d'arbustes. Il fut assailli à coups de lance et tomba aux premiers coups. Les Annamites, après l'avoir décapité, se retirèrent en rampant. Le lendemain matin, on trouva le corps sur le bord de la route, le cheval blessé se tenait auprès. On raconte que le général annamite, quand la tête du capitaine fut déposée à côté de son plateau à bétel, compta le prix d'abord sans rien dire, puis laissa échapper une parole de regret. Le capitaine Barbet était d'une taille et d'une force athlétiques, et tous les Annamites le connaissaient. »

La pagode des *Mares* doit son nom à deux espèces de petits étangs destinés à recevoir des caïmans, mais qui étaient le plus souvent vides de tout habitant ; c'était, avant l'arrivée des Français, un lieu de pèlerinage très fréquenté.

La pagode des *Clochetons* se lève au milieu de la plaine des tombeaux. Des dieux dorés ornent en quantités innombrables ses vastes salles, et les espèces de campaniles qui surmontent sa toiture lui ont sans doute valu son nom.

La pagode de *Caï-Maï*, point extrême de cette ligne de défense, n'eût jamais pu être conservée, si l'on eût eu affaire à un ennemi européen. En face était le fort annamite de la *Redoute* qui terminait les lignes ennemies et aboutissait à un obstacle naturel, un marais.

« L'*arroyo chinois*, dont le nom revient si souvent quand on parle de Saïgon, est un cours d'eau, vraisemblablement creusé ou tout au moins canalisé à mains d'hommes. Il part à angle droit de la rivière de Saïgon, et enfonce sa nappe unie, large de cent mètres, dans l'intérieur du pays. Il se rejoint sans interruption à l'arroyo commercial, et forme ainsi avec d'autres cours d'eau une grande artère qui débouche dans le Cambodge, et par laquelle se fait tout le commerce de la Basse-Cochinchine.

» Sur les deux rives, en quittant Saïgon, on rencontre des bosquets de magnolias, de jasmins odoriférants, d'aloès et de roseaux.

» Le rideau de gauche cache les rizières qui s'étendent à perte de vue et dont l'aspect est monotone et triste.

» Le rideau de droite, en s'écartant, laisse apercevoir, de distance en distance, quelquefois un petit autel, un *miao* élevé au génie familier du lieu, souvent d'assez belles maisons de plaisance annamites, recouvertes en tuiles et entourées de cactus impénétrables.

» Une route, large comme nos routes départementales, tenue en assez bon état, et ombragée par de beaux arbres, suit, à une distance de deux cents mètres une direction parallèle à l'arroyo chinois, c'est une partie de la route de Saïgon à Mytho. Sur la droite, en quittant Saïgon, sont les pagodes transformées en redoutes de *Barbet*, des *Mares*, des *Clochetons* et de *Caï-Maï* dont nous venons de parler.

» Un peu plus loin de la route, toujours à droite, le terrain se relève légèrement et s'étend en plaine jusqu'à l'horizon. Les palmiers aracs, les arbres verts font place à des bouquets d'arbres rabougris, à une végétation jaune et herbacée. Tout est stérile et triste, brûlé par le soleil. Les tumulus, les tombeaux enluminés et peints à fresques arrêtent seuls le regard.

» Cet immense champ des morts est la plaine de *Ki-Hoa*.

» La ville chinoise, connue dans le pays sous le nom de Cho-Leun, qui est un nom chinois, s'étend ensuite, pendant une longueur de deux kilomètres, sur les rives de l'arroyo. Son aspect est animé par un mouvement considérable de coulies chinois et annamites, qui transportent sans cesse

Vue de Saïgon.

leurs charges de riz, de monnaies de cuivre, de chevrettes et de poissons séchés.

» Les toits en tuiles rouges se détachent vivement entre les touffes d'arèquiers, dont les troncs droits et cannelés semblent avoir servi de modèles aux colonnes corinthiennes. Cho-Leun ne ressemble pas plus à une ville européenne qu'à une ville chinoise ou annamite. Elle a un caractère qui lui est propre et dont on ne trouve, croyons-nous, l'équivalent nulle autre part ; on dirait une agglomération de fermes opulentes. Au fond des cours des maisons chinoises, sans que la vue soit masquée, comme en Chine, par un pan de mur dressé droit devant chaque porte, on distingue, aux heures des repas, trois tables dressées et disposées en triangle. Celle du fond, la plus élevée, est occupée par le maître, ses enfants, ses amis et le premier des serviteurs ; les coulies mangent sur les deux autres. Cette vie en plein air a quelque chose de patriarcal.

» Sur l'arroyo le mouvement est continuel. Les bateaux sont pressés côte à côte et ne laissent entre eux qu'un étroit passage. Quand la marée est basse, il ne reste plus qu'un ruisseau à peine suffisant pour les barques plates ; les autres barques se retirent sur les bords avec insouciance et toujours sans dommage. Ces petits navires, destinés au batelage d'eau douce, sont couverts du beau vernis du pays qui leur donne un air d'aisance et charme le regard.

» Cette ville chinoise est la clef de tout le commerce de la Basse-Cochinchine. Qui la tient a dans les mains le plus puissant moyen d'action sur le peuple de cette partie de l'Annam, et ce fut un bonheur pour nous, dès notre établissement à Saïgon, de pouvoir nous en assurer la possession, grâce aux redoutes des *Clochetons* et de *Caï-Maï*.

» Cho-Leun est de construction ancienne. Parmi les Chinois qui l'habitent, il y en a, ainsi que nous l'avons dit déjà, de fort riches. Quelques-uns frètent directement des navires européens et les envoient dans l'Inde, à Bourbon ou en Chine. »

II

Ce qui frappe tout d'abord chez les émigrants chinois, sous quelle latitude qu'on les rencontre, « c'est l'intelligente expression de leur physionomie et l'insouciance ou plutôt la résignation avec laquelle ils supportent les intempéries des climats les plus différents du leur. Ainsi, quand les réclames dorées de la Californie parvinrent jusqu'à eux de l'autre côté de l'Océan, on les vit se mettre en route, la plupart sans autre capital que le sac de riz destiné à les nourrir pendant la traversée.

» Arrivés à San-Francisco, ils transformèrent presqu'instantanément en une véritable bourgade chinoise le quartier qu'ils adoptèrent et dont ils ne tardèrent pas à s'attribuer exclusivement l'habitation. Là, toujours vêtus du costume national, toujours porteurs de leurs longues queues et chaussés de souliers à la poulaine, ils vivaient comme ils eussent pu le faire sur le sol natal ; ils avaient improvisé avec une promptitude qui semblait tenir de la magie, leurs pagodes, leurs théâtres, leurs restaurants en plein vent et leurs maisons de jeu ou de concerts, annoncés de loin par les sons d'une musique discordante et par d'énormes lanternes de papier aux dessins hiéroglyphiques. Ils y avaient même une sorte de bourse pour leur usage spécial. Cette faculté de se transporter ainsi tout entier à l'étranger, avec ses idées, ses coutumes et ses mœurs, est l'un des plus sûrs caractères qui dénotent chez cette race la tendance innée à l'émigration.

» Un trait curieux et touchant de ce culte des vieux souvenirs, est le soin pieux avec lequel les Chinois renvoient, autant qu'ils le peuvent, en Chine, les restes de leurs parents, malgré les frais considérables de ce transport exceptionnel. Ainsi, en 1856, un bâtiment rapporta de la sorte trois cents cadavres à Hong-Kong, au pays des ancêtres, et un journal américain de San-Francisco, à la plaisanterie un peu féroce, enregistra ce fait divers dans les termes suivants : « La Californie ne connaît pas de » rivale dans le commerce du *Celestial* (1) ; elle en a le monopole. Nous » l'importons vivant, à l'état brut ; nous le renvoyons manufacturé, mort. »

Appelés plus tard, en Australie, par le même mobile qui les avait attirés en Californie, l'exploitation des mines d'or, les Chinois ne s'y montrèrent pas sous un aspect moins favorable.

Toutefois « il faut se rapprocher de l'équateur si l'on veut rencontrer l'émigrant chinois dans le milieu qui convient le mieux à sa nature : Manille, Java, Bornéo, Singapour, Bangkok, Saïgon, voilà les centres où ses aptitudes trouvent un libre développement et où l'on peut le mieux apprécier son rôle dans l'économie des divers systèmes de colonisation européenne, et cependant, sur tous ces points divers, il se trouve en butte à une hostilité qui se traduit souvent en proscription, et qui parfois va jusqu'au massacre, mais dont sa patience et sa ténacité finissent toujours par triompher ; partout aussi, on leur reproche le procédé de succion absorbante, si nous pouvons nous exprimer ainsi, par lequel il s'étudie à pomper la richesse du pays. Cette accusation, avouons-le, n'est pas entièrement imméritée, et elle emprunte, à coup sûr, une grande force au fait d'avoir été reproduite sur tant de points par des personnes différentes

(1) Surnom dédaigneux donné aux Chinois par les Américains.

en termes à peu près identiques. Nous la croyons cependant exagérée, en opposition avec l'esprit de progrès, en opposition même avec l'intérêt bien entendu des colons, et c'est ce qui semble ressortir des faits eux-mêmes.

» L'ordre des dates nous montre d'abord les Chinois à Bornéo, où Marco-Polo nous signale leur établissement au XIIIe siècle. Les Espagnols, quand ils y arrivèrent en 1521, furent frappés du grand nombre de ces émigrants dans le royaume malais de Brimi, comme le furent aussi les Hollandais à leurs apparitions intermittentes dans l'île. Bien plus tard, en 1823, quand ces derniers tournèrent de nouveau leurs vues vers l'exploitation longtemps abandonnée de Pontiana, sur la côte ouest, ils y trouvèrent un courant annuel de trois mille Chinois, amenés par le renom des mines de diamants de la province. Les mines d'antimoine et de fer de Tundong, sur la branche occidentale du Sarawak, sont également entre leurs mains, et aux mines d'or de Montrada, des documents de 1852 les montrent, au nombre de trente-deux mille, extrayant annuellement du sol vingt-trois millions d'or. Leur population totale dans l'île est évaluée à 150,000. »

A Luçon, leur présence remonte à la découverte. Repoussés, massacrés même à diverses reprises, ils ne disparaissent par instants que pour revenir bientôt plus nombreux. « Rien ne peut arrêter le flot de cette infatigable émigration, ni les édits d'exclusion que la métropole ne se fait pas faute de rendre, ni la persistance hostile des habitants ; Manille n'étant qu'à trois jours de la côte de Chine, aussitôt l'orage passé, quelques années suffisent à l'indestructible communauté pour renaître de ses cendres aussi active, aussi vivace et aussi industrieuse qu'auparavant.... Le recensement de 1858 évaluait leur nombre à 75,000. »

A Java, même action, mêmes luttes, mêmes résultats, avec cette différence qu'au lieu de tourner leur industrie du côté de l'exploitation des mines, c'est au commerce et surtout à l'agriculture qu'ils s'appliquent. On en compte aujourd'hui plus de 110,000 dans l'île.

A Singapour, où le Chinois tourne exclusivement ses vues vers les affaires maritimes et borne son ambition à créer un entrepôt commercial sans se préoccuper d'exploiter les richesses du sol ou de cultiver la terre, la situation change ; au lieu de lui être hostile, la population et le gouvernement lui sont favorables. Il n'a pas de luttes à soutenir et il conserve tous les traits caractéristiques de sa nation, aussi rien n'est-il plus intéressant que de l'étudier sur ce nouveau théâtre.

Leurs jonques les amènent par centaines avec la mousson du nord-est et ils repartent aux premiers souffles de la mousson du sud-ouest, « car ces marins primitifs goûtent peu la brise debout ou le louvoyage, et l'antique proverbe de nos matelots, qui donnent au vent arrière la méprisante appellation de *navigation des Chinois,* n'a pas cessé d'être vrai. Ces voyages sont les mêmes depuis des siècles. On peut relire dans Marco-Polo la description de la flotte qui, en 1291, l'amena de Peïho à Ormuz avec les ambassadeurs de l'empereur Kublaï, et l'on sera étonné de voir avec quelle exactitude les détails transmis par l'Hérodote du moyen âge s'appliquent aux jonques d'aujourd'hui. Ce sont toujours les mêmes formes lourdes, carrées, massives, les mêmes ancres en bois, et les quatre mâts d'une seule pièce, parfois de plus d'un mètre de diamètre, c'est-à-dire aussi gros que les bas mâts d'une frégate. Un œil énorme, image emblématique de la vigilance du capitaine, ressort en vives couleurs de chaque côté de l'avant. La poupe qui s'élève au-dessus de l'eau, aussi haute que les châteaux d'arrière de nos anciens navires, est également ment ornée de peintures où l'on distingue le plus souvent un aigle gigantesque aux ailes déployées; à l'intérieur le fouillis est indescriptible; on ne sait où mettre le pied, et le voyage de l'arrière à l'avant semble hérissé de tels obstacles que l'on se demande quelles manœuvres peuvent être possibles à la mer avec un pareil encombrement.... Dans l'envahissement du pont deux points seulement ont été respectés : au centre du navire, la spacieuse cuisine où est entretenue une constante activité, puis le château d'arrière, sorte de forteresse où sont les armes, les munitions et l'autel de l'idole protectrice devant laquelle brûlent toujours des bâtonnets odorants. Là est suspendu le gond du signal; là aussi vivent le capitaine, le pilote et les passagers importants qui manquent rarement de s'acquitter envers le visiteur du devoir d'une scrupuleuse hospitalité.

» La vue des terres est le seul guide de cette navigation; il en résulte que le personnage essentiel du bord est le pilote, à qui une longue pratique a fait connaître tous les détails de la côte; car, s'il est vrai que les Chinois aient jadis inventé la boussole, il est bon que l'on sache le peu d'usage qu'ils font de cette découverte qui est leur seul titre maritime. Il est de ces jonques qui mesurent de six à sept cents tonneaux. La dimension moyenne est d'un port de trois à trois cent cinquante tonneaux, elles coûtent de 75 à 80,000 francs.

» Quatorze ou quinze mille Chinois arrivent de la sorte à Singapour dans les mois de décembre, janvier, février et mars; à peine compte-t-on parmi eux une centaine de femmes. Avec les retours et les décès cette population chinoise se maintient à un niveau à peu près constant de 60,000 résidents..... Selon les provinces dont ils sont originaires, ils se partagent en sociétés que les Anglais appellent à tort secrètes, car la manière dont elles sont organisées n'est un mystère pour personne, malgré les formalités un peu maçonniques dont l'admission des récipiendaires est entourée.

» Admirables dans les rangs inférieurs pour leur esprit d'ordre, on n'aurait qu'à louer sans restriction les colons chinois si le jeu et l'opium ne formaient ombre au tableau.

» Leur frugalité est inouïe. Qui ne les a vus rentrer après le travail en rapportant chez eux cent grammes de viande de porc et trois ou quatre sardines; avec une poignée de riz, il ne leur en faut pas davantage pour le souper du soir et le déjeuner du lendemain. Ceux qui ne veulent pas s'embarrasser du soin de leurs repas ont recours aux cuisines ambulantes promenées dans la rue par leurs compatriotes aux deux bouts d'une perche portée sur l'épaule; d'un côté est une boîte contenant un réchaud allumé et une marmite remplie de soupe; de l'autre côté se balance un panier garni de riz, de vermicelle, de gâteaux et de tous les ingrédients nécessaires à ce Chevet errant pour servir au prix de trois sous un dîner complet de quatre plats.

» A côté de ces héros de la sobriété, on pourrait citer des Crésus exceptionnels dont la fortune figurerait en première ligne sur tous les marchés de l'univers; ceux-là le plus souvent sont fixés dans le pays sans idée de retour.

» Il en mourut un en 1864, qui, sans ressources à son arrivée, s'était amassé, en trente ans, dix millions de francs; un autre, en revanche, fit en 1865 une faillite de quatre millions. Mais celui que connaissent le mieux, au moins de nom, les officiers français qui ont touché à Singapour de 1830 à peu près jusqu'en 1870, est le célèbre *Wampoa*, dont le véritable nom est *Tan-Ah-Kee*. Fournisseur de tous les bâtiments de guerre, de toutes les marines pendant cette période, et, si je ne me trompe, consul même de Russie, lui seul pourrait dire le chiffre de son immense fortune. Sa maison de campagne de Toah-Pyoh est une des curiosités des environs, où l'on peut étudier à loisir les arbres taillés en formes bizarres et surtout en réductions lilliputiennes qui font la gloire de l'horticulture chinoise. »

Les colonies chinoises fixées en Cochinchine ont été d'abord d'autant plus florissantes que ce pays, qui n'a été longtemps qu'une dépendance du Céleste-Empire, était pour elles sinon la patrie même, du moins une extension de la patrie.

Plus tard, quand l'Annam conquit son indépendance, les établissements chinois continuèrent cependant à y prospérer; mais la formidable insurrection des *Taysons* ou montagnards occidentaux leur porta un coup terrible; en 1782, les Chinois qui avaient cherché un refuge sur l'emplacement actuellement occupé par la ville chinoise de Cho-Leun, près de Saïgon, furent massacrés au nombre, assure-t-on, de plus de dix mille. « La terre fut couverte de cadavres depuis Ben-Nghen jusqu'à Saïgon, et comme on les jetait dans la rivière, elle en fut détournée de son cours; personne ne voulut manger de poisson pendant trois mois. Les marchandises de toute sorte, thé, étoffes de soie, remèdes, parfums, papiers, jonchèrent la route pendant longtemps, sans que personne osât y toucher. La colonie ne recouvra sa prospérité que vers le commencement de ce siècle, quand l'ordre fut enfin rétabli, mais cet essor, un peu lent au début, devint plus marqué d'année en année, si bien que le commerce était depuis longtemps redevenu presque exclusivement chinois lors de notre entrée en Cochinchine.

» On sait comment cet important élément de la population a accueilli le nouveau régime qui s'offrait à elle. »

A côté de cette émigration libre, toute dans les mœurs du pays, la Chine a vu s'organiser depuis une trentaine d'années des compagnies de recrutement qui enrôlent des travailleurs qu'elles expédient ensuite sur divers points du globe, notamment aux Antilles, à la Guyane, à Bourbon, au Pérou et à la Nouvelle-Grenade. « Les premiers essais de ce genre d'émigration remontent à l'époque où les principales nations de l'Europe, ayant aboli la traite, ont dû pourvoir à un autre mode de recrutement pour les travailleurs de leurs colonies. L'Inde anglaise, la côte d'Afrique et les ports de Chine devinrent les centres de ce trafic. »

Cette nouvelle exploitation de l'homme par l'homme n'offre guère moins d'inconvénients que l'ancienne traite des nègres. Les conditions de libre volonté présentées par le système de recrutement des compagnies chinoises, sont bien plus apparentes que réelles par suite des appâts trompeurs offerts aux malheureuses victimes de ce trafic et surtout par la façon indigne dont elles sont traitées, tant à bord des navires qui les transportent qu'à leur arrivée dans les colonies où elles sont employées aux plus rudes travaux et où généralement aucune des promesses qui leur ont été faites n'est tenue. De là des révoltes, des incendies, des massacres à bord des transports, et une fois à terre des plaintes, des contestations, une inertie systématique qui annihile chaque jour davantage les qualités natives des colons chinois.

Quand nous parlions tout à l'heure de la liberté de volonté qui règle les contrats entre les compagnies et les colons, le mot *apparente* que nous avons employé n'est pas seulement justifié par la mauvaise foi

apportée du côté des compagnies dans l'exécution des traités ; il a trop
souvent occasion d'être pris dans son sens le plus strict. Parmi les Chinois qui se sont constitués les pourvoyeurs de cet infâme commerce, beaucoup emploient et surtout employaient dans le principe les moyens les
moins avouables. On les voyait « s'emparer de leurs compatriotes par
violence ou par ruse, les conduire à bord de navires mouillés en rade et
les *y vendre* aux courtiers d'émigration sans s'inquiéter autrement des
réclamations de leurs victimes. Ces faits se produisaient journellement à
Canton, à Swatow, à Macao. Comment s'étonner que les malheureux
déportés de la sorte, le plus souvent d'ailleurs vagabonds sans aveu, se
montrassent, une fois en mer, toujours prêts à s'insurger contre leurs
geôliers?... » Il faut rendre cette justice aux autorités chinoises qu'elles
ont dès le début sévèrement réagi contre cette odieuse exploitation ;
aussi « alors que nous étions maîtres de Canton, en 1859 et 1860, Laou,
gouverneur de la province, publia proclamation sur proclamation, imité
en cela par les chefs des forces militaires anglo-françaises ; il signala
les noms des navires les plus notoirement convaincus de se livrer à ces
indignes manœuvres ; il procéda même, de son propre mouvement, à
l'arrestation de vingt-neuf Chinois accusés de ce crime, et en fit déca-
piter dix-huit le même jour. Il fit plus, il exigea que tous les émigrants
alors à bord des bateaux en partance fussent interrogés afin que ceux
qui le demanderaient fussent rendus à la liberté. Les navires américains
apportèrent à cette mesure une opposition qui à elle seule prouvait quel
en serait le résultat, si on y donnait suite. Laou passa outre, mais telle
fut la pression exercée sur les coulies qu'un dixième seulement demandèrent à ne pas partir. Sur les navires des autres nations, où la pression
fut moins forte, la proportion fut de moitié, et enfin, un peu plus tard,
sur sept cent quatorze émigrants prêts à partir et ramenés à Canton pour
y être interrogés, il ne s'en trouva que deux qui consentissent à s'expatrier !
L'interrogatoire des sept cent douze autres prouva « qu'enlevés par embûches, ils avaient été vendus pour la misérable somme de trente à
cent cinquante francs chacun. Dans beaucoup de cas, les victimes avaient
été livrées par leurs meilleurs amis. »

Cette émigration, bien qu'elle donne encore lieu à beaucoup d'abus,
s'est cependant régularisée, et les coulies chinois peuvent être assimilés,
à peu de différence près, à ces *engagés* ou serviteurs à temps déterminé,
qui ont fourni à nos émigrants en Amérique et notamment aux Antilles
leurs premiers auxiliaires et dont le nom revient si souvent sous la plume
de tous les historiens de nos colonies. Tout indique que dans l'ère nouvelle de civilisation que l'initiative de l'Europe, et en particulier celle

de la France, a inaugurée depuis 1860 dans l'extrême Orient, « les agents les plus utiles, les plus laborieux et les plus efficaces de cette régénération seront les *Chinois hors de chez eux* (1). »

III

« Les habitants de la Basse-Cochinchine, dit un écrivain qui les a étudiés de près, sont d'un caractère doux et timide; ils plient facilement sous la main qui les gouverne. Habitués à la rude discipline des mandarins, aucun joug ne leur semble lourd.

» Deux éléments étrangers se mêlent à cette population et la modifient heureusement; l'un se compose de Chinois, l'autre de Malais. Les Chinois sont actifs et intelligents, avides d'accroître leur bien-être au prix des travaux les plus pénibles; leurs défauts comme leurs qualités les portent au commerce, et ils s'y livrent avec une ardeur passionnée. Les Malais, d'un caractère violent, aiment les occupations où leur énergie se déploie; venus de contrées maritimes, ils conservent la vocation des insulaires pour la navigation. Ils retournent volontiers à leur premier métier de pirates plutôt que de rester dans l'oisiveté.

» On se tromperait étrangement si l'on croyait que la Basse-Cochinchine est plongée dans la barbarie; elle jouit au contraire d'une civilisation qui, sans répondre aux idées que ce mot fait naître dans l'esprit des Européens, n'en est pas moins réelle à un certain degré.

» Sous ce rapport, le royaume d'Annam se rapproche beaucoup de la Chine, avec laquelle ses relations de voisinage le mettent journellement en contact.

» Les Annamites sont sectateurs de Bouddha, mais ils n'ont en réalité aucune foi religieuse, et ils ignorent pour la plupart les dogmes du bouddhisme. Ils sont superstitieux et invoquent volontiers la protection de génies dont ils se croient entourés. Leur imagination s'est créé un monde de fées auxquelles ils prêtent un pouvoir surhumain et dont l'intervention sert de thème à une foule de légendes populaires qu'ils se transmettent de génération en génération.

» Les missionnaires européens, qui ont porté leur apostolat, à travers tant de périls, dans cette contrée lointaine, n'en affirment pas moins que les Annamites sont merveilleusement disposés à recevoir les salutaires enseignements de la religion chrétienne.

» Comme en Chine, l'instruction est, dans la société annamite, le premier titre de distinction. L'autorité appartient aux plus instruits. Tous

____
(1) M. du Hailly ; *Les Chinois hors de chez eux.*

les fonctionnaires civils et militaires, sont gradués. L'avancement est
subordonné à des concours littéraires pour les mandarins, et à des
exercices physiques pour les chefs militaires. Tout bachelier peut devenir
fonctionnaire, tout licencié l'est de droit, sauf l'épreuve d'un examen préalable dans les bureaux de la haute administration.

» La société annamite est constituée d'après un cadre hiérarchique dont
toutes les parties sont solidement liées. Ainsi tous les emplois sont occupés
par neuf catégories de gradués, chacune se dédoublant pour former deux
classes. Les offices d'huissiers, de lettrés, d'écrivains, de fournisseurs
du gouvernement, d'officiers militaires des contingents provinciaux, de
chefs de canton, de maires, sont réservés aux gens du peuple, qui font
partie des huitième et neuvième classes de gradués, quand par leurs
services ils ont mérité quelque récompense.

» Les ministres, les commandants militaires, les gouverneurs, les
grands mandarins, sont pris dans les premier et deuxième degrés de
gradués (1) »

Mais revenons à l'expédition qui devait nous assurer la possession de
ces contrées.

Quand l'expédition de Chine fut terminée de la surprenante façon que
l'on sait et que nous n'avons pas racontée en détail en son lieu pour ne
pas faire double emploi avec l'intéressant récit que M. J. E. Roy en a
donné dans son ouvrage sur la Chine et la Cochinchine (2), les forces de
la France, devenues disponibles, se portèrent vers la Cochinchine, et il
sembla que le drapeau français allait être planté à Hué comme il venait
de l'être à Pékin.

« L'armée crut à une opération de guerre décisive, qui donnerait la paix
et réduirait l'empire annamite. Les vaillants missionnaires qui propagent
la foi chrétienne, tous ceux qui s'intéressent à leurs dangers, à leurs
sacrifices, à leurs succès, pensèrent que l'influence de l'évêque d'Adran
allait enfin revivre, et que leur espérance la plus chère allait se réaliser :
l'exercice du culte chrétien serait solennellement inauguré dans l'église
de la capitale de l'empire d'Annam, et l'évêque de Hué, en sortant de la
cathédrale, entrerait, comme autrefois, le premier dans le palais du
souverain.

» Un nom domina tout : la prise de Hué fut présentée comme une sorte
de corollaire de la prise de Pékin. »

Tout ce qui n'était pas conforme à ce programme parut secondaire, ou
plutôt inférieur à ce qu'on avait le droit d'attendre.

(1) M. Henri Galos ; *Revue des Deux-Mondes.* 1ᵉʳ mai 1864.
(2) *La Chine et la Cochinchine.* Gr. in-8°, (2 fr. 50) à la librairie J. Lefort, Lille.

« L'armée expéditionnaire s'était frayé un passage jusqu'à la capitale du Céleste-Empire, à la manière des boulets de ses canons rayés ; comme eux, intrument de destruction, elle avait passé, renversant des milliers d'hommes sans être entamée. Et quand, au bout de cette marche militaire, on avait voulu traiter, la Chine, pour voir partir les Européens, avait donné tout l'or et toutes les garanties qu'on lui avait demandés.

» .... Allait-on à Hué dans des conditions semblables, et comme en Chine, devait-on se contenter d'humilier les Annamites et de leur infliger un châtiment?... »

Non ; telle n'était pas l'intention de la France ; ce que l'on voulait de l'empereur Tu-Duc, c'était une partie de ses Etats, et la plus belle partie, à coloniser. Or il ne devait subir cette extrémité « que contraint par la famine, par la misère de ses sujets, par une insurrection formidable. Ainsi les deux guerres avaient un but différent : en Chine, la France allait infliger un châtiment, mais elle comptait dégager ses forces dès qu'elle le pourrait et quitter la Chine. En Cochinchine, il s'agissait d'arracher une riche province, de fonder un établissement, de prendre pied. »

Dans cette campagne de Cochinchine à laquelle la France, croyons-nous, n'a pas accordé l'attention qu'elle a méritée, « trois grands faits de guerre se dégagent des autres, qui ne sont qu'accessoires, et les dominent.

» Le premier de ces grands faits est la prise de Saïgon par l'amiral Rigault de Genouilly, le 17 février 1859. La pointe qui fit tomber Saïgon fut hardie et brillante ; la pensée d'établir au cœur de la plus riche province annamite un centre d'action désormais européen, était une pensée féconde ; toutefois elle ne devait pas porter ses fruits immédiatement. L'amiral Rigault, dépourvu de ressources suffisantes, pressé par des circonstances plus fortes que sa volonté, dut évacuer Saïgon. Pendant près d'un an notre occupation en Cochinchine se borna au fort du sud, à un fort séparé de la ville par un cours d'eau. »

L'impulsion n'en était pas moins donnée, l'impression produite : pour les Annamites, aussi bien que pour la France et l'Europe, nous étions les vainqueurs de Saïgon !

Le second fait eut une influence plus considérable encore sur la fondation de la colonie et le succès de nos armes.

Il est cependant à peu près inconnu en France : c'est la reprise de Saïgon par l'amiral Page, au mois de décembre 1859, et le tracé des défenses de la place.

« Le coup porta si juste que les Annamites demandèrent aussitôt à entrer en négociations. Sans la guerre de Chine qui éloigna presque tous nos moyens d'action et réduisit la garnison de Saïgon à une poignée d'hommes qui surent garder cette place; sans cette guerre qui raffermit les espérances du roi de Hué, il est indiscutable que le gouvernement fut venu à composition.

» Le troisième fait d'armes a donné la Cochinchine à la France: c'est l'enlèvement des lignes retranchées de Ki-Hoa, par l'amiral Charner, le 25 février 1861.

» Le vice-amiral Charner, en lançant l'armée qu'il commandait dans un choc suprême et dont l'issue est toujours incertaine, prit cette responsabilité si lourde, où tout est risqué, qui caractérise les grandes situations militaires.

» L'armée des Annamites fut dispersée ou écrasée, leur orgueil militaire abattu, le caractère de leur défense nationale altéré; la prise de Mytho fut assurée, de Mytho dont la chute, séparant l'empire du grenier sur lequel il comptait et qui le rendait fort contre l'esprit traditionnel d'insurrection du Tonkin, devait livrer l'empereur annamite à merci, et l'amener à conclure la paix (1). »

Cette affaire de Ki-Hoa fut toute semée de traits héroïques dont quelques-uns sollicitent notre plume. Aussi bien, pour l'honneur de nos armes, est-il bon que l'on sache que dans la vieille Asie il n'en est pas comme chez les peuples sauvages, qu'intimide et fait plier par avance la discipline militaire de l'Europe.

Les Annamites, en particulier, possèdent des connaissances militaires et sont doués d'une bravoure qui fait d'eux des adversaires avec lesquels il y a à compter.

L'affaire de Ki-Hoa en est une preuve : on s'était battu la veille; toutefois, la journée, quoique chaude et sanglante, n'avait été que le prélude de la véritable action....

Le lendemain, 25 février, « avant le lever du soleil, toute l'armée française fut sur pied, et dès cinq heures les canons commencèrent à tonner contre les murailles de la forteresse. Les Annamites ripostaient vivement; ils se trouvaient parfaitement à l'abri et tiraient sur des colonnes à découvert.

» Cela ne devait pas durer longtemps.... Le signal de l'assaut est donné et les troupes s'élancent.

» Elles rencontrent les mêmes obstacles que la veille, mais ces obstacles sont en ligne double et triple. Il s'agit de franchir trois estacades, trois lignes de trous de loups, deux fossés et une rangée de chevaux de frise

(1) Léopold Pallu.

avant d'arriver à la haute muraille, hérissée de lances de bambous, et derrière laquelle se trouve une armée dix fois supérieure aux troupes qui donnent l'assaut. C'est un travail pénible qui coûte la vie à plus d'un brave soldat, mais il est bientôt accompli.

» Les assiégeants ont franchi la muraille et se trouvent dans le fort; seulement ils n'ont renversé qu'une première enceinte, et ils voient les Annamites se réfugier et se renfermer derrière une seconde muraille plus haute et plus forte que celle qu'ils viennent de franchir avec tant de peine.

» On se découragerait à moins, et cependant personne n'est découragé. Les premiers entrés s'élancent au pas de course, ils sont reçus par une grêle de balles. Le capitaine Senez appelle alors son lieutenant Laregnère, et le charge de rassembler les restes de la compagnie qui n'a pu encore rejoindre son commandant.

» Laregnère part en courant; à peine a-t-il fait quelques pas, qu'un boulet l'atteint et le renverse cruellement mutilé. L'enseigne de vaisseau Pouzzol, son camarade de promotion, passe en ce moment : « Mon pauvre ami, que puis-je pour toi, lui demande-t-il? — Ecris à mon frère que je suis bien mort, et va à ton affaire. » Puis il lègue son sabre à l'aspirant Maréchal qui vient de briser le sien, et il s'éteint silencieusement dans une douloureuse agonie.

» Cependant les marins fusiliers, commandés par M. Lapelin, car ce sont eux qui se trouvent dans cette espèce de cour où le lieutenant Laregnère vient de tomber, et où cent mourants et blessés exhalent leur douleur, les marins fusiliers se voient pris entre deux murailles. Ils viennent d'en franchir une et ne veulent certainement pas repasser par là; ils ont l'autre devant eux à quelques centaines de pieds seulement, et derrière cette muraille une armée ennemie qui les accable d'un feu meurtrier et incessant.... Ils avancent néanmoins; mais, arrêtés par des difficultés plus grandes encore que celles que je viens de signaler, ils n'avancent que lentement. On voit alors le lieutenant de vaisseau Jaurès, l'aide de camp de l'amiral, à la tête de quelques braves, essayer de se frayer un chemin jusqu'à la porte par laquelle les Annamites se sont retirés. On lui crie de s'arrêter : c'est aux portes en effet que l'ennemi a accumulé le plus de moyens de défense et de destruction; mais Jaurès répond qu'il se trouve en trop beau chemin pour reculer, et il avance toujours. Les hommes qui le suivent ou l'accompagnent tombent en grand nombre, son chapeau est percé d'une balle, mais il est arrivé au pied de la muraille, et c'est là l'essentiel.

» Ses camarades d'ailleurs ne sont pas restés en arrière, et en franchissant le dernier fossé, celui qui est à sa droite, il peut voir le capitaine Pallu, accompagné et soutenu par plusieurs de ses hommes, et en première ligne par ses lieutenants Berger, Lugeol et Noël; plus loin, mais dans le même fossé, se trouvent MM. Prouhette, Senez et Brosset, qui ont toujours chargé à la tête de leur compagnie, et enfin beaucoup d'autres dont le nom m'échappe, et au courage desquels je ne puis rendre qu'un tacite hommage.

» Un dernier, un vigoureux effort, et le drapeau français va flotter sur les murailles de Ki-Hoa. Les marins arrachent les bambous qui leur déchirent le corps et la figure; ils franchissent la crête de la muraille et ils se trouvent dans le fort. L'infanterie de marine, solide et brillante comme d'habitude, y entrait au même moment.

» Dès lors les Annamites ne trouvèrent plus de salut que dans la rapidité d'une fuite désordonnée. On en tua un grand nombre; le'gros de l'armée réussit cependant à s'échapper.

» Le fort de Ki-Hoa avait été pris à neuf heures du matin. Deux mille hommes environ avaient assisté à l'action, et plus de deux cents avaient été tués ou blessés. La journée qui suivit le combat fut consacrée au repos. Le lendemain on procéda à l'enterrement des morts, les blessés avaient été évacués sur les ambulances dès la veille. On comptait parmi eux un grand nombre d'officiers, entre autres, le lieutenant-colonel Testard, qui avait reçu une blessure à la tête dont il mourut au bout de quelques heures.

» Les Espagnols, qui n'avaient pu envoyer que cent quatre-vingts hommes à l'assaut, s'étaient montrés dignes de la place d'honneur que l'amiral leur avait assignée. Ils comptaient quarante morts et blessés, et parmi ces derniers, leur commandant, le même qui venait de remplacer le colonel Palanca, tué la veille, en même temps que le général français Vassoigne (1). »

IV

Tu-Duc cependant flottait indécis entre la nécessité de la paix et le désir de continuer la guerre; les négociations entamées n'aboutissaient pas.

Sur ces entrefaites l'amiral Bonard vint prendre le commandement des troupes. Continuant l'œuvre de l'amiral Charner, il poussa vivement la guerre et étendit notre conquête à une troisième province, celle de Bien-Hoa. La résistance n'est plus possible, l'orgueilleux souverain annamite demande la paix.

(1) Rodolphe Lindau.

L'amiral Bonard, « défiant encore, envoie à Hué le bateau à vapeur le *Forbin*, pour s'assurer que les dispositions du gouvernement annamite sont sérieuses, ou sinon pour intercepter les arrivages de riz dans la capitale. Sommé de s'expliquer, le roi reconnaît qu'il n'est plus possible de continuer le jeu des précédentes négociations; il charge son ministre des rites et son ministre des armes d'aller à Saïgon, où, le 5 juin 1862, ils signent un traité avec le représentant du gouvernement français. »

Voici les principales dispositions de ce traité :

« Les sujets des deux nations, de France et d'Espagne, pourront » exercer le culte chrétien dans le royaume d'Annam, et les sujets de ce » royaume, sans distinction, qui désireront embrasser la religion chré- » tienne, le pourront librement et sans contrainte, mais on ne forcera » pas à se faire chrétiens ceux qui n'en auront pas le désir.

» Les trois provinces complètes de Bien-Hoa, de Gia-Dinh et de Dinh- » Tuong (Mytho), ainsi que l'île de Poulo-Condor, sont entièrement » cédées en toute souveraineté à la France.

» En outre, les commerçants français pourront librement commercer » et circuler, sur des bâtiments quels qu'ils soient, dans le grand fleuve » du Cambodge et dans tous les bras de ce fleuve; il en sera de même » pour les bâtiments de guerre français envoyés en surveillance dans ce » même fleuve ou dans ses affluents.

» Les sujets de l'empire de France et du royaume d'Espagne pourront » librement commercer dans les trois ports de Tourane, de Balat et de » Quan-Am.

» La paix étant faite, s'il y a quelques affaires importantes à traiter, » les trois souverains pourront envoyer des représentants pour traiter » ces affaires dans une des trois capitales. »

Les trois provinces, dont nous venions ainsi d'enrichir notre empire colonial, avaient une haute importance, tant sous le rapport topographique que sous celui de leur richesse territoriale.

Elles composaient précédemment dans l'Etat annamite une espèce de vice-royauté sous le nom de Gia-din ou Basse-Cochinchine, dont la superficie totale peut être évaluée à seize cents lieues carrées.

Deux fleuves, le Don-naï et le Cambodge, l'arrosent, la fertilisent, et, en la mettant en rapport avec l'intérieur, lui assurent un très grand avenir commercial.

Saïgon, dont nous avons donné déjà une esquisse, qui en était la ville la plus importante, est devenue le chef-lieu de notre établissement.

Cette ville, à laquelle on arrive de l'extérieur par le cap Saint-Jacques, est merveilleusement placée pour défendre le Don-naï.

« La montagne de *Gand-Raï*, à laquelle ce nom de Saint-Jacques a été
donné par les Européens, se découpe en un croissant dont les deux pointes,
s'étendant au large dans la mer, forment une enceinte semi-circulaire

Porte d'entrée de la grotte des pagodes de Quan-Am.

où les flots viennent dormir ; c'est la baie de *Ving-tan*, où des flottes
pourraient mouiller et trouveraient un excellent port.

» .... De ce mouillage on pénètre dans l'embouchure du Don-naï,
très beau fleuve qui, sur un parcours de quatre-vingts milles, peut porter

les navires du plus fort tonnage. Ses rives échancrées s'ouvrent çà et là pour donner issue à de nombreux cours d'eaux, qui, en se déversant dans son lit, constituent autant de routes naturelles ouvertes à la circulation et au commerce.

» Saïgon est dans une position admirable. En communication avec la mer dont elle n'est éloignée que d'une quinzaine de lieues, elle est rattachée à Mytho et à Bien-Hoa, chefs-lieux des deux autres provinces, d'abord acquises à la France, par deux bras du Don-naï, l'un s'étendant à l'est, l'autre à l'ouest. Elle se relie par un canal à l'embouchure du grand fleuve du Cambodge, qui déploie ses rameaux comme les doigts d'une main colossale ouverte pour le transport et l'échange des produits. Ainsi, le siège de notre colonie est dans les meilleures conditions pour devenir le centre d'un grand mouvement commercial avec les Etats de l'Indo-Chine et ceux de l'Europe. »

V

« Il faut avoir lu, dans nos vieux auteurs, ce qu'était la colonisation aux époques des découvertes et dans les années qui suivirent, pour se faire une idée de ce que nous devons aux progrès de notre XIXe siècle. Jadis, lorsqu'un navire avait jeté sur une plage inconnue la petite bande de hardis compagnons qui venaient y chercher fortune, nul d'entre eux ne savait combien de temps s'écoulerait avant qu'il put renouer le fil qui l'enchaînait à la mère-patrie.

» Le fort, solidement palissadé que l'on se hâtait de construire, était la seule habitation possible, hors de laquelle on ne s'aventurait que le fusil sur l'épaule pour aller défricher l'épais hallier où rôdait le sauvage.

» Nul médecin n'était là pour combattre les foudroyantes atteintes d'un climat dévorant; les plus simples détails de la vie matérielle devenaient des obstacles, et quand le fléau de la disette s'abattait sur ces populations naissantes, ce qui n'arrivait que trop souvent malgré la fertilité du sol, il les trouvait désarmées.

» Les voyages étaient peu fréquents alors, et de longues séries de mois s'écoulaient sans qu'aucun bâtiment apportât aux exilés des nouvelles du pays; mais quels jours de fête, lorsque la blanche silhouette d'une voile se dessinait à l'horizon! Quel fraternel accueil attendait ces nouveaux venus, parmi lesquels chacun espérait trouver un ami, un parent peut-être, car ces émigrations se recrutaient généralement dans certaines provinces déterminées de la mère-patrie. Parfois aussi la guerre coupait court même à ces communications, et le colon devenait soldat pour repousser les attaques du dehors sans se préoccuper des secours incertains de la métropole.

» Cette rude existence fut celle d'Esnambuc et de Duparquet à la Martinique, de Jacques Cartier, et de Champlain au Canada, ainsi que de tant d'autres moins illustres. Quel n'aurait pas été l'étonnement de ces hommes de fer si on leur eût prédit qu'un jour viendrait où peu d'années suffiraient à une colonie pour être aussi richement douée qu'elle l'était de leur temps par le travail de plusieurs générations.

» Cela a été l'heureuse fortune de la Cochinchine. Pour elle, le laborieux enfantement du XVIIe siècle a été remplacé par une courte et glorieuse période de conquête. Le colon y a toujours ignoré l'appel aux armes; la crainte de la disette ou du pillage lui est inconnue; enfin, les communications régulières que la vapeur assure avec la France, lui permettent de se faire illusion sur son éloignement de la mère-patrie. Mais ces facilités sans nombre sont-elles un bien ou un mal? L'aiguillon de la nécessité n'a-t-il pas, au moins dans une certaine mesure, son utilité et sa raison d'être dans la complexe organisation d'un nouvel état de chose, et l'administration qui endosse de la sorte toute responsabilité à son compte, ne ressemble-t-elle pas un peu au maître qui rédigerait lui-même les devoirs de son élève pour qu'ils fussent mieux faits? C'est à quoi répond l'histoire des premières années de notre établissement à la Cochinchine. »

Quoi qu'il en soit, nous avons eu, ce qui n'est pas un avantage à dédaigner, immédiatement à notre disposition « deux leviers pour établir l'édifice de notre fortune dans cette contrée devenue française, l'administration et la colonisation, tous deux également puissants et nécessaires.

» Il est dans le génie de la France de constituer et d'organiser, de porter partout avec elle son esprit d'ordre, de contrôle et de réglementation. Elle débrouille les éléments confondus, elle les range chacun en son lieu, les classe selon leur nature et leur importance, et les soumet à une direction intelligente. Or, nulle part peut-être nous n'avons révélé cette faculté d'une manière plus éclatante et plus prompte que dans notre établissement en Cochinchine. »

La prudence conseillait les plus grands ménagements. Brusquer les changements, fût-ce même pour le bien-être des habitants, c'était risquer de froisser leurs usages et leurs mœurs, c'était les arracher à leurs traditions et les pousser dans une voie où ils sentiraient à chaque pas le poids de notre autorité.

Les gouverneurs qui se sont succédé à Saïgon l'ont bien compris; aussi se sont-ils appliqués à conserver les formes administratives qu'ils ont trouvées établies dans le pays. Ils n'ont pas eu d'ailleurs à violenter leurs

opinions pour respecter les coutumes des Annamites, l'organisation de la
Basse-Cochinchine se rapprochant à beaucoup d'égards de celle qui fonc-
tionne en France.

Mais ce qui a, en quelque sorte, inauguré en Cochinchine une politique
coloniale jusqu'alors inconnue, c'est que nous nous sommes gardés d'y
vouloir placer exclusivement l'autorité dans des mains françaises. Nous
nous sommes, au contraire, appliqués à la partager avec ceux qui se sont
ralliés à nous, et « dans notre organisation, nous avons fait une large part
à l'élément indigène. Ainsi le pouvoir du commandant-gouverneur
substitué au vice-roi, s'exerce par des administrateurs annamites qui
ont conservé les titres et l'autorité qu'ils avaient sous le gouvernement de
Tu-Duc. Ils sont aujourd'hui comme alors appelés *phu* et *huyen*, continuent à rendre la justice, à recouvrer les impôts et à maintenir la
tranquillité publique dans leur circonscription; ils fonctionnent sous la
direction et sous le contrôle des commandants de province, tous officiers
de notre armée qui, suivant l'étendue du territoire confié à leur administration, ont le rang de préfet ou de sous-préfet.

» Ces fonctionnaires supérieurs sont assistés de deux inspecteurs, l'un
qui est chargé des affaires indigènes, l'autre des affaires étrangères.

» On s'est sagement abstenu de toucher à la commune annamite. On
lui a laissé ses franchises municipales qui permettent aux habitants de
concourir à la gestion des intérêts locaux, ce qui les relève à leurs propres
yeux et leur épargne le sentiment d'une sujétion humiliante envers
l'étranger. Une modification cependant a été apportée dans le régime qui
existait avant notre occupation : le maire, qui était élu, est maintenant
désigné par le directeur des affaires indigènes et nommé par le gouverneur,
mais présenté par les notables.

» Le maire tient, sous le contrôle des notables, un état qui comprend
l'enregistrement des propriétaires de la commune, soumis à l'impôt de
capitation, lequel est payé complet de vingt à cinquante-cinq ans et n'est
plus que de moitié après cet âge. Les non inscrits sont exempts d'impôts ou
plutôt s'acquittent en nature par des corvées. La commune, comme sous le
régime annamite, répond de la présence sous les drapeaux des hommes levés
sur son territoire, qui sont d'ailleurs saisissables dans leurs biens, puisque
le recrutement ne s'opère que parmi les propriétaires inscrits. La quotité
de l'impôt par individu selon la qualité des terres cultivées, le nombre des
soldats, la nature et la quantité des corvées, sont déterminés par l'autorité
centrale; mais la commune en fait la répartition de plein droit et garantit
la rentrée de tous ces impôts. Enfin elle est responsable des délits qui
se commettent dans sa circonscription.

» Cette organisation qui procède du système annamite a le mérite d'alléger notre administration de mille soins et de mille détails dont les indigènes s'acquittent d'autant mieux qu'ils n'ont qu'à suivre leurs traditions.

» Les indigènes et les Asiatiques de différentes nationalités sont soumis pour leurs délits ou leurs litiges à la juridiction de leurs pairs qui appliquent leurs coutumes et leurs lois, avec droit de recours ou de révision auprès de l'autorité française.

» C'est grâce à cette administration habilement maniée que nous avons réussi, avec un personnel restreint, à imprimer le caractère et la main de la France sur la Cochinchine. C'est principalement sous la direction de l'amiral La Grandière que ces résultats ont été obtenus.

» Un des premiers soins de cet officier général fut d'entourer la propriété annamite des garanties de la loi française en la consacrant par un titre français. Cette mesure a donné au propriétaire une sécurité qu'il n'avait pas auparavant, puisqu'il n'était que le tenancier du roi. Cependant, éclairé par l'exemple des Hollandais à Java, l'amiral, pour éviter un autre écueil, a conservé une sorte de tutelle sur les propriétés des indigènes qui ne peuvent aliéner leurs terres à des Européens. Cette restriction a pour objet d'empêcher que les Annamites soient victimes de spéculateurs étrangers peu scrupuleux dans leurs moyens d'acquérir (1). »

On sait que la piraterie, qui est passée dans l'extrême Orient à l'état de profession avouée et avouable, est un des plus grands fléaux dont les Européens qui s'y établissent aient à souffrir. Pour y porter remède dans la Basse-Cochinchine l'amiral La Grandière a, conformément du reste à une loi annamite, soumis les barques et les jonques à un enregistrement général ; de plus, toute la population flottante est inscrite sur un registre, ce qui permet de la surveiller, de la contrôler, et d'empêcher l'introduction d'une foule de vagabonds et de repris de justice venant des autres états de l'Indo-Chine.

Dans un autre ordre de faits, de sages mesures restrictives ont été prises contre les deux passions, l'opium et le jeu, qui font le plus de ravages parmi les populations de l'extrême Orient.

Ne pouvant prohiber d'une manière absolue ni les jeux, ni le trafic de l'opium, le gouvernement de Saïgon les a mis en ferme afin de pouvoir les soumettre à une réglementation sévère.

L'usage de l'opium est un mal invétéré qui jette dans un abrutissement stupide le peuple de la Basse-Cochinchine. Il eût mieux valu, sans doute, extirper ce cancer dévorant, mais puisqu'on n'osait tenter une opération

____

(1) M. Henri Galos ; *Revue des Deux-Mondes*, 1er mars 1864.

radicale, c'est un tempérament bienfaisant que de l'avoir circonscrit : au moyen des conditions de fermage, le prix de l'opium est trop élevé pour qu'il puisse être d'une consommation générale. Les jeux, également adjugés à un fermier, sont surveillés par la police qui peut prévenir les violences et les fraudes dont ils étaient l'occasion.

Parmi les travaux d'utilité publique, il en est quelques-uns dont une simple mention suffit à faire comprendre l'importance. L'arroyo de la Poste, par exemple, qui réunit Mytho à Saïgon, en partie canal naturel, a été creusé et prolongé de main d'homme, afin d'assurer entre ces deux villes une communication régulière qui permet aux produits du Cambodge d'atteindre par une voie plus courte et plus sûre le marché de la capitale de la colonie. Des casernes, des hôpitaux, des magasins d'approvisionnements ont été établis à Saïgon. Dès notre arrivée, un phare, qui jette ses feux au loin sur la mer, a été construit au cap Saint-Jacques ; un service de pilotage, établi à l'embouchure du Don-naï, conduit la navigation à travers les bancs de sable et les écueils ; la poste aux lettres est organisée d'après les errements français ; la télégraphie électrique lui prête son concours et relie déjà ensemble les points principaux du territoire des provinces conquises ; un bassin de radoub avec tous les ateliers que comportent ces sortes d'établissements sert aux besoins de notre marine ; un parc à charbon, toujours largement approvisionné, et muni d'*appontement* pour faciliter l'embarquement du combustible, pourvoit aux besoins de nos bateaux à vapeur ; un corps d'ingénieurs hydrographes est sans cesse occupé à relever le sondage des fleuves et des rivières et à déterminer les plus sûrs mouillages dans les ports de notre possession ; enfin, l'avenir industriel et commercial du pays a été l'objet des études les plus sérieuses.

L'industrie sucrière, dont nous avons indiqué en passant le brillant avenir en Cochinchine, a donné néanmoins lieu à certains conseils ou plutôt à certaines critiques à l'adresse de l'administration coloniale : — Pourquoi, lui a-t-on répété à plusieurs reprises, pourquoi négliger une source de richesses que vous prétendez devoir être si abondante? Pourquoi tarder à faire de la culture de la canne à sucre en Cochinchine « une culture d'Etat, » comme les Hollandais l'ont fait à Java?

A ces observations plus spécieuses que justes nous répondrons :

« A Java, le gouvernement hollandais, en se substituant au gouvernement indigène dont les exigences fiscales ne laissaient à l'habitant qu'une faible jouissance de la propriété, a cru devoir suivre les mêmes errements. L'administration française a également remplacé en Cochinchine celle de la cour de Hué, mais elle n'a point trouvé les mêmes conditions d'existence chez la population conquise : l'Annamite était agriculteur, propriétaire, homme libre. Fallait-il, devenus ses maîtres par les droits d'une conquête que justifiaient les intérêts de la civilisation, lui contester cette liberté ?

» Nous nous sommes efforcés au contraire de lui prouver que tous ses droits, tous ses intérêts seraient sauvegardés, sinon même augmentés.

» Modérés dans notre administration, nous n'avons voulu parler et agir qu'au nom du progrès dont nous apportions et dont nous promettions le bienfait. La France a tenu à honneur de laisser aux idées civilisatrices le soin d'achever sa conquête. C'est par le développement de ces mêmes idées qu'elle fera rendre à ce sol tout ce que la nature lui a donné de fécondité.

» L'indigène, nous l'avons dit, est lent, apathique, insouciant de son bien-être, ignorant des causes qui peuvent l'augmenter : travaillons à répandre l'instruction dans ce pays dont nous avons pris la tutelle ; que les résultats de notre travail fassent naître chez ses anciens possesseurs le désir de nous imiter. Hâtons le progrès, rendons-le clair aux yeux de tous, mais ne l'imposons pas : ce serait tuer la poule pour avoir les œufs !

» Le mouvement s'opère lentement sans doute, et l'on comprend que les premiers pas aient été les plus difficiles. Toutefois les écoles se multiplient (1), les enfants y apprennent assez rapidement à connaître les caractères de notre écriture et les premiers éléments d'arithmétique et de géométrie.

» L'état civil, qui a été établi dans les villages, contribuera puissamment, croyons-nous, à relever le niveau moral des classes inférieures, trop souvent oublieuses de leur dignité sociale.

» La vaccination est rendue obligatoire, et le pays, jusqu'à notre arrivée sans défense contre la variole, voit dès à présent diminuer sensiblement la mortalité qu'elle y causait.

» Les Annamites ont si bien compris l'importance de ces mesures, qu'aux alentours des contrées que nous occupons, les améliorations apportées par nous tendent à se répandre. Là, par exemple, où n'existaient que des cases de paille, s'élèvent des maisons de bois, déjà même les propriétaires riches construisent en pierre. »

Qu'on nous permette de rapporter un fait caractéristique touchant la

____

(1) Dès les premiers jours où furent ouvertes à Saïgon les écoles dirigées par les Frères des Ecoles chrétiennes, elles eurent toutes leurs classes non pas simplement occupées, mais littéralement envahies. Au bout de quelques mois, on eut la satisfaction de constater que 600 enfants savaient lire, que 300 savaient écrire. Les cahiers d'écriture qu'ils montraient avec orgueil étaient irréprochablement tenus.

justesse d'esprit des Annamites, quand il s'agit d'apprécier la logique des faits.

« Un missionnaire parcourait les provinces pour y répandre la vraie foi. Arrivé dans un village, il monta sur une borne et se mit à enseigner les beautés de la religion chrétienne. L'auditoire restait froid.

» Un Annamite influent dans le pays, dévoué à notre cause, passa par là ; voyant de quoi il s'agissait, il dit au missionnaire :

» — Permettez-moi, mon Père, de parler à ces gens.

» Et montant sur la borne, il s'exprima ainsi :

» — Avant l'arrivée des Français dans l'Annam, vous n'aviez pas d'impôts fixes à payer, mais vous devez vous souvenir que fréquemment on vous prenait autant de sacs de riz, autant de poules et de porcs qu'on en voulait bien prendre ; aujourd'hui vous savez exactement à quoi vous en tenir ; tout est réglé et vous vivez en paix. L'administration nouvelle vaut donc mieux que l'ancienne. Les fusils que les Français ont donnés aux miliciens vos camarades sont bien meilleurs que les vôtres, et vous n'ignorez pas que les Français ont des fusils encore préférables à ceux des miliciens. Le gouvernement des nouveaux maîtres est plus sage que celui des Annamites, leurs armes sont plus redoutables que vos armes, leur religion doit donc être meilleure que la vôtre et vous ne pouvez que gagner à la suivre. »

» Chacun se rendit à l'évidence et le missionnaire eut gain de cause. »

La morale de cette histoire est simple : l'Annamite a besoin de raisons palpables pour être convaincu ; lorsque les avantages de nos idées se présentent à lui sous un résultat bien net, il s'y range volontiers et sa confiance grandit en proportion pour l'avenir. C'est en la matière qui a donné lieu à ces réflexions, c'est-à-dire en ce qui a trait à l'industrie sucrière, ce qui attend l'extension de la canne et sa manipulation soumise aux procédés européens.

Le nom de milice et de miliciens que nous venons d'écrire nous impose le devoir de rendre, dès à présent, hommage au dévouement et à la fidélité de ces troupes nouvelles, dont la discipline et le courage ont brillé au premier rang dans les événements de guerre qui se succèdent depuis quelques mois au Tonkin.

VI

Nous nous sommes arrêtés dans notre récit à la fin de cette brillante campagne de 1861, qui nous donna les trois provinces de la Basse-Cochinchine, de Saïgon, de Ki-Hoa et de Mytho.

Nous allons indiquer en quelques lignes ce qui s'est passé depuis et quel est l'état actuel de notre colonie.

En 1867, l'amiral La Grandière compléta notre conquête (1) par l'occupation sans coup férir des trois provinces de l'ouest, *Hatien, Chandoc* et *Vinh-long*, et donna à la Cochinchine les limites qu'elle a gardées depuis, mais qui vont être développées encore par le traité qui, signé le 25 août 1883, nous donne la province du Binh-Thuan.

En 1871, à la suite de l'exploration Dupuis et de l'expédition au Tonkin, qui en fut la conséquence, Tu-Duc nous attribuait le protectorat du delta de Song-Koï et ouvrait au commerce la libre navigation sur ce fleuve.

L'inexécution de ce traité a déterminé notre action actuelle dont les incidents principaux, que nous indiquerons tout à l'heure en parlant du

Vue de Haï-Phong.

Tonkin, sont, en ce qui concerne la Cochinchine, la modification apportée aux dispositions du gouvernement annamite par suite de la mort de Tu-Duc et de l'avènement de Hiep-Hoa, dont les dispositions favorables se sont montrées à l'occasion de la signature du traité du 25 août, dont nous avons précédemment parlé.

On sait comment une mort violente, un empoisonnement, dit-on, a mis, en haine de sa politique trop libérale au gré des mandarins, un terme à la vie de ce prince après quelques mois seulement de règne.

Son jeune neveu, Kien-Phuoc, âgé seulement de quinze ans, a été placé sur le trône par le parti hostile aux Européens.

Hué mis en état de siège, la fermeture de la citadelle, des populations

(1) L'amiral La Grandière avait, dès 1863, pacifié ces régions à notre profit en assurant à la France le protectorat du Cambodge que se disputaient les Annamites et les Siamois.

très excitées parcourant les rues et les environs de la ville, ont fait craindre un instant pour la sûreté des Français qui y résident. La situation toutefois parut presque immédiatement se calmer. La dépêche officielle, annonçant cette sombre révolution de palais, ajoutait en effet : « La situation est bonne, et on espère une solution pacifique de la crise. » (24 décembre 1883.)

Encore quelques mots sur l'état de notre établissement sous le rapport de la population et du commerce.

« La population de notre colonie, à laquelle se rattache la récente question du Tonkin, est de 1,600,000 habitants, soit 1,431,000 Annamites, 102,000 Cambodgiens, 50,000 Chinois et seulement 1,707 Européens, parmi lesquels on compte 1,642 Français, qui résident pour la plupart dans l'arrondissement de Saïgon. Ces chiffres se rapportent à l'année 1881. Sur 21,116 patentés, c'est-à-dire chefs de familles exerçant un commerce ou une industrie, on ne compte que 124 Européens.

» En réalité, la population française ne se compose guère que de fonctionnaires et de fournisseurs du gouvernement. N'oublions pas les religieux et les ecclésiastiques qui sont au nombre de 125.

» Le commerce de la Cochinchine avec l'étranger est de 41 millions à l'importation et de 55 millions à l'exportation. En ajoutant à ces chiffres les mouvements de numéraires, on obtient un total de 100 millions.

» Les transactions se concentrent dans les ports de Saïgon, Mytho, Rachgia, Caman et Hatien. Saïgon absorbe la plus grande part.

» Les marchandises importées d'Europe sont destinées aux services du gouvernement, aux familles des fonctionnaires et à la garnison. Celles qui viennent de Chine (environ 15 millions de francs) sont destinées aux immigrants chinois.

» Le riz forme le principal article d'exportation (35 millions de francs); il s'expédie à Hong-Kong et à Java.

» Le mouvement du commerce direct de la Cochinchine avec la France n'atteint pas 8 millions. C'est avec la Chine, Singapour et Java que les relations sont les plus actives.

» Quant à la navigation, le pavillon anglais domine. Le pavillon français ne viendrait même qu'au troisième rang, après le pavillon allemand, si l'on éliminait du calcul les voyages réguliers du service postal.

» De même dans les ports du Tonkin, sur le fleuve Rouge, depuis l'ouverture de Haï-Phong, ce sont les Anglais, les Allemands, les Chinois qui s'y livrent au trafic. La part des armateurs et des négociants français est presque nulle (1). »

(1) M. G. Lavallée, *Revue des Deux-Mondes.* 1er septembre 1883.

TONKIN

I

Le Tonkin ou *Annam septentrional* est borné à l'ouest par le Laos,
au nord par les provinces chinoises du Yunnan et de Kouang-si, à l'est
par le golfe du même nom et au sud par la Cochinchine. Les Cochinchinois le nomment *Drang-ngaï* ou *Royaume du Dehors.*

La superficie du Tonkin est d'environ 150,000 kilomètres carrés ; sa
population est évaluée à 12,000,000 d'habitants.

Un fleuve magnifique, le *Song-Koï* ou fleuve Rouge (en chinois *Hong-
kiang*), est, comme le Nil pour l'Egypte, comme le Gange pour l'Inde, la
principale cause de la fécondité et de la richesse de ce pays. Il prend sa
source dans le Yunnan, baigne plusieurs villes importantes, notamment
Hanoï, ancienne capitale, et, après s'être divisé en quatre branches,
avant de se jeter dans le golfe du Tonkin, forme, réuni avec la petite
rivière de *Thaï-bing*, ce fameux delta vers lequel, à l'heure où nous
écrivons, sont dirigés les regards de tous ceux qui, en France, ont souci
de notre gloire et de notre prospérité coloniale. Ce delta, qui s'appuie, sur
la côte, entre les îles *Hovay* et l'îlot *Hon-né*, a son sommet aux environs
de Hanoï.

Plusieurs tribus indépendantes occupent les rives de la partie supérieure
du fleuve. Les principales sont, à l'est, les *Païy*, nomades et pasteurs,
et les rebelles chinois appelés *Pavillons-Noirs* et *Pavillons-Jaunes.*

A l'ouest, on trouve les *Muongs*, peuple aborigène, intelligent, courageux, hospitalier, chez qui l'industrie agricole, aidée par la grande
fertilité du sol, est beaucoup plus avancée que dans les autres parties de
l'empire annamite. Ils cultivent avec succès les patates, les yams ou
ignames, le riz, les mangues, les ananas, les limons et surtout le mûrier,
avec la feuille duquel ils élèvent des vers à soie dont les produits sont sans
rivaux, assure-t-on, sur tous les marchés de l'extrême Orient.

Les noix de coco et les oranges abondent au Tonkin et y sont excellentes. L'arbre à thé y vient sans culture, mais soit que l'expérience ait
prouvé aux Tonkinois que ses feuilles ne peuvent arriver à obtenir le
délicieux arome de celles de son congénère de Chine, soit indolence ou
ignorance, ils n'en tirent aucun profit.

Le bois de fer et beaucoup d'autres espèces de bois précieux croissent sur les montagnes, tandis que le palmier arec, le bétel, l'indigo, la canne à sucre viennent dans les plaines.

Des tigres, des éléphants, des ours, des cerfs, des antilopes et des singes de plusieurs espèces sont les hôtes des forêts tonkinoises. Les bœufs, les buffles, les cochons et une infinité de volailles animent les campagnes et offrent de riches ressources au bien-être et à l'aisance des habitants.

Le règne minéral offre à l'exploitation du fer dans un état remarquablement pur, du cuivre en abondance, de l'étain, un métal qui n'a pas encore été bien analysé, mais que tout fait supposer être du zinc, et enfin de l'or, en faible quantité selon les uns, en quantité considérable selon d'autres.

Si l'on en jugeait par les habitudes des Muongs, on pencherait vers la seconde assertion. Il est incontestable, en effet, que, du moins dans la région qu'ils habitent, l'or est loin d'être rare, puisqu'on les voit, passionnés pour tous les jeux de hasard, en apporter de très gros et très nombreux lingots dans les villes où les amènent leurs affaires et où ils les perdent au jeu sans témoigner le moindre regret.

Les Tonkinois ont le visage plat, ovale ; ils sont moins bruns de peau que les autres Indo-Chinois. Leurs cheveux sont noirs, longs et fort épais ; une robe qui descend jusqu'aux talons fait toute leur parure.

Leur langue monosyllabique est dérivée de celle de la Chine, mais elle possède un certain nombre de mots combinés, ainsi que certains sons aspirés et sifflants qui n'existent pas dans le chinois. Ils ont singulièrement modifié l'écriture chinoise ou peut-être en ont-ils conservé un type aujourd'hui suranné en Chine même. Leur littérature est riche, assure-t-on, en ouvrages d'éloquence, et leurs annales, soigneusement tenues à jour et contrôlées, leur forment un corps d'histoire qui offre toutes les garanties d'authenticité que peut exiger la critique la plus sévère, en remontant jusqu'au xiie siècle environ de notre ère.

Moins raffinée que les Chinois, cette nation possède une plus grande valeur morale. Elle peut citer des traits d'héroïsme, de grandeur d'âme, de générosité dont s'honorerait le peuple européen le plus jaloux de sa dignité et de sa gloire. Fidèles en amitié, respectueux pour tout ce qui tient à la justice et à l'autorité, les Tonkinois ont malheureusement puisé, dans leurs trop fréquents contacts avec leurs voisins et surtout dans les périodes de domination étrangère, qui ont à plusieurs reprises et longuement pesé sur eux, quelques-uns des défauts inhérents à ce contact et à cette sujétion : on les dit vains, inconstants, dissimulés, vindicatifs. Ils ont toutefois conservé leur bravoure héréditaire ; leur armée, qui

Carte du Tonkin.

peut s'élever à une centaine de mille hommes, « a l'habitude, dit un savant écrivain, de battre les armées chinoises, » même à nombre bien supérieur. Quoi qu'il en soit, la France, si elle parvient à capter leur confiance et leur sympathie, aura en eux de fidèles et précieux alliés en Orient.

L'agriculture n'y est pas moins en honneur qu'en Chine. L'usage des premiers sillons tracés, chaque année, en grande pompe par le souverain y est observé depuis un temps immémorial. Malheureusement la polygamie y est en vigueur; nulle femme n'y possède le titre et les droits d'épouse; le *maître* les prend et les répudie à volonté. Aucune solennité religieuse ou même de famille n'accompagne le mariage, lequel ne réclame d'autre condition nécessaire que le consentement des parents.

Les seules circonstances de la vie qui soient célébrées avec pompe sont les funérailles et les fêtes en l'honneur des ancêtres. Dans les cas de maladie éclatent tous les préjugés et toutes les cérémonies superstitieuses qu'a pu réunir au Tonkin le mélange des cultes de l'Inde et de la Chine, base des croyances religieuses du pays. Croyances assez vagues, d'ailleurs, et fort peu assujettissantes, du moins pour la masse de la nation, car le corps des *lettrés,* corps influent, puisque, comme en Chine, tous les emplois leur sont attribués et qu'ils constituent la seule noblesse, a adopté la doctrine et la morale de Confucius. De là l'opposition que rencontre, dans les rangs élevés de la société tonkinoise, l'influence française, influence que le peuple est tout prêt à accepter comme un bienfait.

De là encore les dispositions remarquables de ce même peuple à adopter la foi chrétienne et l'acharnement déployé par les mandarins contre nos missionnaires. Bon accueil, zèle, fidélité jusqu'au martyre d'une part, et, d'autre part, persécution dont la cruauté dépasse toute idée; telle, en effet, a été, au Tonkin, la glorieuse, quoique triste histoire, de la prédication de l'évangile.

Nous ne nous proposons pas plus que nous ne l'avons fait pour les autres parties de l'extrême Orient, de nous arrêter sur l'histoire de nos missions du Tonkin, nous nous bornons à renvoyer le lecteur à un précédent ouvrage (1).

Nous dirons seulement que, malgré les entraves et les persécutions de toutes sortes dont a souffert la fidèle chrétienté du Tonkin, elle compte encore cinq cent mille membres.

L'industrie tonkinoise fabrique des étoffes de soie et de coton, des armes et particulièrement des fusils qui jouissent dans l'Indo-Chine, et en Chine même, d'une certaine renommée; de la porcelaine, du papier,

____

(1) *Fleurs des Martyrs au dix-neuvième siècle.* 2 vol. in-8°.

des ouvrages fort bien réussis en métal et en laque. Le commerce d'exportation porte sur des soieries de tout genre, des toilés peintes, de la vaisselle en terre, des drogues médicinales, du musc, gingembre, sel, bois de couleur pour la teinture, bois d'aloès, marbre, albâtre et ouvrages vernis, etc.

Les villes les plus considérables sont *Hanoï*, 150,000 habitants; *Nam-Dinh*, 50,000; *Haï-Dzuong* et *Tham-hoa*, 40,000, etc.

II

· Suivant les traditions chinoises, le Tonkin, nommé jadis *Giuo-Chou* ou *pays aquatique*, fut peuplé d'abord par des *Kemois*, peuple originaire des montagnes qui séparent le Cambodge de la Cochinchine. Deux siècles environ avant notre ère, les Chinois y envoyèrent des colonies qui civilisèrent le pays et y établirent leurs usages, leur religion et leurs mœurs. Vers la fin du xive siècle, l'empereur chinois Yenlo, ne se contentant plus de l'avoir pour tributaire, en fit une province de son empire.

Les Tonkinois, qui n'avaient jusque-là supporté qu'avec impatience l'occupation chinoise, se révoltèrent contre cette annexion. La lutte s'engagea; elle fut vaillamment soutenue par un homme de guerre dont le nom est resté populaire au Tonkin, le célèbre *Lé-Loï*, fondateur de la monarchie des *Ly* ou *Lé*, qui a régné jusqu'en 1802, époque à laquelle les Cochinchinois ont soumis le Tonkin et fondé, par la réunion des deux royaumes à celui d'Annam, l'empire Annamite.

L'Annam septentrional, ainsi que se sont appliqués à l'appeler depuis les vainqueurs, n'a jamais fait autrement que sur le papier partie intégrante de l'empire dont la capitale est restée à Hué.

Le produit de tous les impôts s'est centralisé et employé en Cochinchine, et tous les hauts fonctionnaires sont Cochinchinois. Il s'est toujours considéré comme un pays conquis, arbitrairement gouverné, et dont les populations gémissent sous un joug détesté.

Ayant conservé sous sa dynastie nationale les formes de ce despotisme patriarcal qui distinguent les grandes nations d'Asie et contre-balancent, par le respect et la confiance des populations, ce qu'a d'excessif l'autorité absolue et sans contrôle des souverains, les Tonkinois, qui sont loin de considérer l'empereur de Hué et les délégués qu'il envoie pour les gouverner comme leurs chefs légitimes, saisissent toutes les occasions qui se présentent pour protester contre une annexion que leur volonté ne ratifie pas.

Les soulèvements, depuis le commencement du siècle, ont été fréquents, et chaque fois s'est affirmée la courageuse persistance avec laquelle cette nation poursuit la revendication de son indépendance.

Le plus remarquable de ces soulèvements, celui qui, sans l'œuvre de la trahison, eût probablement été couronné de succès, a eu lieu en 1861. Il

Porte frontière entre la Chine et le Tonkin.

avait pour chef le dernier descendant direct des Lé, le prince Lé-Phuong, digne par ses qualités morales de la vaillante race dont il avait relevé le nom et le drapeau.

Vainqueur, en plus de vingt rencontres, des Cochinchinois dont il avait brûlé la flotte, il semblait prêt à reconstituer l'indépendance du Tonkin, lorsque la trahison d'un de ses officiers lui fit perdre la dernière bataille, celle qui allait forcer N'guyen-Tri-Phuong, le plus célèbre des généraux annamites contemporains, d'évacuer le Tonkin; il parvint cependant à sauver une partie de son armée et se replia avec elle dans les montagnes.

En 1864, après avoir reconstitué ses forces, il reprit l'offensive et, voulant cette fois frapper un coup décisif, il résolut de marcher directement sur Hué. Tu-Duc tremblait dans sa capitale, et déjà se préparaient ces défections honteuses qui sont un des plus tristes traits de mœurs de l'extrême Orient, lorsque les éléments, comme s'ils avaient reçu la mission de servir les intérêts de Tu-Duc, entrèrent en cause.

Une de ces tempêtes, un de ces typhons qui bouleversent si souvent le golfe du Tonkin et les mers adjacentes, éclata avec une furie que les témoins oculaires ne se rappellent pas avoir jamais vue surpassée. La flotte de Le-Phuong fut dispersée, ses navires brisés ou jetés à la côte. Dans ce grand désastre il tomba aux mains de ses ennemis, et fut décapité.

Depuis ce moment, le Tonkin, plus opprimé que jamais, a désiré et espéré des libérateurs, et, malgré ses vieilles rancunes contre la Chine, il n'est pas douteux que, si la France n'avait pas proclamé son protectorat, il aurait déjà réclamé celui du Céleste-Empire.

En résumé, la situation du Tonkin est des plus déplorables. En butte aux spoliations et aux exactions des mandarins, vivant dans la continuelle terreur des Pavillons-Noirs, dont l'avidité et la cruauté ne connaissent plus de frein et rappellent, en les dépassant de beaucoup, les plus terribles excès de nos *Chauffeurs* de sinistre mémoire, les habitants font preuve d'une énergie qu'on doit apprécier, en continuant d'ensemencer des terres dont ils ne sont jamais sûrs de pouvoir récolter la moisson, et de se livrer à des arts industruels dont le produit leur est presque entièrement extorqué alors qu'il ne leur est pas violemment arraché par la force.

Il n'est pas jusqu'aux communications de ville à ville, de tribu à tribu, qui ne soient sans cesse menacées d'interruption, par les pirates sur le fleuve, et par les rebelles chinois sur les routes de terre.

Le fleuve Rouge cependant est une des plus admirablement placées de ces *routes qui marchent*, et que le génie de l'extrême Orient sait si bien utiliser. Faisant communiquer le golfe du Tonkin et l'importante province chinoise du Yunnan, il ouvre à la fois un débouché aux produits de la Chine méridionale, à ceux du Tonkin et à l'immense commerce aujourd'hui centralisé dans les mers de la Chine et du Japon.

Autrefois navigable pour les plus forts bâtiments du pays, ce fleuve a été fermé, à une époque difficile à préciser, par des accidents naturels d'abord, l'ensablement de ses embouchures, et ensuite dans son parcours à l'intérieur du pays par les déprédations des pirates.

Il appartenait à un Français d'une grande énergie et d'une persévérance à toute épreuve, d'en explorer le premier le cours. Nous avons nommé M. Dupuis, dont le nom est à jamais inséparable du souvenir de notre établissement au Tonkin.

Parmi les Français que le goût des aventures de voyage, la passion des découvertes, bien plus que les préoccupations commerciales, attirèrent en Chine aussitôt que nos victoires eurent abaissé les barrières qui en avaient jusque-là tenu les Européens éloignés, M. Jean Dupuis était un des plus intelligents et des plus intrépides. L'inconnu l'attirait, et à ce titre, c'était surtout vers le Thibet et la Mongolie qu'il se sentait pressé de tourner ses investigations. Quelques services qu'il eut la bonne fortune de pouvoir rendre à des mandarins influents, semblèrent lui en faciliter les moyens. Mais si les autorités consentaient à se relâcher en sa faveur, il n'en était pas de même des rebelles qui mettaient alors à feu et à sang les parties centrales de l'Empire.

M. Dupuis dut renoncer, pour le moment du moins, à son entreprise. Il s'installa à *Nan-Keou*, sur le fleuve Bleu, à sept cent cinquante kilomètres de Nankin, où il s'appliqua à se créer des amis, à apprendre le chinois et à étudier la géographie et les mœurs du pays.

Son attention se fixa bientôt tout spécialement sur les provinces méridionales, et en particulier sur le Yunnan où, en 1868, il se rendit muni de lettres de recommandation qui firent oublier tout d'abord aux mandarins de cette province les préventions toujours attachées en Chine au titre d'étranger.

Le pays était désolé par la guerre civile ; les routes et les campagnes infestées de brigands ; l'industrie et le commerce, ayant perdu leurs débouchés ordinaires, étaient menacés d'une ruine complète. Par un véritable trait de génie, M. Dupuis comprit qu'un des plus sûrs remèdes à tant de maux était l'ouverture du fleuve Rouge. Il fit partager cette opinion au vice-roi de Yunnan et obtint son adhésion à une entreprise dont il assuma, du reste, tous les frais et toute la responsabilité.

Il partit de *Yunnan-Seu* le 25 février 1871, et, après avoir parcouru à cheval, au prix de mille fatigues, au milieu de mille périls, un vaste territoire occupé par des peuplades guerrières et indépendantes, il obtint des traités de commerce, une escorte, et parvint enfin à *Manghao*, ville commerçante sur le fleuve Rouge, où, malgré tout ce qu'on lui raconte des difficultés de toutes sortes qu'il aura à surmonter, il n'hésite pas à s'embarquer.

Nous ne suivrons pas le hardi explorateur descendant lentement le cours du fleuve que sillonnent les jonques des pirates et dont les bords sont couverts de ces terribles Pavillons-Noirs dont la réputation, qui a grandi depuis en Europe, était déjà faite au Tonkin et dans le Yunnan. Comment il échappa à tant de périls et arriva sans accident à Hanoï, lui-même sûrement n'aurait pu le dire. Tout ce qu'il savait, tout ce dont il se préoccupait, c'était d'avoir résolu le problème posé depuis tant d'années au sujet de la navigation du fleuve Rouge : le fleuve était libre entre le Yunnan et le delta du Tonkin.

Les habitants de Hanoï voulaient le porter en triomphe; ceux de Yunnan-Seu, quand, après quelques semaines d'absence, il y revint, après avoir remonté le cours de la rivière, ne lui épargnèrent pas les ovations; son nom fut transformé en celui de *Data-Fen* (Dupuis le grand homme) et les offres de fortune les plus brillantes lui furent faites.

Le gouvernement l'accrédita comme son représentant près la cour de Hué et le chargea d'acheter en France, en son nom et pour son compte, le matériel de guerre jugé nécessaire pour organiser une expédition chargée de débarrasser le fleuve et ses abords des brigands qui s'y étaient établis.

Dupuis vint en France s'acquitter de sa mission. Il profita de son séjour à Paris pour y faire connaître l'état du Tonkin et les avantages que retirerait la France d'un établissement dans ce pays qui, disait-il avec justesse, « n'étant sous le joug des Annamites qu'en vertu de la force, ne demandait qu'à être soustrait à cette rude servitude. »

La réponse fut ce qu'elle devait être : au lendemain de la guerre de 1870-1871, le gouvernement français était tenu à une extrême réserve.... Il fallait attendre.

Une démarche fut faite néanmoins, qui, si elle n'engageait pas d'une façon absolue l'avenir, préparait cependant une action plus directe. L'aviso *le Bourayne*, commandé par un officier distingué, M. Senez, fut envoyé pour traiter, de concert avec M. Dupuis, la question de l'ouverture du fleuve Rouge avec le commissaire Ly, représentant de Tu-Duc.

Selon son invariable coutume, le gouvernement annamite fait traîner les explications en longueur; Dupuis perd patience, il se sépare de l'aviso et se rend avec sa flottille à Hanoï, où il arrive le 22 décembre. Le 18 janvier suivant, sans tenir compte des efforts et des menaces des mandarins qui prétendent le retenir, il part pour le Yunnan accompagné de dix Français et d'une trentaine d'Asiatiques. Le 16 mars, il entrait à Yunnan-Seu.

Le vice-roi du Yunnan, comprenant les avantages que la Chine peut retirer du concours d'un homme tel que Dupuis, lui offre les hommes et les fonds nécessaires pour pacifier le Tonkin et assurer la libre navigation du Song-Koï. Cette offre est généreusement déclinée : quelque grands que puissent être les avantages attachés à une mission de ce genre, « Dupuis ne saurait consentir à introduire des étrangers dans un pays que, dans sa pensée et dans son cœur, il destine à la France. »

Il se borne à demander une escorte de cent cinquante Chinois, avec laquelle il redescend le fleuve et revient à Hanoï, où il amène une cargaison considérable de cuivre et d'étain.

Nous devons ici faire quelques pas en arrière. En allant en France pour les achats dont l'avait chargé le vice-roi du Yunnan, M. Dupuis s'était adjoint comme second un des résidents les plus honorables de Sanghaï, M. Millot, maire de la colonie française de cette ville. Il l'avait, au retour, laissé à Hanoï pour y surveiller les agissements des Annamites. Ces agissements avaient été tels qu'on pouvait le craindre. Rien n'avait été épargné, pas même les tentatives d'empoisonnement, pour se débarrasser des Français.

M. Dupuis, pensant que le moment était venu de faire intervenir les autorités coloniales de la Cochinchine, chargea M. Millot d'un rapport adressé à l'amiral Dupré.

L'amiral, que M. Millot joignit à Saïgon le 5 juin 1873, avait déjà, et par une voie bien différente, été saisi de l'affaire ; le gouvernement de Hué lui avait porté plainte contre M. Dupuis, qu'il présentait comme un anarchiste, dont l'ambition portait le trouble au Tonkin ; comme un forban, allié des Pavillons-Noirs et des pirates du fleuve Rouge, devant lequel les populations terrifiées fuyaient épouvantées et ruinées.

M. Millot, dont l'honorabilité bien connue eût suffi de protestation contre ces accusations, n'eut pas de peine à rétablir les faits dans toute leur exactitude, et l'amiral, parfaitement édifié sur la valeur de la note cochinchinoise, mais se trouvant dans l'impossibilité d'agir immédiatement, fit dire à M. Dupuis de faire en sorte, en évitant tout conflit décisif, d'occuper Hanoï pendant trois mois, afin, en empêchant d'autres nations de s'y établir, de nous conserver la préséance ; d'ici là, ajouta-t-il, il espérait être en mesure d'agir.

Ces instructions furent suivies de point en point. La petite flotte prit position dans la rade de Hanoï. Les mandarins lui suscitèrent toutes les difficultés imaginables ; ils essayèrent de l'affamer et tentèrent d'empoisonner les eaux.

L'énergie de Dupuis grandissait avec les obstacles, et l'autorité le trouvait toujours prêt à tenir tête à son mauvais vouloir.

C'est ainsi, par exemple, qu'apprenant un jour que quelques indigènes, accusés de lui avoir procuré des jonques à son précédent voyage, ont été arrêtés, il fait aussitôt débarquer deux canons et marche à la citadelle. Les mandarins, épouvantés, s'empressent de mettre les prisonniers en liberté.

Dans une autre occasion, il arrête de ses propres mains le chef de la police qui, à la tête d'une trentaine de soldats annamites, guêtait et enlevait les matelots isolés.

Une autre fois encore, il fait arracher aux murs et saisir entre les mains des porteurs, les proclamations publiées contre lui et en fait un feu de joie.

Ayant eu gravement à se plaindre du mandarin qui exerce à Hanoï des fonctions équivalentes à celles de préfet en France, il le fait enlever et ne lui rend la liberté qu'après avoir détruit la préfecture.

Ces actes de rigueur, qui seraient en Europe extra-légaux, sont en Indo-Chine et surtout dans l'Annam, le meilleur moyen, disons plus, le moyen reçu de défendre ses droits; ils ont le double avantage de tenir en respect la haine des autorités qu'ils intimident et de frapper d'admiration l'esprit du peuple.

Jamais cette vérité ne se montra avec plus de force que dans l'affaire qui nous occupe. Pendant que les mandarins se faisaient presque serviles, le peuple se passionnait pour le vaillant Français qu'il considérait comme un libérateur envoyé par Bouddha.

Dupuis mettait ces sentiments à profit pour imposer aux premiers le respect de notre pavillon, et pour faire aimer au second le nom de la France, pour lui faire entrevoir et désirer sa protection. Cette propagande ne tarda pas à porter ses fruits ; les chefs des partisans de Lé lui font offrir de le placer à leur tête. Cette offre ne séduit pas plus l'ambition du vaillant Français que ne l'a fait celle du vice-roi du Yunnan ; il n'en profite que pour demander, à titre d'escorte, et afin de pouvoir, sans affaiblir sa position, remonter à Yunnan-Seu, où il est attendu depuis plusieurs mois, un renfort de cent hommes. Ce renfort est mis avec empressement à sa disposition, et il part de Hanoï le 8 octobre 1873.

Mais cette fois, il ne doit pas trouver le fleuve libre. Des palissades, des retranchements, des bastions ont été élevés sur tous les points où les mandarins ont pensé pouvoir arrêter la marche du convoi ; des radeaux incendiaires sillonnent la rivière ; en outre, les Pavillons-Noirs se montrent partout.

Le même bonheur couronne l'audacieux courage de Dupuis ; le convoi poursuit sa route à travers tous ces périls, sans subir aucune avarie ; quand il a franchi la ligne d'attaque, son chef en remet le commandement à un homme sûr et redescend à Hanoï.

Depuis ce moment, le fleuve Rouge, la plus sûre des routes commerciales entre le delta et le Yunnan, est resté hermétiquement fermé par les autorités annamites, sauf cependant à l'occasion du voyage de M. de Kargaradek, consul de France à Hanoï.

Une heureuse surprise attendait Dupuis à son retour à Hanoï (27 octobre): une mission française venait d'entrer dans les eaux du Tonkin; son chef,

Francis Garnier.

le lieutenant de vaisseau Francis Garnier, qui avait commandé en second l'exploration du Mékong et de l'Indo-Chine, était chargé de servir de médiateur entre les autorités annamites et Dupuis. Alors même qu'il n'eût pas su d'avance à quoi s'en tenir au sujet de ce conflit, il lui eût suffi d'une première entrevue avec ce dernier, accouru à sa rencontre, pour être édifié sur son caractère et sa conduite.

L'aviso, le d'*Estrées*, monté par quatre-vingt-six marins et par plusieurs officiers, entra en rade de Hanoï le 5 novembre. Il était attendu et reçut des navires en rade le salut d'usage (trente-trois coups de canon). Les soldats du Yunnan lui présentèrent les armes, et une joie sincère, une joie mêlée de triomphe, se manifesta aussi bien parmi tous les équipages de la flottille de Dupuis, que parmi la population massée sur le rivage : « c'était la France qui arrivait ! »

Non seulement les mandarins s'abstinrent, mais, dès sa descente à terre, Francis Garnier eut une preuve manifeste de leur mauvais vouloir : au lieu de lui faire préparer, selon les usages asiatiques, une demeure digne de l'agent accrédité d'une grande puissance et agréé par leur propre gouvernement, ils lui désignèrent une des plus mauvaises masures de la ville.

Francis Garnier connaissait heureusement la manière de mettre à la raison l'insolence des autorités annamites. En voyant le logement qu'on lui a destiné, il comprend l'affront qu'en recevrait, s'il l'acceptait, le pavillon français, et, par suite, l'atteinte portée au prestige attaché à ce pavillon. Il court droit à la citadelle, y pénètre avec les quinze hommes qui l'accompagnent; avant qu'on ait eu le temps d'en fermer les portes, il va droit à l'appartement de N'Guyen qui, malgré son courage bien connu, ne peut s'empêcher de pâlir en le voyant, et le somme en termes énergiques et indignés, de lui faire désigner un logement convenable.

N'Guyen s'excuse; il argue d'un malentendu et se met à la disposition de la mission française avec ces protestations obséquieuses, dont la valeur est maintenant connue des Européens. La Commission d'enquête entre en fonctions; de part et d'autre, on échange des notes et des explications, mais l'ambiguité des rédactions annamites, au lieu de résoudre les questions les plus simples, les complique. Tout en admirant l'habileté merveilleuse de cette diplomatie de faux-fuyants, qui est le chef-d'œuvre de la politique indo-chinoise, Francis Garnier s'en accommodait fort peu, et, son enquête achevée, il déclara nettement qu'étant avéré que tous les torts étaient du côté des Annamites, ceux-ci devaient une juste réparation à Dupuis, et, par extension, au gouvernement français dont l'explorateur du fleuve Rouge était le sujet et, dans une certaine mesure, le représentant.

Les mandarins déclarent devoir en référer à la cour de Hué, et, en attendant la décision de Tu-Duc, qu'ils savent devoir tarder à arriver aussi longtemps que possible, ils renouvellent contre le d'*Estrées* et son équipage, toutes les machinations précédemment ourdies contre la flottille de Dupuis. Les proclamations « contre les barbares d'Occident

qui devaient avoir tous la tête coupée... » se succédaient sans interruption.

Ces agressions se produisaient à toute occasion ; le poison jouait son rôle
accoutumé ; eaux, aliments, tout devait être soumis à un examen sévère
avant d'être employé ; des tentatives d'incendie furent faites contre le
camp et contre les bâtiments en rade. Et ce qui était plus grave encore,
parce qu'on y pouvait voir l'action directe du gouvernement annamite,
des levées d'hommes considérables avaient lieu sur tous les points du
territoire.

La sécurité du petit nombre d'Européens réunis à Hanoï était sérieusement compromise ; il fallait à tout prix, ou se retirer, ou frapper un
grand coup. Sur ces entrefaites arrivèrent de Saïgon les deux canonnières *le Scorpion* et *l'Espingole*, amenant une compagnie d'infanterie
de marine ; ce qui portait l'effectif des troupes du petit corps expéditionnaire à 212 hommes.

C'est avec ces faibles forces que Francis Garnier résolut d'attaquer la
citadelle et qu'il parvint, dès le premier assaut et après une heure de
combat, à s'en emparer (20 novembre 1873) (1).

Nous n'avions perdu qu'un seul homme ; plusieurs autres avaient été
atteints, mais tous très légèrement.

L'ennemi, qui laissait entre nos mains 2,000 prisonniers sur les 7,000
qui avaient défendu le fort, comptait, en outre, 80 morts et 300 blessés,
et, perte immense pour l'empire d'Annam, parmi ces derniers était
le général N'Guyen ; il avait reçu un éclat d'obus et mourut peu de jours
après de sa blessure.

La prise de possession de la citadelle eut lieu au milieu d'une foule
empressée qui, certaine de notre protection, ne cherchait même pas à
dissimuler ses sympathies. La ville nous appartenait sans conteste, et
autant pour constater le fait que pour rassurer ceux des habitants qui
pouvaient conserver quelque inquiétude et pour affirmer le protectorat
de la France, une proclamation rédigée en français et en tonkinois fut
aussitôt répandue à profusion.

Cette proclamation promettait l'ouverture du fleuve Rouge, la pacification rapide du pays et, par suite, la reprise et la libre extension de
l'agriculture, de l'industrie, du commerce.....

Francis Garnier ne se bornait pas à des promesses : avec le concours
de M. Dupuis, dont la connaissance de la langue chinoise et la longue
pratique des mœurs et des besoins de l'extrême Orient, lui étaient d'un

---

(1) La citadelle de Hanoï, construite sur les plans et par les soins d'officiers français d'après le
système de Vauban, passe pour une des meilleures forteresses de l'Annam.

très grand secours, il procédait à la réorganisation administrative et à la pacification du pays.

Cette pacification, rapide et facile dans le sud, rencontra de grands obstacles dans la province dont *Sontay* est le chef-lieu. Non seulement cette ville, occupée par le prince Houang, général annamite, ne se rendit pas à nos armes, mais elle devint un centre de résistance et d'intrigues contre nous; les Pavillons-Noirs y affluent bientôt, et de là rayonnent des excursions armées qui terrorisent le pays.

Profitant de l'absence de Francis Garnier qui parcourait le delta, une de ces bandes enlève aux Français le fort de *Phu-Hoat*, et annonce son intention de marcher sur Hanoï.

Rentré à Hanoï le 18 décembre, Francis Garnier, estimant qu'il n'y a pas de temps à perdre pour déloger Houang de son quartier général, fait ses préparatifs pour marcher sur Sontay.

Des dépêches de Hué viennent malheureusement entraver ses desseins. Les ministres de Tu-Duc demandent à traiter, et, comme base des arrangements à prendre, ils se déclarent prêts à ratifier de tous points ce qui a été fait pour l'ouverture du fleuve Rouge.

En présence d'un langage aussi catégorique, les hostilités ne sauraient continuer : un armistice est signé; mais, tandis que les Français et leur vaillant et loyal commandant croient pouvoir se fier à la foi jurée, les Annamites profitent de cette sécurité pour chercher à leur enlever la citadelle de Hanoï. Garnier, prévenu qu'un corps considérable composé en grande partie de Pavillons-Noirs, mais commandé par un dignitaire annamite, est déjà arrivé à une faible distance, se décide à marcher à la rencontre de l'ennemi. Il donne des ordres à la hâte, et, dans son impatience de châtier une aussi insigne trahison, il prend presque seul les devants.

L'attaque de la citadelle était-elle véritablement décidée, ou n'était-ce qu'une feinte imaginée par l'ennemi pour attirer l'impétueux commandant hors de la forteresse? Il serait difficile de le dire.

Quoi qu'il en soit, le résultat fut tel que pouvaient le désirer les plus vindicatifs Annamites.

L'avant-garde ennemie, qui était arrivée très près de la citadelle, tourne bride et s'enfuit, en voyant paraître le commandant des Français; celui-ci, sans s'inquiéter de savoir s'il est suivi, se précipite sur ses traces.

Qu'ajouterons-nous? Une embûche avait été préparée, et après quelques instants d'une course vertigineuse qu'aucun de ses compagnons d'armes n'avait pu suivre, l'héroïque soldat, dont on a dit avec autant de vérité

Pagode des supplices à Hanoï.

que d'éloquence : « l'intrépidité, la science, le patriotisme et la passion
» des grandes découvertes ont été rarement réunis à un tel degré
» dans un même homme et dans un homme aussi jeune, » était entraîné
dans un· fossé où l'attendait une mort horrible.

Quand, quelques minutes après, ses soldats arrivèrent près de lui, ils
trouvèrent son corps mutilé et encore palpitant; la tête avait été coupée,
le cœur arraché, le tronc tout entier labouré de blessures. Et les assassins,
comme une troupe de chacals que le seul bruit des pas de l'homme met
en fuite et disperse, avaient disparu comme par enchantement.

Cette journée fatale est restée douloureusement célèbre dans les
annales de nos établissements en Cochinchine. Les Annamites s'en
réjouirent comme d'un triomphe décisif ; ils se trompaient dans leurs
calculs : Hanoï ne fut pas évacué.

Pendant que s'accomplissaient ces événements, que s'était-il passé
dans le delta ?... Un jeune officier, à peine âgé de vingt ans, avait
pacifié une province habitée par un million d'âmes. C'était M. de Haute-
feuille, commandant de la province de Ninh-Binh.

« En moins de deux mois il avait organisé l'administration et la police,
formé des milices, réprimé toutes tentatives d'insurrection des rebelles et
des lettrés qui, depuis la mort de Garnier, avaient repris les armes ; il
avait battu et dispersé les insurgés dans toutes les rencontres, enlevé et
détruit leurs derniers retranchements.

» De leur côté, MM. de Trentinions et le docteur Harmand, installés
à la tête des provinces de Haï-Dzuong et Nam-Dinh, avaient également
réorganisé l'administration, battu et soumis les lettrés, enrôlé des volon-
taires accourus en foule, et fait reconnaître leur autorité dans ces·
provinces.

» Ainsi les ennemis et les fauteurs de désordre étaient réduits à
l'impuissance, et les indigènes que la mort de Garnier avait atterrés
renaissaient à l'espoir.

» Tout le Tonkin était tombé en notre pouvoir, sauf la province de
Son-Tay qui n'avait pas encore fait sa soumission. »

III

La mort de Garnier devait être doublement fatale à la France et au
Tonkin ; par suite d'un revirement d'idées dont nous n'avons pas à faire
ici l'histoire, M. Balezeaux, auquel vint se joindre de sa propre autorité
M. Philastre, en ce moment en mission à Hué, chargé de remplacer le
glorieux vainqueur de Hanoï, crut pouvoir prendre sur lui d'inaugurer

au delta une politique nouvelle, une politique non pas seulement d'entente avec la cour de Hué, mais de condescendance aux volontés et aux intérêts de Tu-Duc.

A cette faute irréparable se joignirent malheureusement des actes de sévérité, disons même de cruauté (1), sans excuse, dont nous nous gardons toutefois, n'ayant pas en main les documents nécessaires pour élucider la question, de faire tomber la responsabilité sur MM. Balezeaux et Philastre.

Mais ce qui est malheureusement indéniable, c'est qu'à peine arrivés dans le delta, les nouveaux commandants, « malgré les représentations des officiers, des missionnaires, de nos alliés indigènes, donnèrent l'ordre d'évacuer immédiatement les citadelles des trois provinces occupées par nos troupes, Haï-Dzuong, Ninh-Binh et Nam-Dinh. »

Alors et « pendant que les Pavillons-Noirs promenaient dans tout le Tonkin les têtes de Garnier et de ses compagnons ; pendant que le roi Tu-Duc, pour récompenser le chef de ces bandits, lui conférait le titre de grand mandarin, on vit les commandants français, maîtrisant à grand peine leur indignation, rendre à leurs ennemis les postes si glorieusement conquis par nos armes et se replier sur Hanoï.

Leur retraite donna le signal aux représailles attendues : les lettrés, affamés de vengeance et secrètement excités par les mandarins et par le roi lui-même, se levèrent en masse et commencèrent contre nos partisans et contre les chrétiens leur œuvre de destruction et de carnage. Pendant dix jours, ils semèrent l'incendie et la mort, brûlant les villages, tuant tous les chrétiens qu'ils purent atteindre, même les enfants, poursuivant les fugitifs jusque dans les montagnes, leur dernier refuge.

« Voici, d'après M. l'abbé Durand, professeur de sciences géographiques, le bilan de ces fatales journées : vingt mille chrétiens massacrés, trois cents villages brûlés, soixante-dix mille individus chassés de leurs foyers et dépouillés de leurs biens. »

Une dernière convention, signée le 6 février par M. Philastre et un commissaire annamite, ajoutait une sanction définitive à cet humiliant et déplorable état de choses : l'évacuation de la citadelle de Hanoï !

« Il était stipulé que jusqu'à la conclusion d'un traité définitif, nos troupes se retireraient à Haï-Phong et y conduiraient avec elles les navires de M. Dupuis. En cas de refus de la part de ce dernier, il serait

_____

(1) Par exemple, la chasse donnée, à la prière d'un ambassadeur annamite, à une flottille de jonques chinoises de Hanoï, la destruction de vingt-quatre de ces jonques, et la mort de trente-six Chinois qui furent jugés sommairement et pendus.

chassé du Tonkin; enfin, il ne pourrait remonter le fleuve Rouge qu'avec la permission des autorités annamites (1). »

C'était détruire d'un coup de plume pour la France son prestige et son protectorat au Tonkin; pour le commerce et la civilisation, les avantages obtenus par l'ouverture de la rivière Rouge; pour M. Dupuis en particulier, c'était l'annulation d'immenses services rendus, et, dans un autre ordre d'idées et de faits, une ruine complète.

Hâtons-nous d'ajouter que le traité de paix du 15 mars 1874, signé à Saïgon par l'amiral Dupré et le représentant du roi Tu-Duc, adoucit un peu les conventions de Hanoï.

Par ce traité, qui embrassait nos intérêts en Cochinchine et au Tonkin, la France accordait, entre autres avantages à l'Annam, le don de cinq navires à vapeur, de cent canons, de mille fusils et lui promettait son aide pour assurer la paix et la tranquillité du pays.

Elle recevait en échange « la liberté du culte catholique, le respect de nos missionnaires, une amnistie pleine et entière aux indigènes qui avaient embrassé notre parti, l'ouverture au commerce des ports de Hanoï, de Haï-Phong et de Thi-Naï, enfin le passage par le fleuve Rouge.

Une des clauses de ce traité, « l'engagement de contribuer à assurer la tranquillité du pays, » n'était rien moins qu'un piège que nous tendait l'astucieuse diplomatie annamite.

On se souvient que les partisans des Lé s'étaient montrés, au Tonkin, les amis les plus dévoués de la France; à ce titre, plus encore peut-être qu'à cause de leur attachement à leur nationalité, ils se virent plus en butte que jamais aux tracasseries et aux exactions des mandarins, et il arriva que, poussés à bout, quelques milliers d'entre eux commirent la faute de s'allier aux terribles Pavillons-Noirs.

En juillet 1874, ce parti avait pris un tel développement que les autorités annamites firent appel aux forces françaises pour leur aider à le combattre.

Nos véritables intérêts eussent voulu que nous ne prissions pas les armes contre nos anciens et jusque-là toujours fidèles amis; notre loyauté ne le permettait pas. Ce fut la loyauté qui triompha. Notre intervention dispersa les rebelles, leur flottille fut incendiée ainsi que les villages qui leur donnaient asile, et ce malheureux incident nous créa de cruelles inimitiés au sein des populations sympathiques des bords du fleuve Rouge.

Quant à Dupuis, que ses partisans ont appelé non sans justice,

____
(1) M. H. Thureau; *Le Tonkin, colonie française.*

croyons-nous, « le Dupleix moderne (1) », il n'a pas encore obtenu de la France la réparation des pertes énormes qui ont causé sa ruine ; mais un corps savant et illustre, l'Académie des sciences, s'est chargé de constater, non pas seulement son patriotisme et sa parfaite loyauté comme négociant, mais son mérite réel comme homme et explorateur, en lui décernant, le 14 mars 1881, le prix de Delande-Guérineau, destiné au voyageur français et au savant qui a rendu le plus de services à la France et à la science.

L'amiral Mourez commence en ces termes son rapport :

« Un homme, dit-il, d'un caractère énergique, plein de courage, de
» hardiesse et de persévérance, vient de renouveler dans l'extrême
» Orient une entreprise rappelant, comme celle de Doudard de Lagrée
» dans le Mékong, ces épisodes légendaires qui, au xvie siècle, carac-
» térisèrent les conquêtes dans le Nouveau-Monde et firent momenta-
» nément la grandeur de l'Espagne et du Portugal. Il nous donne un
» nouvel exemple de cette puissance féconde de l'initiative privée, qua-
» lité trop rare, trop peu encouragée en France, mais aussi commune
» qu'appréciée chez d'autres grandes nations dont elle a le plus servi la
» prospérité.... Si la France comptait beaucoup d'hommes comme
» Dupuis et savait les encourager, elle ne tarderait pas à relever son
» commerce de la déplorable infériorité où il se trouve encore aujour-
» d'hui dans l'extrême Orient. Pendant que le total de nos échanges n'y
» est annuellement que de cent soixante-cinq mille tonneaux, les Amé-
» ricains y arrivent au chiffre de deux millions huit cent mille tonneaux,
» et les Anglais à celui de cinq millions. C'est le droit et le devoir des
» nations les plus civilisées, mais c'est aussi leur honneur et la cause la
» plus juste de leur prospérité, d'introduire chez les peuples arriérés
» leur influence, leur commerce et les bienfaits de la civilisation. »

Déjà, en 1878, le Congrès international de géographie commerciale avait, en demandant que l'Annam fût enfin tenu de se conformer à l'article du traité de 1874, qui concernait l'ouverture de la rivière Rouge — article constamment éludé jusqu'alors et qui n'a pas été davantage pris au sérieux depuis, par la cour de Hué, — avait incidemment, mais très nettement, rendu hommage à l'initiative prise par Dupuis :

« Considérant, disait le texte voté par le Congrès, que *la voie du*
» *Tonkin, découverte par M. Dupuis*, est la voie la plus courte et la

---

(1) Ce surnom est d'autant mieux justifié que Dupleix, pendant son gouvernement dans l'Inde et alors qu'il combinait le plan célèbre qui devait nous rendre maîtres de ce magnifique centre commercial, avait tout particulièrement désigné, sur la carte de l'extrême Orient, le Tonkin comme le point principal à occuper.

» plus facilement accessible pour pénétrer dans les provinces sud-ouest de
» la Chine, le Congrès émet le vœu :

» 1° Que cette voie soit signalée à l'attention du commerce inter-
» national;

» 2° Que la France prenne des mesures pour assurer l'exécution du
» traité de Saïgon. »

Henri Rivière.

Soit que l'attention du gouvernement français ait été tournée vers
des objets plus pressants; soit que l'importance de la mesure réclamée
n'ait pas été bien comprise par lui ou que des ménagements fussent
nécessaires pour achever d'affermir notre colonisation de la Cochinchine,
rien ne fut fait, dans ce sens, jusqu'en 1882.

A cette époque, dans le courant d'avril, M. Le Myre de Villers, gouverneur de la Cochinchine, inquiet du développement que prenaient l'audace et les incursions des Pavillons-Noirs, envoya au Tonkin quelques troupes sous le commandement d'un jeune officier aussi apprécié de ses camarades de l'armée navale pour ses talents et sa bravoure, que sympathique aux amis des lettres, dont il était un adepte très fervent. Nous avons nommé Henri Rivière.

Arrivé à Hanoï, le jeune commandant eût pu occuper la citadelle sans brûler une cartouche, mais comme il lui avait été recommandé de prendre garde d'éveiller les susceptibilités du gouvernement annamite, il n'osa risquer une prise de possession qui n'eût pas manqué d'être considérée comme un acte d'hostilité.

La force des événements l'obligea peu de jours après à passer outre; les Annamites, moins délicats que lui sur l'interprétation des traités, ayant rassemblé dans cette même citadelle des forces assez importantes pour menacer la sécurité des Français, il devint urgent de les en déloger.

La forteresse fut attaquée et enlevée d'assaut, après une vive résistance.

Quelques semaines plus tard, on apprenait tout à coup que sur les bords du fleuve Rouge, à peu de distance de Hanoï, « une poignée d'hommes, conduits par des chefs intrépides, s'était trouvée engagée dans une affaire avec des pirates de ces contrées, des soldats annamites, peut-être des Chinois; que, dans cette rencontre ou dans une embuscade à la suite de l'action, il y avait eu plus de vingt-cinq morts, plus de cinquante blessés; quelques-uns de nos officiers sont tombés à la tête de leurs hommes, comme ils tombent toujours, et parmi eux leur héroïque commandant, Henri Rivière! »

Ces morts ne pouvaient demeurer impunies. Les événements actuels du Tonkin en sont la suite; en voici le résumé :

« Le 15 août 1883, importante sortie dirigée par le général Bouet dans la direction de Son-Tay contre les Pavillons-Noirs; à peu près à la même date, prise de Haï-Dzuong et de Phu-Binh par le colonel Brionval; les 18, 19 et 20 août, bombardement et reddition des forts de la rivière de Hué; M. le docteur Harmand, notre commissaire civil, se rend à Hué pour négocier avec le nouveau roi, Hip-Hoa. Voici les conditions du traité ménagé par lui et signé le 25 août :

« 1° Reconnaissance pleine et entière du protectorat français sur » l'Annam et le Tonkin;

» 2° Annexion définitive de la province littorale de *Bin-Thuan* à la » Cochinchine française à laquelle elle est contiguë:

» 3° Occupation par les troupes françaises des forts de *Thuan-An*
» (à l'entrée de la rivière de Hué);

» 4° Rappel immédiat des troupes annamites envoyées au Tonkin
» et remise sur le pied de guerre de leurs effectifs;

» 5° Ordre porté aux mandarins de reprendre leurs postes;

» 6° Confirmation des nominations faites par les autorités françaises;

» 7° La France se charge de chasser du Tonkin les bandes connues
» sous le nom de Pavillons-Noirs et d'assurer la liberté du com-
» merce. »

Le gouvernement français recevait, en même temps que le texte de ce
traité, quelques détails complémentaires portant que « le fort de Xuanday
et la ville de Tourane seront ouverts; qu'une ligne télégraphique va être
établie entre Saïgon et Hanoï; qu'il sera loisible aux sujets de la France
de s'établir au chef-lieu de toutes les provinces du Tonkin et sur les
bords du fleuve Rouge, où les Français auront le droit d'élever les
fortifications et les postes qu'ils jugeront nécessaires; enfin l'administration des douanes du royaume d'Annam sera remise tout entière aux
mains de la France et les monnaies de Cochinchine auront cours dans
tout le royaume. »

M. de Champeaux, qui accompagnait M. Harmand à Hué quand ce
traité a été obtenu, a été désigné comme résident français à Hué; il jouira
du privilège des audiences personnelles auprès du souverain.

En même temps Mgr Gaspar, évêque du Tonkin, à qui la chrétienté et
la France doivent de si grands éloges et une si profonde reconnaissance
pour le zèle et la persévérance, le patriotisme et le courage qu'il a
déployés dans les circonstances difficiles que le Tonkin vient de traverser,
recevait la croix de la légion d'honneur.

Pendant que MM. Harmand et de Champeaux obtenaient ce traité,
le général Bouet ne laissait pas reposer sa petite armée. Le 31 août, il
faisait une nouvelle sortie et, le 1ᵉʳ et le 2 septembre, il infligeait à
l'ennemi des pertes considérables; il rentrait, le 3, à Hanoï, laissant trois
cents hommes à Pala, au confluent du Daï et du fleuve Rouge.

Le manque de forces suffisantes a seul empêché d'en finir d'un seul
coup avec la résistance des Pavillons-Noirs et d'enlever *Son-Tay*.

Après un temps d'arrêt apporté dans les opérations de la guerre par
l'attente de renforts nécessaires, et surtout par la crue des eaux, la
campagne, reprise et conduite avec autant de vigueur et de rapidité que
de talents militaires, a abouti, après avoir mis en relief, par de nombreux
et remarquables faits d'armes, l'antique et traditionnelle bravoure française, à la prise de Son-Tay et à la complète occupation du delta.

Ces derniers événements ont fait dans l'opinion publique une forte et heureuse impression en notre faveur : « La belle conduite de nos auxiliaires indigènes a produit une profonde impression sur la cour de Hué, qui ne pouvait croire que ses sujets nous fussent si dévoués; les Tonkinois, dont nos succès ont ranimé la confiance, reviennent franchement à nous; on se dispose à les armer et à en former un corps colonial spécial; ils nous ont déjà rendu de grands services en 1874, et il n'est pas douteux que, commandés par des officiers français et façonnés à la discipline européenne, ils ne nous en rendent à l'occasion de plus signalés encore.

Mais il est surtout une force qui nous attache ces populations : c'est la religion. Nos missionnaires ne s'étaient point fait une illusion pieuse... nous allions dire paternelle, en s'appuyant sur cet attachement pour supplier la France de venir au Tonkin. Le lien sur lequel ils comptaient existe, et sa solidité dépasse peut-être même leur attente. Quoi qu'il en soit, c'est avec orgueil que la France chrétienne doit constater que, grâce à eux, le riche pays que baigne le puissant fleuve Rouge est déjà et avant que notre drapeau y soit entièrement déployé, à demi Français. C'est un fleuron de plus à attacher à la couronne de nos Missions.

Nous n'ajouterons qu'une dernière observation : si le dévouement et la fidélité de nos troupes cochinchinoises ont impressionné si vivement le gouvernement annamite, qu'on peut assurer que cette impression n'a pas été étrangère à la promptitude avec laquelle nous a été accordé le dernier traité de Hué, les sympathies et l'appui des Tonkinois ne nous ont pas été, à ce même point de vue moral, moins utiles : « ils nous ont permis de parler à la Chine avec plus d'énergie! »

Tout le monde connaît l'attitude hostile prise par le gouvernement chinois à l'occasion des événements dont nous venons d'esquisser la marche rapide et glorieuse.

Non seulement le *Fils du Ciel*, revendiquant une prétendue suzeraineté sur le Tonkin, faisait opposition par les voies diplomatiques à toute ingérence de notre part dans les affaires de ce pays, mais les troupes chinoises, alliées aux Pavillons-Noirs et commandées par des officiers chinois, étaient, sur tous les points du delta, entrées en ligne contre nous.

De plus, on faisait grand bruit des dispositions belliqueuses prises à Pékin et dans les différentes provinces de l'empire contre nous : déploiement insolite de forces sur les frontières, levées et mouvements de troupes, appel à la haine traditionnelle des populations, proclamations, menaces, persécutions religieuses, etc..., tout semblait présager une guerre inévitable, et les esprits les plus sérieux se demandaient, non sans une certaine préoccupation, jusqu'où pourrait nous conduire cette éventualité si elle se réalisait!

Or, au lendemain même de nos derniers et définitifs succès, une dépêche de Sang-haï (11 mai) nous apportait l'heureuse nouvelle qu'un traité de paix venait d'être conclu à Tien-Tsin entre M. le capitaine de frégate Fournier, commandant le *Volta*, qui avait reçu à cet effet des pouvoirs spéciaux, et Lé-Hong-Tchang, vice-roi du Petchili.

Les principales clauses de ce traité immédiatement ratifié par les gouvernements français et chinois reconnaissent le protectorat de la France sur la Cochinchine et le Tonkin, et par suite la validité du traité de Hué et de tous les traités à intervenir entre la France et l'Annam.

Les limites du Tonkin sont fixées aux frontières naturelles de ce pays, c'est-à-dire à Lang-Son, Kao-Bang et Lao-Kai.

Enfin les provinces chinoises du Yunnan, du Kouang-Si et du Kouang-Tong sont *exclusivement ouvertes à notre commerce,* et le gouvernement chinois s'engage à conclure à bref délai avec la France un traité de commerce réservant à celle-ci des avantages spéciaux.

Grâce à ce dernier résultat, l'expédition du Tonkin, si diversement appréciée, si ardemment discutée et si vaillamment conduite, nous a, en définitive, créé une situation hors ligne dans l'extrême Orient.

APPENDICE

Pour ceux de nos lecteurs à qui il pourrait rester encore quelques doutes sur les avantages pour la France d'exercer au Tonkin un protectorat effectif, nous croyons devoir résumer, en terminant, l'importance de la liberté de navigation de la rivière Rouge, liberté que notre présence et notre autorité peuvent seules assurer.

Ce résumé, c'est une conférence faite par M. Genin, professeur au lycée de Nancy, sur l'importance de la voie commerciale du Song-Koï, qui va nous le fournir.

Quelques remarques judicieuses sur l'industrie et le commerce au Tonkin réclament tout d'abord ici leur place.

Si l'industrie, dit M. Genin, est peu développée au Tonkin, ce n'est pas que le prix de la main-d'œuvre soit élevé; un ouvrier s'y paie trente centimes par jour. Les moteurs naturels ne manquent pas plus que les bras; la multiplicité des cours d'eau semble inviter à établir des usines dans cette région si heureusement dotée. Les Tonkinois n'ont peut-être pas l'esprit inventif, mais ils mettent leur amour-propre à faire aussi bien que possible le travail qui leur est confié, et ils possèdent généralement un rare talent d'imitation. Donnez, par exemple, à un tailleur un habit pour modèle, il en fera un exactement semblable.

Presque chaque village a ses menuisiers, son forgeron, son charpentier; les maçons y sont plus nombreux et plus habiles qu'en Chine. Beaucoup d'ouvriers sont constamment employés le long du Song-Koï et de ses affluents à la construction et à l'entretien de digues qui atteignent parfois sept et même huit mètres de hauteur....

Ayant dit plus haut quels sont les produits naturels et manufacturés du Tonkin, nous n'avons pas à y revenir ici, mais nous devons nous arrêter quelques instants aux entraves qui pèsent sur son commerce, entraves qui, provenant de l'organisation administrative et sociale de ce pays, se retrouvent, à quelques légères différences près, dans presque toute la péninsule indo-chinoise.

L'impôt, qui se paie en riz et atteint environ un douzième du revenu, écrase le travailleur; mais ce n'est pas tout : après le roi viennent des mandarins, vraies sangsues qui sucent le peuple jusqu'à la moelle. Pour le mandarin qui vient se refaire au Tonkin, tout est matière à cadeau ou, pour mieux dire, à extorsion : naissance, mariage, fêtes, arrivée ou départ d'un des siens, il ne laisse échapper aucune occasion de s'enrichir. De la soie, du coton, du riz, un porc, des poules, le mandarin accepte tout et fait tout vendre par ses fermiers, et si quelque malavisé a l'audace de se soustraire à ces bonnes habitudes, il est bien vite accusé de complicité dans quelque complot imaginaire, roué de coups et dépouillé de tout ce qu'il possède.

L'impôt, les cadeaux forcés, les confiscations ne sont pas les seuls moyens de ruiner ces populations qui néanmoins restent vaillantes et assidues au travail et au commerce ; il y a encore les douanes, non pas comme en Europe placées seulement aux frontières des divers Etats et sérieusement réglementées, mais les douanes orientales, multipliées sans qu'on puisse imaginer pourquoi (1) et placées entre les mains d'agents qui sont d'autant plus estimés par l'autorité qu'ils s'entendent mieux à pressurer leurs malheureuses victimes.

Si à ces causes on ajoute le manque de sécurité qui empêche les faibles et les timides de produire ce dont ils ne sont pas sûrs de profiter, on comprendra à quelle importance peut s'élever le commerce chez un peuple que tant d'obstacles ne sont pas parvenus à réduire à l'impuissance.

Mis par nous à l'abri de ces exactions, le Tonkin deviendra pour la France un centre commercial considérable. Mais le Song-Koï ne servira pas seulement à nous en faciliter l'exploitation, il nous mettra encore, ainsi que nous l'avons dit, en communication avec des régions dont le sol, d'une extrême fertilité, est généralement très riche en minéraux (2).

Pour ne parler que du Yunnan, dont le monopole commercial nous est assuré par le traité du 11 mai, et qui, réunissant à lui seul tous les climats, nourrit, sur une superficie de 300,000 kilomètres carrés, une population de dix à douze millions d'âmes, la mine à exploiter promet d'être inépuisable. Ecrasée par les dévastations des musulmans qui ont transformé en désert ses plus fertiles parties, cette province chinoise ne demande qu'à se relever de sa décadence, et il n'est pas douteux qu'elle n'y réussisse aussitôt que notre voisinage l'aura débarrassée des Pavillons-Noirs qui la saccagent.

Tandis que ses montagnes tiennent en réserve des filons inépuisables, assure-t-on, de toute espèce de métaux, ses vallées sont d'une fertilité incomparable. Elles produisent en abondance la canne à sucre dont

(1) Dans la seule province de Son-Tay, on en compte trois.
(2) Le Laos, le sud-est du Thibet, les provinces chinoises du Yunnan, du Tse-Tchouen, de Koui-Tcheou, de Kouang-Si, peuplées de plus de 100 millions d'habitants.

Hami est le grand marché; le tabac, d'un parfum qui rappelle les meilleurs produits de la Havane et de Manille; le pavot, qui donne un opium (opium blanc) inférieur à celui de l'Inde, mais qui se vend à très bas prix. Des différents thés que consomment les Chinois, le meilleur leur vient du Yunnan et de la vallée de *Nam-Nou* dans le Laos supérieur. Le centre de ce commerce au Yunnan est *Pou-cul*, qui donne son nom à une espèce de thé pressé en forme de galette. Déjà les Yunnanais le trouvent en certaine quantité à *Manghao* sur le fleuve Rouge, ville qui n'est qu'à trois cents kilomètres de Pou-cul, tandis que mille kilomètres environ séparent Pou-cul du point où le Kiang-tse-Kiang commence à être navigable.

Comme richesse particulière à cette province, Francis Garnier cite une araignée vivant dans les broussailles, qui se multiplie considérablement dans les futaies des montagnes et produit une soie comparable à celle du bombyx du mûrier, bien qu'un peu moins fine, dont les indigènes font de magnifiques étoffes. Il mentionne aussi un tubercule appelé *cû-naû*, dont on tire une belle teinture jaune; le *tu-vi*, autre plante tinctoriale, y croît en abondance, et la plante médicinale très recherchée en Chine, où elle porte le nom de *thao-quâ*, y est, paraît-il, d'une qualité supérieure. Enfin, c'est dans les montagnes du Yunnan et dans celles du Tse-Tchouen que croît une espèce de frêne, appelé arbre à suif. Le Tse-Tchouen d'ailleurs produit, comme le Yunnan, du tabac, des cannes à sucre, de la rhubarbe et du thé estimés. Il compte environ 35 millions d'habitants et, avant la rébellion musulmane du Yunnan, son commerce par terre, le long de l'Iraouaddy, dépassait annuellement 15 millions de francs.

FIN

TABLE

INTRODUCTION. V

EMPIRE CHINOIS

PREMIÈRE PARTIE. — La Chine et ses productions. 9
SECONDE PARTIE. — Les Chinois, leur histoire et leurs mœurs. . . . 64

JAPON

Les Japonais, leur histoire, leurs mœurs. — Productions, villes principales du Japon. 111

INDO-CHINE

Considérations générales. 161
Empire birman. 167
Possessions anglaises dans l'Indo-Chine. 178
Royaume de Siam. 185
Le Cambodge. 197
Malacca. 212
Corée. 216
Royaume de Lieou-Khieou. 223
Royaume de Laos. 227

EMPIRE D'ANNAM

Cochinchine. 240
Basse-Cochinchine ou Cochinchine française. 253
Tonkin. 285

APPENDICE. 312

TABLE

DES

VIGNETTES CONTENUES DANS CE VOLUME

Bangkok (vue de).   187

Cérémonie funèbre en Chine.   101

Chef japonais armé en guerre .   121

Chemin creux à Penang, côtes de Malacca.   213

Chine, Cochinchine et Annam (carte).   3

Domestique japonaise.   135

Façade du grand temple à Macao.   97

Faïences chinoises.   63

Fête de nuit à Canton.   34

Francis Garnier.   297

Haï-Phong (vue de).   283

Henri Rivière.   307

Hong-Kong.   43

Idoles japonaises .   125

Légation française à Hué.   249

Maison chinoise .   85

Marchand de confitures .   133

Marchands d'éventails japonais .   117

Marché à Pékin .   110

Pagode à Bangkok.   199

Pagode des supplices à Hanoï.   304

Palais du roi de Siam à Bangkok.   193

Plan de la baie de Tourane.   241

Pont d'Iwakuni.   145

Porcelaines japonaises.   160

Porte d'entrée de la grotte des pagodes à Quan-Am.   275

Porte de Pékin. 23
Porte de ville en Chine. 17
Porte frontière entre la Chine et le Tonkin. . . . 291
Récolte du thé. 49
Repas japonais. 139
Salle du trône à Bangkok. 205
Saïgon (vue de). 259
Shang-haï. 35
Soldat japonais. 149
Tonkin (carte). 287
Tour de porcelaine, à Nankin. 19
Torréfaction du thé. 51
Tours de force chinois 79
Types chinois. 77
Vase japonais. 155
Vue du parc impérial à Pékin. 27
Yeddo. 129

BIBLIOTHÈQUE NATIONALE — R. F. — IMPRIMÉS

CHEZ LE MÊME ÉDITEUR

Envoi *franco* contre un mandat de poste.

LES ILLUSTRATIONS DE L'ARMÉE FRANÇAISE

DE 1790 A 1880

NOTICE HISTORIQUE ET BIOGRAPHIQUE

SUR LES

PRINCIPAUX MARÉCHAUX ET GÉNÉRAUX

ACCOMPAGNÉE DE LEUR PORTRAIT

Par M. L. LE SAINT, Officier de l'Instruction publique.

UN VOLUME IN-4°

Broché : 5 fr. — Percaliné, or et noir, tranche dorée : 8 fr.

Beau papier

Broché : 6 fr. — Percaline, or et noir, tranche dorée : 9 fr.

Dans ce volume, l'auteur n'a pas eu d'autre but que de faire mieux connaître les officiers généraux qui, de 1790 à 1880, ont fait le plus d'honneur à la France, et lui ont rendu les services les plus signalés.

Toute appréciation au point de vue politique a été écartée.

Si quelques-uns, qui ont joué un rôle important, ne figurent pas dans cette galerie, c'est qu'il n'a pas paru possible encore de les juger avec une complète impartialité.

— Lille. Typ. J. Lefort. 1884 —

www.ingramcontent.com/pod-product-compliance
Lightning Source LLC
LaVergne TN
LVHW020624060726
842526LV00003B/864